贵安新区马场镇平寨村布依族
历史文化变迁研究

王韬 著

西南交通大学出版社
·成都·

```
图书在版编目（CIP）数据

 贵安新区马场镇平寨村布依族历史文化变迁研究/
王韬著. —成都：西南交通大学出版社，2021.10
 ISBN 978-7-5643-7698-7

 Ⅰ. ①贵… Ⅱ. ①王… Ⅲ. ①布依族-民族文化-文
化史-贵州 Ⅳ. ①K286.8

 中国版本图书馆 CIP 数据核字（2020）第 187902 号
```

Guian Xinqu Machang Zhen Pingzhai Cun Buyizu Lishi Wenhua Bianqian Yanjiu
贵安新区马场镇平寨村布依族历史文化变迁研究
王 韬 著

责 任 编 辑	吴启威
封 面 设 计	原谋书装
出 版 发 行	西南交通大学出版社 （四川省成都市金牛区二环路北一段 111 号 西南交通大学创新大厦 21 楼）
发行部电话	028-87600564　028-87600533
邮 政 编 码	610031
网　　　址	http://www.xnjdcbs.com
印　　　刷	成都蜀通印务有限责任公司
成 品 尺 寸	170 mm × 230 mm
印　　　张	21.25
字　　　数	304 千
版　　　次	2021 年 10 月第 1 版
印　　　次	2021 年 10 月第 1 次
书　　　号	ISBN 978-7-5643-7698-7
定　　　价	112.00 元

图书如有印装质量问题　本社负责退换
版权所有　盗版必究　举报电话：028-87600562

"田野史学丛书"序

  当代史学已经在传统的文献考证、现代史学理论和书写范式基础上有了新的启程，着力于主动面向社会发展需求，与民众对话，为民众着想，在学理与常理之间寻求平衡。只有下到人民的社会的汪洋大海中去搏击，史学才可能得到真正的繁荣发展，这越来越成为史学界的共识。

  基于十多年的教学与研究实践，在上述认知的启示下，我于2014年底提出田野史学的理念。经过多年的实践，这个理念得以不断丰富，其基本内涵是：以社会现实问题为起点，发挥历史认识主体的历史文化根底、人文视野、认知能力和通识智慧，借助人类学、社会学、考古学等多学科的知识和现代信息技术手段，与民众一起，对活态社会的历史文化进行系统调查、记录、书写、传播与研究。在学理与常理之间对话，合理评估并发挥其价值，形成一定的文化自觉、文化担当和文化批判精神，主动参与社会文化建设。田野史学不仅要眼光向下，更要自觉践行"从群众中来，到群众中去，一切为了群众，一切依靠群众"的原则，强调学术服务于人的实践性，故又具有自己的人才培养模式。

  学问在自得于心，非求苟同。现代学术研究的分途异畛，理路精深，需要去洞察。但各种理论方法之间，各种学者之间，阈见我执，高下相倾，前后相随，音声相和，纷然杂陈，莫衷一是。或有学而不术者，或有术而不学者，更有不学无术者。这或许是一种有代价的进步，也是一种现代性陷阱，我们身在其中，逃离是何其之难。田野史学不是为学术而学术，为研究而研究，但决非不学无术。学与术皆关乎大道，必有所本、所由、所处、所务。民心与人情，小以识大，近以致远，末以归本。道不远人，不舍小者、近者、末者，能与民并用，可以知古，可以察今。为此，我们在努力"学"的同时，将"术"也进行了多角度的尝试，试图在平庸中悟出道之所在，寻求到新知识、新观念、新方法。现在学界强调的学理，包括学术的话语、思维和表达范式等，是辩证逻辑与学术问题的结合，是现代学术文化的一部分。而常理则是更大众的，是经历长期历史的变迁而积淀在人们生活规范中的客观规律。如何将理论知识的有效性与历史中积淀下来的延续的"理"实现对接和互补，是"学理和常理"对话方法突破的关键。我们现阶段的田野史学，仍然没有完全逃出既有学术话语体系的窠臼，而"学理和常理"的进一步结合，才是田野史学接下来的重点。

顺数既往，则可以逆推将来。我们似乎在模仿孔子带着学生周游，口宣其诚，笃行其道。孟子、荀子、韩愈、慧能、朱熹、王阳明、顾炎武、黄宗羲、章学诚、陶行知、钱穆，等等，一路下来，都影响着我们的抉择。《礼记》礼运篇以为圣人耐天下为一家，"必知其情，辟于其义，明于其利，达于其患，然后能为之"。顾炎武说过："'君子居则观其象而玩其辞'，观之者浅，玩之者深矣，其所以与民同患者。"我们当今所观之象，乃社会之实，非深不可，所玩之辞，则远超学术之文，非广不可。在观玩之间，则必须知人情，辟人义，明人利，与民同患同乐，为真向善，以前民用。我们深信这才是传之久远的正道，也是田野史学所追求之本义。居之久，则知之深，知之深，则行之切，而左右能逢其源。希望这是一种正能量的集聚，成为逃离现代性陷阱的一种新可能。

伴随着一批批的学生，我们一如既往，走到了 2020 岁末，也还将继续走下去。走过很远的路，爬过很高的山，穿行在蜿蜒盘旋的小道上，总是路转溪头，山外有村。在一座座的山寨里，总是有百年乃至数百年的家族落地生根，开花结果，迁徙繁衍与朝夕耕耘；在大山的深处，总是有独特的故事静静地等着被发现和书写；在特殊的时节里，总是有精彩的仪式活动吸引我们去拍摄；在逼仄的门庭内，总是有德高望重的老人触动着我们的灵魂。没有经费支持，就自己掏腰包，所到之处，只求有个吃住，有时候，一天只吃一顿饭。颠沛之中，造次之间，师生总是满足的快乐的。

我们都很享受这种游走的状态。寻碑铭、访故老、观民情，徜徉于山水之间，边听边看，边想边说，怀思古幽情，品人世沧桑。把书斋里的历史放下，走进当下的活态社会，悟对古今，究问天人，侃谈中外。累了就坐下来，大家慢慢聊天。和乡亲们一起，朝夕相处二三十天甚至更长，都成了不期而遇的老朋友。晚上，大家要总结调查的内容，相互讨论，讲事实，摆故事，引证理论，回应心灵的关切。每天还要写出调查日志，整理调查资料。什么是人？人何以存在？什么表示人？所有人对此都可以有所感悟。诉不尽的喜怨哀乐，悟不尽的人世沧桑，理性者崇势利，劳碌奔波，感性者闲庭雅致，皆不免滑稽而又心酸，愚昧而又狂欢，固执与偏见无处不在。什么是善？什么是真？什么是历史？未来在哪里？是我们每天不可回避的追问。

贵州民族大学田野史学的理论与实践探索，已经走过了十年，总算有了一些小小的积累。除了老师们关于史学学术与社会、时代关系的思考，更有与我们一起成长的学生们的一批作品。这些作品都是基于长期的活态社会调查而形成，并都在很大程度上得到乡亲们在生活与情感上的回馈，思想上的感召，既有记录性质的村寨志和乡土调查报告，也有区域社会变迁的个案书写与研究。第一批成果分别是《田野史学指归》《历史学观念变迁探析》《清代至民国时期贵定县碑刻研究》《贵安新区马场镇平寨村布依族历史文化变迁研究》《互动与整合：镇远县辽家坳村历史文化变迁研究》《区域社会史视野下花溪清代碑刻调查与研究》。《田野史学指归》主要论述田野史学的理论与方法，《历史学观念变迁探析》主要讨论中国历史学观念的发展与变迁，对当下史学的发展提出建设性思考。其他作品则是在田野史学理论方法启示下，对具体村落的历史文化进行调查研究。理论思考是对多年来田野调查的小结和概括，解决田野史学是什么及如何做的问题，而具体的碑刻调查、村落文化书写等则反映了我们的实践内容，是将理论初步融入实践的尝试。总体而言，这套丛书是我们在常理和学理之间寻找共识的产物。

当然，第一阶段的成果总体上还是既有学术框架下的仿作，显示我们还处于田野史学人才培育的摸索阶段，与田野史学的真正目标相差甚远。现在把师生的部分作品结集出版，以求栖身于学术百草园，热切期望学界给我们真诚的批评。希望越来越多的史学爱好者和乡村社会建设的知识青年,加入到田野史学的研究和创作中来,努力创造出更多适应乡土社会需要的历史文化书写成果。让田野史学走进民众生活,展现乡村社会历史上不同的精彩瞬间,揭示乡村社会历史文化发展逻辑,从而成为以史为鉴并推演未来的重要催化剂。这对于史学来说无疑是一种尝试性的推进,是我们力主史学惠及大众的学术呼吁。

叶成勇

2020 年 12 月

序　言

为何书写？为谁书写？如何书写？谁来书写？这是笔者的硕士研究生导师叶成勇教授提出的乡村书写的四个基本问题。所谓乡村书写，是在对活态社会历史文化系统进行深入调查的基础上，所进行的记录、研究与传承。

"十里不同风，百里不同俗""一山不同俗，一寨不同族"，反映了贵州地域异彩纷呈的历史民族文化。贵安新区地处黔中腹地，历史上布依族、苗族、汉族等多民族交错而居，加上明朝初年"调北征南""调北填南"的政治军事行动在当地留下了深厚的历史印记，大量的"江西人""南京人"在此定居繁衍至今，蕴涵着极其丰富的历史民族文化。2014年，国务院正式批复在贵阳和安顺两城市之间成立国家级新区——贵安新区。贵安新区的开发，意味着新的现代化的力量将会迅速进驻，必然会加速推进当地社会各方面的现代化变迁进程。在这样的背景下，加快记录和研究区域的历史民族文化变得愈加迫切。

为谁书写，为的就是活态社会中的个人和群体以及他们的发展需求而书写。乡村书写从活态社会中来，也应该回到活态社会中去，回归于活态社会中的个人和群体。调查者通过与当地人进行有意识的、持续的观察与对话，尽可能地获取有关当地的所有信息，进而帮助当地人回顾个人生命历程和村落社会历史文化的演进过程，让当地人进一步了解与认识其生长和长期居住的乡土，增强他们对自己文化的自信心，使其产生对乡土的关怀与认同感，并愿意贡献自己的力量来记录、传承和改善乡土。

乡村书写应该强调乡村书写本身，如何把乡村书写出来，让看的人能够看得懂、听得进去并且记得住，即如何书写的问题。叶教授多次倡导,当代历史学应走出书斋、走向田野、走到乡村,建设"一馆一志一谱一片一教材",进而提出田野史学的研究旨趣和人才培养构想。就在这样的背景下,贵州民族大学历史系与马场镇政府展开深度合作,由贵州民族大学历史系为平寨村建设一座博物馆、撰写一部村志、拍摄一部纪录片、编写一部乡土教材。在随后近八个月的时间里,笔者与调查组成员就在乡村和城市之间往来,体会乡土文化的无穷魅力和意蕴。在对平寨村进行系统调查的基础上,建成了平寨布依族民居博物馆,写成《平寨村志》,也完成了纪录片的摄制和乡土教材的编写,通过各种方式进行着乡村书写的探索与实践。

随着当前社会经济的不断发展,民众的文化需求也在不断增长,民间修家谱、理家史方兴未艾,更不乏撰写个人传记之士,当地人和外部研究者都在进行着不同程度、不同视角的乡村书写,其势必会在乡村振兴的背景下发挥其独特的作用和价值。在平寨村开展的田野调查,就是马场镇政府的需求,这是地方经济发展与旅游开发的需求。平寨村的大部分家族已经重修了家谱,笔者在调查过程中,深切感受到当地人的主动配合以及文化热情,这都是他们自身文化需求的具体表现。正如叶教授所言,这是个历史文化书写的平民时代。不管是乡贤耆老回望个人的生命历程,还是家族精英梳理家族谱系,抑或是外部研究者对整个村落社会历史文化的调查研究,每一个人都可以用自己的热情和所学,对乡土的社会历史文化进行记录和传承。

我们面临的是活态的社会历史文化系统,是有生命的、发展的、周流变动的东西,涵盖了过去、现在以及未来的整个社会生活。乡土社会历史文化处在不断变迁的过程中,乡土社会历史文化系统中的个人和群体也不断地在内部或与外部进行互动,在文化变迁与互动中,社会历史文化系统的原貌在不断改变,并持续增添新的元素,从而生成为新的次生性文化共同体。随着社会历史进程的推进,这个文化共同体还会增添新的元素,呈现出新的次生形态。因此,乡村书写应是一个持续的过程,乡村书写的方式和手段也应该随着时代的周流变动而不断改进、完善。

本书以田野史学的研究旨趣为指导,通过系统调查,详细了解了平寨村的历史民族文化及生产生活的方方面面，注重当地人的文化与生活，尊重当地人的观点和看法，进而发现乡土文化的价值。2015年4—5月，笔者与调查组在平寨村八个寨子展开田野调查，积累了家族及建寨历史、生计方式、寨规民约、节日、婚姻、丧葬、文化遗存等方面的资料，并对各寨乡贤耆老进行了个人生命史访谈。6月末，五名考取硕士研究生的历史学应届毕业生有过短暂的停留，之后则陷入了笔者和叶教授两人的"孤军奋战"。这段时间对笔者而言是非常艰难的，时感力薄才疏。好在7月下旬，完成期末考试的五名2012级历史学本科生加入了队伍，也正好解决了他们的毕业实习问题。"援军"的到来看似偶然，实则一切尽在叶教授的掌握之中。7月以来，主要有两个任务：一是搜集传统生产生活器具，筹建平寨布依族民居博物馆；二是在整理前期调查资料的基础上查漏补缺，撰写《平寨村志》，最终成稿16万余字。本书便是在这样一场独特的文化之旅中产生，围绕着为何写、为谁写、如何写、谁来写、写什么等问题，寻找乡村书写的实现方式，努力进行着乡村书写实践。

作　者
2021年9月

前　言

　　历史文化变迁是一项极具时代感的研究课题。历史变迁强调纵向的发展进程，文化变迁作为历史变迁中最核心的部分，着重讨论在原有文化基础上所发生的包括文化结构、形态、内涵等方面的改变。

　　上篇"贵安新区马场镇平寨村布依族历史文化变迁研究"，是在对贵安新区马场镇平寨村八个寨子进行实地调查的基础上，尝试运用共时性与历时性两种视角综合研究平寨村历史文化，并运用民族学、历史学、考古学等多学科方法对其布依族家族历史、稻耕主体生计方式、制度文化、民俗文化的变迁进行研究，旨在探讨平寨村地域上逐渐形成的村寨共同体及变迁过程中次生性民族文化的生成，并记录区域的历史民族文化。

　　首先，关于平寨村布依族各家族的变迁。根据家谱及族人记忆追溯各家族历史，明万历至清乾隆年间各家族先后迁入定居并建寨，开启了平寨村各寨的历史；清乾隆至民国年间其他家族的再迁入，促进了农耕经济的发展，村寨与家族之间的界限逐渐淡化，基于此来探讨平寨村布依族家族均自称"江西人"、从单一家族建寨到众姓杂居以及从家族迁入之初到发展至今平稳过渡的特征及原因。

　　以稻耕为主体生计方式的平寨村布依族为适应稻作农业生产的需要，根据自然地理状况及人文历史条件的变迁而对稻作农业器具做出适时的改进，并借用文化因素分析方法分析其来源、原因及影响，旨在勾勒出平寨村农耕历史脉络；纺织和养鸭从手工业和养殖等副业经济的角度反映了其生计方式的变迁。改革开放以后，特别是贵安新区的设立，使得稻耕主体生计方式地位下降，同时也增加了多种生计来源。

　　制度文化变迁方面，平寨村地域在清至民国年间的行政区划隶属状况经历了多次变迁，从历史和民族两个层面来分析其形成原因；在政治因素介入后，寨老在村寨和家族中的效力渐趋弱化；20世纪80年代重修家谱之风掀起后，呈现出现代观念与传统文化在家规族训及寨规民约中并存的局面。

民俗文化的变迁主要以节日、婚姻、丧葬等民俗为代表来论述。这些民俗文化变迁都呈现出仪程渐趋简化、受现代经济观念影响较大的趋势，同时传统民俗中又加入了许多其他民族的文化因素，如与苗族共度"四月八"，丧葬中"习阴阳家言"及僧人和道士在丧仪中以主持人员的身份与摩师共同出现的和谐场景。

最后，从寨际与族际、寨内与族内、个体三个层面来探讨平寨村布依族的交往与互动，旨在探讨八个寨子通过互动逐渐形成一个村寨共同体，并在此基础上逐渐生成一种次生性民族文化：即族际平衡条件下家族差异明显，族内个体地位渐趋凸显，并在互动中大量吸收汉苗文化元素，及在土著、土司与屯军等多种因素作用下进行历史互动。这种次生性民族文化虽已生成，但随着社会的发展变迁还会增添新的元素，而且具有不稳定性。

为丰富书稿内容，下篇"平寨村历史文化叙录"依据上篇所述之家族、生计方式、规约制度、节日婚丧习俗等，借鉴了《平寨村志》中的"村落与家族""农耕与生计""节日与婚丧生育习俗""规约制度和地戏""文化遗存""人物志""艺文志"等内容进行了资料整理。在上篇有关历史文化变迁的论述中，加入了文化遗存和地方人物的叙述，使得单一的历史文化有了"物"和"人"的支撑，变得鲜活起来。

作　者

2021年6月

目录 CONTENTS

上篇 平寨村布依族历史文化变迁研究

第一章 绪论

第一节 选题缘由及背景 …………………………… 003
第二节 研究综述 …………………………………… 005
第三节 研究思路与方法 …………………………… 011
第四节 研究目标及意义 …………………………… 013
第五节 平寨村概况 ………………………………… 014

第二章 平寨村布依族家族的变迁

第一节 家族的迁入 ………………………………… 017
第二节 家族的发展 ………………………………… 022
第三节 家族变迁的特征及原因 …………………… 033

第三章 生计方式变迁

第一节 稻耕主体生计方式 ………………………… 040
第二节 手工业及养殖 ……………………………… 048
第三节 生计方式的现代变迁 ……………………… 051
第四节 环境史视野下的生计方式变迁 …………… 053

第四章　制度文化变迁

第一节　基层行政区划 …… 055
第二节　家族制度与寨规民约 …… 060

第五章　民俗文化变迁

第一节　节　日 …… 066
第二节　婚　姻 …… 069
第三节　丧　葬 …… 075

第六章　平寨村布依族各家族的互动与次生性民族文化的生成

第一节　平寨村布依族各家族的互动 …… 081
第二节　次生性民族文化的生成 …… 087

本篇结语 …… 093

下篇　平寨村历史文化叙录

第七章　村落与家族

第一节　魁山龙韦两氏与地戏 …… 097
第二节　平寨与班王氏 …… 114
第三节　大坝王氏与地戏 …… 122
第四节　克酬与王氏 …… 146
第五节　龙窝与陈班韩三氏 …… 147
第六节　磨盖与罗韦杨三氏 …… 152
第七节　破塘与龙氏 …… 156

第八章　农耕与生计

第一节　作物种植 …… 158
第二节　水利设施及灌溉工具 …… 173
第三节　家禽和家畜养殖 …… 176
第四节　酿酒与水产 …… 177
第五节　生产生活器具 …… 180

第九章　规约制度

第一节　寨规民约 …… 196
第二节　家规家训 …… 203
第三节　契约文书 …… 209

第十章　节日与婚丧生育习俗

第一节　节日习俗 …… 213
第二节　婚姻生育习俗 …… 216
第三节　丧葬习俗 …… 225
第四节　苗族节日及婚丧习俗 …… 239

第十一章　文化遗存

第一节　文化遗迹 …… 241
第二节　文化遗物 …… 276

第十二章　地方人物

第一节　护寨安民的民国地方豪强及志愿军军人 …… 278

第二节　乡贤耆老 …………………………………… 282

第三节　技艺人 ……………………………………… 298

第四节　村干部 ……………………………………… 303

参考文献 ……………………………………………… 306

附录1　平寨村四年来（2016—2020）的变迁观察琐记 …………………………………… 311

附录2　田野工作影像 ……………………………… 313

后　　记 ……………………………………………… 322

上篇 平寨村布依族历史文化变迁研究

第一章　绪　论

第一节　选题缘由及背景

民族史的研究，以前更多的是依赖文献资料。而田野调查为当前的民族史研究赋予了新的意义。民族史的研究越来越重视对田野第一手资料，包括文本和口头及实物资料的搜集和研究，以此来突破乡村社会研究文献资料缺乏和记载空白的局限，更好地对区域的历史民族文化进行综合研究。这样的研究往往选取个案进行解剖。

2015年4—5月，笔者对贵安新区马场镇平寨村的八个自然村寨进行了为期一个月的田野调查，调查主要涉及家族、农耕与生计、节日、婚姻与生育、丧葬习俗、服饰与手工业、规约制度、地戏、信仰、文化遗存等方面，并对当地乡贤耆老、能工巧匠及各寨摩师进行了人物访谈，搜集到了许多传统典籍如"四书五经"、地契文书等地方文献。同年6—8月，应平寨村民居复原的要求，笔者又重访平寨，搜集了许多传统生产与生活器具，并对各事项又进行了补充调查，使先前获取的资料得到了补充和完善。另外，在2015年4月24—26日，笔者对磨盖陈炳荣老人的丧葬仪式进行了全程跟踪调查记录，并对主持仪式的摩师及道士、僧人和在场的老人进行了访谈。与当地人共度"六月六"，对其节日过程以访谈、观察、摄影的手段记录下来。笔者与调查组在前后两次调查的基础上，于2015年11月撰写完成16万余字《平寨村志》，内容包括村落与家族、农耕与生计、节日、婚丧、服饰与手工业、规约制度、布依族民歌、地戏、民间信仰、文化遗存、人物、艺文等十二个方面；同时建成了平寨村民居复原馆，布展内容包括家族以及家谱、地戏等家族文化，农耕、传统工艺、饮食、酿酒等生计相关的器具，还有民居、规约、婚姻与生育、节日、丧葬、民歌、民间观念与信仰、摩经等方面，再现了平寨村布依族家族、生计及民俗文化场景。

平寨村八个自然村寨共有11个布依族家族，家族性文化的差异明显，在其发展进程中也发生了明显的变迁，尤其是近代以来。在中国农村社会中，家族构成了村寨，家族史往往就是村寨史。村寨历史的变迁，与家族的变迁有着不可分割的联系，在这种变迁中，村寨、家族、个体三个层面发生着形式多样的互动，就在这三者长期的互动中，各个寨子不同的家族逐渐形成了一个地缘共同体，并蕴涵着丰富的文化内涵。

2014年1月6日，国务院印发了《国务院关于同意设立贵州贵安新区的批复》（国函〔2014〕3号），同意设立国家级新区——贵州贵安新区[①]。2014年6月，贵州省人民政府正式做出批复，原则同意《贵安新区总体规划（2013—2030年）》。根据规划，到2020年，贵安新区城镇人口将达到90万人左右，城镇建设用地控制在94.5平方千米左右；到2030年，城镇人口达到200万人左右，城镇建设用地控制在220平方千米左右[②]。贵安新区区域在元代以前主要是布依族、苗族等少数民族先民在此聚居，加之明初调北征南和调北填南的军事政治行动，大量的汉族移民移入，形成了独特的历史民族文化。贵安新区自成立后便进入了高速发展时期，在高速发展与变迁的背景下，区域的历史民族文化也会随之发生变迁，及时记录和研究区域的历史民族文化变得越来越迫切。从历史学、民族学研究的角度，其中还有许多值得研究的课题。在这样的背景下，笔者以贵安新区马场镇平寨村为研究个案，将历史学、民族学两个学科的研究视角相结合，进行系统的调查研究，以期能够记录下当地独特的历史民族文化。

---

① 国务院关于同意设立贵州贵安新区的批复[J]. 中华人民共和国国务院公报，2014（2）.
② 田方. 省政府批复原则同意贵安新区总体规划[N]. 贵州日报，2014-06-20（1）.

第二节 研究综述

研究综述的梳理主要涉及与本课题直接相关的研究——家族、布依族社会变迁、布依族节日婚丧等文化事项。

一、关于家族的研究

家族及家族制度自诞生之日起,就具有重要的功能意义。在中国,早期关于宗族、家族的研究,主要是从史学的研究视角出发,从其产生——发展——消亡或弱化的历史轨迹进行研究。徐扬杰[1]以中国社会历史发展时间段对各个时期的发展形态做了深入的分析。20世纪初,许多中国学者也开始对国内农村及家族进行研究。林耀华[2]从宗族乡村的基础、宗族组织、宗族与家庭以及亲属关系出发,并以出生、婚丧为线索,通篇贯穿结构—功能主义,表现出明显的功能学派的影响。费孝通指出家庭这个概念在人类学上有明确的界说:这是个亲子所构成的生育社群。亲子指它的结构,生育指它的功能。[3]林耀华[4]以黄东林一家的发展历程为主线对宗族制度进行论述,指出社会关系和生产力发展水平在宗族变迁中所起的作用。在中国传统农村社会,生存是家族变迁的决定性因素。而庄孔韶[5]在对黄村经济的描述中,银耳的种植和销售很好地解决了以前落后的经济模式和较大的土地压力,同时也吸引了部分外乡人的迁入,由于生存的动力导致黄村的宗族构成发生了变迁。这些早期关于中国家族、宗族的研究大多是人类学、社会学专著,具有浓烈的结构—功能主义色彩。

然而,对于宗族、家族的研究大多集中在汉族社会,相对而言,学界对少数民族家族的研究较弱。屯堡社会是一种较为独特的形态,孙

---

[1] 徐扬杰.中国家族制度史[M].武汉:武汉大学出版社,2012.
[2] 林耀华.义序的宗族研究[M].北京:生活·读书·新知三联书店,2000.
[3] 费孝通.乡土中国[M].北京:北京大学出版社,2013:38-40.
[4] 林耀华.金翼[M].北京:生活·读书·新知三联书店,2009.
[5] 庄孔韶.银翅[M].北京:生活·读书·新知三联书店,2000.

兆霞[①]向我们展示了一个典型的传统屯堡社会——九溪村的现代变迁历程，对屯堡家族的界定对于本书中布依族家族的研究具有重要借鉴意义。作者主要从社会学的研究视角出发，对于家族的界定也体现了社会学研究视角。本书所研究的布依族家族与九溪家族有着相同的迁入背景，有着共同的"源"，却"流"向了不同的方向。鲁米香[②]从"做嗦"、丧葬、祭祖等家族仪式以及家族禁忌来分析老刘寨苗族家族差异和文化表征，并在此基础上探讨其家族文化差异的社会基础。叶成勇则从历史学的研究视角探讨少数民族家族，"家族与民族之间"[③]一文深入剖析了金竹金氏"夜郎竹王"认同及其变迁的实质，为了保证其社会政治权利，金竹金氏采取了灵活多变的认同策略和价值取向，形成了独特的"家族—民族"之间长时段互动关系；"'喇叭苗'家族史"[④]一文同样从历史学视角深入探讨了"喇叭苗"的来源、构成，清至民国地方志中对其复杂多变的称谓和归属，也反映了其来源的复杂性和融合的多样性，两者均反映了或家族、或民族、或二者之间的互动，这种在"家族—民族"之间互相转换的灵活多变的认同策略，在历史以来多民族聚居及土司、屯军等多种政治力量共同作用的贵州地域拥有极大的市场，对本书中关于村寨、家族、个体三个层面互动的探讨具有极大的启示意义。

这些关于家族的研究，从中国社会汉族家族的宏观视角再聚焦到某一少数民族家族中，其研究视角呈现两极分化。要么偏重结构—功能，要么偏重纯粹历史学视角的讨论，虽有各自研究的独特优势，但若单一共时性视角的探讨，则缺乏了历史的深度，若单一历时性视角的讨论，对于文化研究又有不足。而两种视角的综合研究兼具了深度和广度。

[①] 孙兆霞. 屯堡乡民社会[M]. 北京：社会科学文献出版社，2005：130-156.
[②] 鲁米香. 老刘寨苗族家族文化研究[D]. 昆明：云南民族大学，2012.
[③] 叶成勇. 家族与民族之间：黔中通道上金竹金氏族属认同及其变迁探析——以《金氏家谱》为中心[J]. 地方文化研究，2013（6）.
[④] 叶成勇. 贵州"喇叭苗"家族史调查与相关问题探析——以晴隆县长流乡为个案[J]. 地方文化研究，2015（1）.

二、关于布依族社会文化变迁的研究

文化变迁与社会变迁密切相关。社会变迁是指社会各方面现象的变化①。文化变迁通常被理解为由于民族社会内部自身发展,或由于不同文化之间的接触而出现的一个民族的文化的改变②。从这个释义来看,文化变迁更强调共时性的观察方法,大多对于布依族文化变迁的研究也是从这个视角入手。禄宗翰③、甘代军④,虽从"六山六水"调查资料中运用了诸多20世纪80年代以前关于布依族的调查资料,但仅是线索式的描述,并未进行历时性视角上的解析。从布依族文化的各个事项着手,有利于深入其文化最核心处,对各个文化事项变迁的分析细致入微,这种以点构筑布依族文化平面的研究方法值得借鉴。对布依族文化变迁现象进行线条式的纵向梳理,并在共时性的背景下进行适当的比较研究,试图以此总结出布依族社会文化变迁的过程和特点。王鸣明⑤从布依族衣食住行、社会传承和整合系统,即传统社会组织、官方委任的行政系统、乡规民约、婚姻及家庭等方面的变迁进行分析。还有彭雪芳⑥、覃敏笑⑦等。谭忠秀⑧以改革开放为分界点,以时段划分进行变迁分析,既有宏观视角的总体观照,又兼具对个案的深入研究,但其本质是以个案研究来探寻整个布依族社会变迁的轨迹。从当代布依族社会和中安村两个视角,即从宏观和微观来探寻布依族社会变迁的轨迹,是值得借鉴的。

---

① 黄淑娉,龚佩华. 文化人类学理论方法研究[M]. 广州:广东高等教育出版社,2004:216.
② (美)克莱德·伍兹. 文化变迁[M]. 何瑞福译. 石家庄:河北人民出版社,1989:3.
③ 禄宗翰. 织金县红艳村布依族文化变迁研究[D]. 贵阳:贵州民族大学,2014.
④ 甘代军. 文化变迁的逻辑——贵阳市镇山村布依族文化考察[D]. 北京:中央民族大学,2010.
⑤ 王鸣明. 布依族社会文化变迁研究[D]. 北京:中央民族大学,2005.
⑥ 彭雪芳. 变迁中的布依村寨——贵州省册亨县巧马镇者岩布依村寨社会调查[J]. 贵州民族研究,1998(04).
⑦ 覃敏笑. 布依族社会传统文化及其变迁——以普定县为考察个案[J]. 贵州民族研究,1999(3).
⑧ 谭忠秀. 布依族社会变迁与家庭教育研究——贵州独山县中安村教育人类学个案研究[D]. 北京:中央民族大学,2006.

在上述研究中，布依族社会文化变迁有内部价值观念和行为方式的改变而引起，也有受外部经济社会环境的影响而发生。而民族内部的发展变化归根结底是由于外部经济社会环境的变迁而导致民族内部价值观念和行为方式的改变。人类学各理论流派的思想理论中，诸如进化学派的进化理念、传播学派的播化思想、历史学派的相对主义、功能学派的功能主义、社会学派的理论、涵化理论等，都提出了各有解释力的观点。但是，这些理论流派均没有从地方群众日常生活实践的角度揭示出文化变迁的"生活"根源，即没有充分展示群众的"生活理性"在文化变迁中的巨大作用，而往往偏重外部社会环境对文化变迁的影响[1]。关于民族社会文化变迁的研究应从外部环境和民族内部两个视角综合研究，不光要重视外部环境的影响，更应该注重本民族对外来文化的接受。

三、关于布依族节日婚丧等文化事项的研究

龚德全[2]运用历史文献再现了布依族婚姻礼俗的缔结，但主要是线索式的回顾，文章侧重于布依族传统婚姻仪礼的现代变迁，并得出在变迁与调适中布依族人民的另类表达。在布依族社会中，舅家具有相当高的地位，在婚俗中体现尤为明显。"舅权"之于人类学叙事传统，其用意已从原生意义延伸，转化为另一种关系，另一层意义的表述：母亲的兄弟与母亲的孩子之间的关系，尤指母亲的兄弟与她儿子的关系[3]。舅权在中国西南地区成为一种有代表性的文化叙事，几乎所有生活在西南的少数民族在历史上、在现实生活中都或

---

[1] 甘代军. 文化变迁的逻辑——贵阳市镇山村布依族文化考察[D]. 北京：中央民族大学，2010.
[2] 龚德全. 现代语境下布依族婚姻仪礼的变迁——一个布依族村寨的实例[J]. 长江师范学院学报，2015（1）.
[3] 彭兆荣. 转换："舅""权"互为关系的一个原则[J]. 云南社会科学，1994（2）.

多或少、或强或弱地存在舅权，而特定的地域、特定的文化区域是造就舅权的必要条件[1]。吴文定[2]认为在布依族社会，力求亲上加亲，舅父家女儿优先嫁给姑妈家儿子，舅父家有娶外甥女做儿媳的优先权利，并以此凸显舅权。

祖先及自然崇拜色彩浓厚，农耕文明特点鲜明，是布依族节日习俗比较突出的文化特征。葛继红[3]及莫玉萍、陈兴燕[4]，探讨了布依族节日的文化功能和社会功能。布依族节日具有维护民族文化身份、培育民族精神、构建和谐的布依族社会的功能[5]。布依族是一个以农业为主要生计方式的民族，而农业与龙有着千丝万缕的联系，布依族的龙崇拜观念集中表现在传统信仰和传统祭祀礼仪之中，反映了布依族人民企盼"人与自然和谐、林茂粮丰、社会安定、人民幸福"的古老而纯朴的感情[6]。吴兴明[7]运用历史学的研究方法，搜集神话故事并进行甄别，通过史籍对查氏一族的发展史进行探讨，最终验证了查氏一族是外来移民的说法，并证明了"赶查白"产生年代应该是在明朝的洪武年间到弘治年间这段时间，而查白场这一当地固定场期的历史则更为久远，其产生与元代在贵州修筑的"滇黔驿道"密切相关。此类研究从传统史学角度，运用神话故事、家族史及文献资料进行考证，对其历史来源有了较为信服的研究结论。

周国茂[8]根据布依族丧葬习俗的历史演变，结合布依族的经济状况以及其他民族的民俗资料，对布依族葬俗中砍牛的意义进行较为合理的解

---

[1] 彭兆荣. 西南舅权论[M]. 昆明：云南教育出版社，2008：4.
[2] 吴文定. 布依族婚俗中的舅权管窥[J]. 牡丹江大学学报，2012（10）.
[3] 葛继红. 布依族节日礼俗的特征及功能[J]. 毕节学院学报，2007（6）.
[4] 莫玉萍，陈兴燕. 布依族节日的文化特征及社会价值探析[J]. 湖北函授大学学报，2015（1）.
[5] 白明政. 布依族节日文化及其社会功能[J]. 贵州民族学院学报（哲学社会科学版），2010（2）.
[6] 伍文义. 简论布依族的祭龙仪式与龙崇拜观念[J]. 贵州民族研究，2000（3）.
[7] 吴兴明. 布依族地方性民俗节日成因初探——以"赶查白"为例[D]. 成都：四川师范大学，2012.
[8] 周国茂. 布依族丧葬中的砍牛习俗试探[J]. 民俗研究，1986（1）.

释,砍牛桩仪式是布依族族人民为死者进行灵魂超度仪式,是一个较为原始的传统且完整的超度仪式体系。仪式反映布依先民在长期的稻耕文化实践中,不断吸收异文化系统以丰富自己的文化。在他们欣然接受汉文化的超度仪式之后,也仍然保留自己民族的特点,两种仪式并行,为逝者送行。人们借以对祖先的崇拜仪式,渴望获得征服自然的力量。[①]摩经与摩师是布依族传统葬俗中最核心的内容,周国茂对其有系统且全面的研究[②]。摩教有较为系统的经典——摩经,大致可分为"殡亡经"和一般杂经,前者指用于丧葬活动中超度亡灵的经典,后者则指除此而外的用于驱邪祈福禳灾的经典[③]。从摩与布摩、摩教与摩经、"殡凡经"的产生时代及其发展问题等方面论述了布依族的摩教[④],并认为其社会功能主要有:尽孝与宣泄、分痛生死、社会统协、社会伦理教育、社交和娱乐等五个方面[⑤]。

  这些对于布依族社会文化变迁及节日婚丧等文化事项的研究,均注重于社会文化的现代变迁,并未从历史学视角进行深入分析,而多以结构—功能的视角,平行地看待布依族社会文化的当代变迁或现代变迁。关于家族的研究,有从家族文化研究的共时性视角,也有从家族历史、家族认同的历时性视角,但均是在二者之间偏重一方。总体看来,不管是历史研究,还是文化研究,均各有侧重,对于共时性视角和历史性视角相结合的研究还较为薄弱。这种二者结合的研究既有历史思维的考虑,增添了历史的深度,也使得文化研究平添了一份厚重感。虽然像林村[⑥]、

---

① 蒙富成. 布依族传统葬俗——砍牛桩仪式研究[D]. 长沙:中南大学,2014.
② 周国茂. 摩教与摩文化[M]. 贵阳:贵州人民出版社,1995.//周国茂. 论布依族摩文化[J]. 布依学研究,2005.//周国茂. 论布依族摩教舞蹈[J]. 贵阳学院学报(社会科学版),2015(4).//周国茂. 摩与傩[J]. 贵州民族学院学报(哲学社会科学版),2010(2).//周国茂. 殡凡经文化功能初探[J]. 民族文学研究,1988(6).
③ 周国茂. 摩教与摩文化[M]. 贵阳:贵州人民出版社,1995:22.
④ 周国茂. 布依族摩教三题[J]. 贵州民族研究,1990(2).
⑤ 周国茂. 布依族"殡亡"的社会功能[J]. 南风,1995(1).
⑥ 黄树民. 林村的故事:1949年后的中国农村变革[M]. 素兰,纳日碧力戈,译. 北京:生活·读书·新知三联书店,2002.

下岬村[①]等经典的民族志作品，已经摆脱了早期功能主义民族志缺乏"历史感"的局限，从更广阔的历史视野观察中国农村的社会变迁，其研究对象已与历史学没有什么区别，但其缺乏历史文献的搜集和解读且局限在东北和东南沿海的汉族社会。在中国农村社会中，家族史就是村寨史，与民族也有不可分割的历史联系。本书的研究以访谈法为主，并搜集家谱、地方文书、碑刻等地方文献资料进行解读和佐证，以家族的变迁为主线来勾勒出平寨村的历史与现实。在家族变迁过程中，村寨、家族、个体三个层面不断互动，必将会在原有文化基础上赋予新的元素。

第三节　研究思路与方法

变迁问题本就是一个历时性发展变化的过程，运用历时性视角的分析能够直观地体现出文化事项的发展变化，但对其变迁的原因、特征的有效解释则需要结合当时的社会背景，平面地看待这一事象。民族文化研究，在研究方法上应该关注纵横（共时和历时）研究相结合；民族传统文化研究与生态环境研究相结合；文化变迁与民族关系的研究相结合[②]。共时与历时研究相结合对于民族史的研究具有重要意义，两种视角相结合能够更为深入地认识所研究的课题。出现在同一时空中的文化，有的是本地的，有的则是外来的，来源时间、原因及产生的影响各不相同，这时就可借用考古学文化因素分析法进行一一解剖。

在行文体例上，正文中引用了在田野调查中获取的大量材料作为论述依据，遂在后文中以附录形式将所用材料罗列出来，但又不仅限于所用材料，而是将所用材料按照正文论述顺序，进行分类整理。

[①] 阎云翔. 私人生活的变革：一个中国村庄里的爱情、家庭与亲密关系1949—1999[M]. 上海：上海书店出版社，2009.

[②] 宋蜀华. 中国民族学理论探索与实践[M]. 北京：中央民族大学出版社，1999：18.

一、田野调查前的资料搜集

在深入田野点前,笔者通过文献资料对平寨村区域的历史有一个初步的认识,以期在田野调查中能有更多的发现和更为深刻的认识。查阅并搜集与平寨村相关的地方志及少数民族社会历史调查资料,如(道光)《贵阳府志》、(道光)《安平县志》、(咸丰)《安顺府志》、(光绪)《镇宁州志》、(民国)《镇宁县志》、(民国)《平坝县志》《〈明实录〉贵州资料辑录》《〈清实录〉贵州资料辑要》《贵州苗夷社会研究》《贵州省布依族婚姻资料汇编》《布依族社会历史调查》《贵州"六山六水"民族调查资料选编·布依族卷》等,这对于了解当地的历史民族状况是极为必要的。

二、田野调查法

科学的田野工作以参与观察(participant observation)为重要标志[①]。首先需要调查者住在调查点有一定的时间长度,一般是一年。这一年里调查者可以体验到不同季节的生产活动、节日仪式等。笔者在调查期间,经历了当地人从插秧前一直到稻谷收割的过程,也经历了"四月八""六月六""七月半"等节日习俗。其次是要学习当地语言,这对于时间的要求更长。笔者调查时也跟着当地人学习了布依语,如寨名及常用器具等,主要出于对研究的直接需要。最为重要的是要像当地人一样生活,深入到他们的生活之中,才能真正了解他们的文化。这应该是最难的,因为深入到一个陌生的田野点,与调查者身处不同的文化系统,生活习俗也不尽相同。比如平寨当地是将丧事当作喜事来办的,老人在衣服或袖口系一根红绳,外祭时还有"玩女婿"的活动;而在笔者家乡,在生的人对亲人离去的悲伤情绪充满了整个丧仪。

文化人类学的访问共分两种:一种称为"结构性访问"(structured interview),即按照预定计划提出一个个问题,请报告人依次回答。另一

---

① 汪宁生. 文化人类学调查——正确认识社会的方法[M]. 北京:文物出版社,1996:27.

种称为"非结构性访问"(unstructured interview),即提出一个范围较大的题目,由报告人自由陈述[①]。两者应是互补的。而笔者在调查时主要采取的是结构性访问,而非结构性访问则作为补充手段。访问前要先根据调查内容确定访谈对象,一般是寨中的老人,访谈时就调查内容提出一个个问题,并做好录音及笔录。通常这样的访问不能得到很全面的内容,这时候就需要进行非结构性访问,提出一个较为宏观的问题让访谈对象自由发挥,或者以此来做一些总结性的访谈。

三、文化因素分析法

本书还借用考古学文化因素分析法,"通过分析一个考古学文化内部所包含的不同来源文化因素的面貌及其在该文化中所占的比重,以判定该文化主体文化面貌和属性,探索该文化的主流来源、形成机制和流变,最终判定其在文化谱系中的位置。其中判断文化因素变体的一个关键点,即文化传播受体根据自己本文化的意愿对外来文化因素加以部分改变,形成文化因素变体,既不同于文化传播源地的原型,又不是本文化传统的形制。"[②]而在本书中,将存在于现实层面的同一文化事象中的诸多文化因素分解开来,逐个分析它的来源及来源时间和原因、发生了何种变迁及其影响等,以此来论述此文化事象的历史与现实、结构与功能。借用文化因素变体来分析平寨村布依族历史文化经历变迁过后形成的新的文化共同体,它既不同于受之影响的外来文化,也不是本文化的原貌。

第四节 研究目标及意义

在现代变迁背景下,特别是贵安新区正处在高速发展之中,区域的

[①] 汪宁生. 文化人类学调查——正确认识社会的方法[M]. 北京:文物出版社,2002:28.
[②] 王巍. 中国考古学大辞典[M]. 上海:上海辞书出版社,2014:8.

历史文化也在经历着高速的变迁。许多传统文化正在流失，有的甚至处于消亡边缘，民族文化的抢救与保护刻不容缓，既需要政府的大力推动，更需要文化研究者做好文化的记录工作，文字、图片、音频、视频等手段成为更加普及、成本更小的选择。

本书的主要研究对象是文化事项的变迁，通过对生计方式、制度文化、民俗文化变迁的论述，来构筑平寨村的历史与现实，以期对区域历史文化有一个全面的认识，进而对黔中地区的历史与民族及其文化的认识能有所帮助。更为重要的是在现阶段大开发背景下，讨论文化持有者应怎样认识、保护和传承文化。

第五节　平寨村概况

一、自然地理环境

平寨村地处亚热带季风气候区，年平均气温 17.2 摄氏度，冬无严寒，夏无酷暑。这样的气候条件造就了平寨村的农业耕作方式及作物种类，农业耕作是其最主要的生计方式，当地群众主要种植水稻、玉米、红薯等粮食作物，油菜、烤烟、地萝卜（地瓜）、葵花等经济作物，也种植瓜、豆、蔬菜等以供自家食用。

平寨村隶属贵州省贵安新区马场镇，距马场镇政府约 13 千米。东连新村，南接川心村，西至普贡村，北抵嘉禾村，面积约 9.2 平方千米。作为一个行政村，由平寨、魁山、大坝、龙窝旧寨、龙窝新寨、克酬、破塘、磨盖八个自然村寨组成。2013 年，平寨村更名为平寨社区。本书为研究的需要，继续使用村的建制。

二、社会人文环境

村寨是居住的单位，是地缘性联系的共同体。平寨村全村共 653 户，2 651 人，其中，平寨户数最多，有 124 户，452 人；魁山共 123 户，603

人；大坝共 102 户，392 人；龙窝旧寨共 73 户，279 人；龙窝新寨共 55 户，226 人；克酬共 65 户，256 人；破塘共 61 户，224 人；磨盖共 50 户，219 人。文化程度方面，中专或高中文化程度及以上有 55 人，初中文化有 643 人，小学文化有 820 人。

平寨村八个自然村寨相距并不远，中老年群体相互都认识，但并不熟悉，看起来寨子之间的联系似乎并不紧密，唯一的联系就是通过生育和婚姻事实所发生的亲属关系①。这种关系也是中国传统社会中最主要的关系，在现在的农村社会关系中依旧占据着支配地位。

平寨村主要由布依族构成，且八个寨子均以布依族为主体。平寨和磨盖有 10 余户苗族，汉族则仅有 3 户。苗族人口不多，"不成村落，杂居汉夷寨中"②。平寨村是一个由布依族、苗族、汉族等共同构成的村寨共同体，在他们的互动中，受布依族文化的影响较深，且又相互影响，逐渐形成了苗族过"六月六"，布依族也过"四月八"的和谐场面。平寨布依族、苗族均会操本民族的语言，但均掌握在中老年群体中。由于多民族杂居，且年轻人多不会本民族语言，布依族本民族之间的交流大多是用汉语，仅有的操布依语的场合是在丧葬仪式中。布依族没有本民族的文字，他们采用汉字记音的方式记录丧葬经文，是为摩经；与布依族不同的是，平寨的苗族老人之间基本都以苗语交流。

三、经济概况

平寨村处于平旷的黔中地区，地势平坦，田畴广阔，土壤以砂质红壤为主，水源丰沛，为水稻种植提供了良好的自然地理条件。地处亚热带季风气候区，年平均气温 17.2 摄氏度，一年只能种植一季水稻。平寨八个自然村寨均属平坝区（2014 年，平坝县撤县改区）粮食生产旱作区，土壤肥沃，耕地资源丰富，面积有 3 060 亩，其中水田 2 157 亩，

---

① 费孝通. 乡土中国[M]. 北京：北京大学出版社，2013：26.
② 巴蜀书社. 中国地方志集成·贵州府县志辑 44[M]. 成都：巴蜀书社，2006：293.

旱地 903 亩，人均占有耕地 1.38 亩①。水稻种植的品种绝大部分是粘米，只种植少量的糯米作为过年过节打粑粑之用。平寨水稻有产量高、米质好的特点，按 50 千克稻谷中米和糠的比例，稻谷产米量为 75%、70% 和 65% 分别称为上等米、中等米和下等米。因为产量高、米质好，每个家庭几乎都有余粮，现在每逢赶场天，大多数人家都骑着摩托车或电动车载运部分到集市上去出售，以增加收入，贴补家用。

每年稻谷收割后，村民们安顿好了稻谷，便又投入到打整稻田的工作中。因为是水田，稻田中的水量较多，需要放干以便种植油菜。油菜籽大多用来榨油，村民留取部分自食，其余出售，剩下的油粑可作为猪饲料，也可将其卖给榨油厂。烤烟种植主要有魁山、龙窝旧寨、破塘三寨，村民们承包稻田来种植烤烟，以增加收入。地瓜的种植则是近几年才开始的，主要是由于外地厂商在此投资，需求更多的地瓜原料，但近两年不知何故，商家来收购的数量减少了，村民也无照管之动力，逐年减产。

平寨村当地水源充足，马场河和田坝中水产丰富，主要出产鱼、龙虾、黄鳝、泥鳅、螺丝、扇贝等，捕捞季节可从整个夏季延续至 11 月。在以前遭遇天灾的年份，青黄不接，马场河解了许多人家的燃眉之急。每到晚上，村民们便拿着自制的渔具到河里、田间网鱼捕虾，清晨便拿到集市上去出售，换取粮食、面条等。现在，平寨人民仍然延续了捕捞的习惯。由于平寨占据着交通优势和比其他七寨先开发的便利，每逢周末，村民便会将自家捕捞的鱼虾及蔬菜瓜果拿到村中道旁卖与游客，剩余的鱼虾则做成干货，以便下次继续售卖。

当前，随着贵安新区的设立及"美丽乡村"建设的开始，平寨村的经济生活发生了很大的改变。

---

① 资料来源：贵安新区马场镇人民政府门户网站，http://www.gzaspbmachang.gov.cn/Item/422.aspx

第二章 平寨村布依族家族的变迁

历史研究是研究人类过去事业的一门极其广泛的学问,但又不仅仅就过去事业进行研究,只是通过研究过去来为现实服务。历史的主体是人,然而研究一个村寨的历史,村寨的主体是寨民,寨民又归属于家族,村寨中家族的迁入有早晚,且在其发展历程中又有各自的流变,这就形成了村寨的历史。由此观之,村寨的历史就是村寨中各家族的历史。平寨村共有八个自然村寨,分别是魁山、平寨、大坝、破塘、克酬、磨盖、龙窝旧寨、龙窝新寨,每一个寨子因其家族历史的不同而不同。本章通过对平寨村各家族历史文化的研究,来探求其家族变迁的规律。

第一节 家族的迁入

一、魁山龙氏

始祖龙大明、龙大荣两兄弟,系江西籍吉安府庐陵县人。明万历年间,受朝廷派遣,带兵征南入黔,其间挑选五名勇士率先带兵入黔,平服南蛮。因作战有功,受封征南大将,并赏赐平原地千余亩,作练兵之要地,命名为"魁门"。为防南蛮反叛,在此留守种地,定居生产,繁衍后代。此地三面环山,森林茂密,但水源不足。寨中有一头母猪,经常带着一身稀泥回寨。于是有人在其身上拴一个漏糠袋,并沿着糠迹一路追寻,终于发现在离寨3千米处有一条河流,两岸翠竹丛生,河水清澈,鱼虾成群。河边还有一座小山,风景优美,人们遂将寨子搬迁至此,繁衍至今。相传,四世祖龙国用某夜突见天空中有一束亮光坠入山前,认为有魁星降世，就带着怀孕的妻子到山前叩拜，孩子出世后取名"君榜"，寓意金榜题名，后其果然官至儒林郎。后人遂改寨名为"魁山"。魁山龙氏先祖最先居住的地方名为"魁门"，有军队统辖管理之意，四世祖时迁寨于此才改作魁山。

据《魁山龙氏族谱》[①]，老字派谱字辈排行如下："大在应国，君世文腾，绍兴步云，超海显相，光增华发，秀致承恩，锦舒彩焕，沛泽天庭。"乾隆年间，附四言韵句于后，可不缺五行金、木、水、火、土偏旁也。2004年续修谱时，新编了字派谱辈排行："时逢昌盛，树振家声，传继宗祖，诗赞伟铭，福康裕厚，俊杰宏英，科献辉煌，万颂乾坤。"至今，魁山龙氏已繁衍至相字辈，已有十六代人。家谱中最早详细记载生卒年的是三世祖龙应春，其生于明崇祯十二年（1639），往前推两代，龙氏约是在明万历年间迁入。

二、平寨班王氏

平寨最早的家族是班王氏，系布依族，分属两个支系，一支是班经纶支，约占平寨人口的80%，另一支是班启先支，约占20%，班经纶稍早于班启先迁入平寨。据光绪元年（1875）所修的《班王氏家谱》记载，平寨班王氏原籍江西吉安府泰和县杨柳湾班家巷，明初因平叛而随军入黔，后开垦良田，定居贵州，繁衍发展，后代迁居各地，其中一支落户烂泥沟（今金竹镇）。后班经纶从烂泥沟迁居平寨，成为平寨班王氏的先祖。

推算平寨建寨的大致年代，字辈是最直接的手段。平寨班王氏字辈为："经谭国言天，凤学锦文全，龙腾魁相殿，联步克超贤。"光绪元年（1875）新编字辈则为：

万	铭	培	辉	槐	源
世	钟	基	煌	桂	深
同	锡	垂	焕	森	流

---

① 魁山龙氏续修族谱委员会：《魁山龙氏族谱》，2004年农历三月初五。

行　鉴　型　炳　荣　清

　　新字辈采用竖读横推的方法,"源"后面应是"槐"。从光绪元年（1875）起,班王氏就已启用新字辈。新字辈中的"源"与老字辈中的"文"对应,"槐"对应"全"。现今,寨中最小的是"桂"字辈,从经纶公至今已繁衍了十五代,约有300年历史,可推至清康熙年间。

　　之所以称其为班王氏,是因为他们原本姓班,后改为王姓。关于"班改王"的原因,《班王氏家谱》记载:"闻太祖起义濠州,往归焉,太祖奇其才,语之曰:'天无二日,民无二王。班字乃二王也,不利于军,并为一王可矣!'遂赐姓王。"此后,他们在世时则姓王,过世后立碑时则书班姓。

　　平寨班王氏除夕夜不饮酒,《班王氏家谱》中道:"论公镇守王官堡时,于除夕,醉后失烛,延烧文案,有误军机!因对神盟发誓:'已后除夕,戒无饮酒者,神火烧之!'果有灵验。故至今班、王二姓,凡除夕戒酒者,皆同宗也。"还有传说是班王氏与大坝马王氏同改"王姓"一事,两姓产生分歧,争议不定之下请求官府判决,班王氏请秀才写好了状纸,因酒醉而无意将状纸烧毁,遂认为喝酒误事,为警戒后代而规定除夕不饮酒。

三、大坝王氏

　　大坝王氏并非世居民族居民,本系江西吉安府洙泗巷杨柳街人,自明朝洪武年间移民贵州。关于其入黔的原因,当地人中流传着两种说法:一种说法是过去当地为仡佬族居住的地方,因其反朝廷而被杀。为填补此地的空乏,朝廷将江西人迁移至此地,俗称"填潮"。另一种说法是,由于当地匪患猖獗,大多民众被杀,人烟稀少,朝廷遂从江西调拨人口填补此地。先姑且不论哪种原因更符合史实,它们都说明了同一件事情,就是当地人口的缺乏,他们是来填补此地的空缺。

　　据大坝《王氏宗谱》所记,其字辈为:"安怀朝仕,文尚修德,廷绍卓佳,名臣显烈,支衍宗繁,功昭纪则,万世流型,一统纲克。"在调查时，笔者已找到三世祖王怀宙的墓葬，并有墓碑，所以迁居大坝至迟可以推至怀字辈。现已繁衍至显字辈，至今已有十四代人，约有300年历史，可追至清康熙年间。

王氏本姓马，后改班，再改王。针对改姓这一现象，王氏后人说：初姓马是由于马不好，有牲畜之意，而改姓班，后班改王主因班有两王，"天无二王，地无二将"，因此改为王姓。

四、克酬王氏

克酬王氏原籍江西吉安府吉水县杨柳井大树脚赵家街，因老祖宗犯事，被朝廷流放入黔，而后定居克酬，入黔始祖不详。克酬王氏原姓赵，入黔后，隐姓埋名，"赵"姓改为"王"姓，故又称"赵王"。现在克酬的老人们提到此时，都形象地形容自己是勾着腰、戴着手铐脚链来到贵州的。

克酬王氏原有家谱，但失于火灾，而后也并未编修新谱，但其家族字辈却存留在了记忆之中，为："文连育仕秀、清光德茂先、修仁成大雅、吉（积）尚（善）永为贤。"现已传至修字辈，即第十一代，约有270年的历史，可推至清乾隆时期。

五、龙窝旧寨陈氏

龙窝陈氏原籍江西吉水县杨柳塘大石板陈家巷，入黔始祖为陈妫公，官居把总、马粮台兵备道，生子阿谟。陈妫公久驻罗斛，落业大龙司。阿谟为龙窝陈氏立寨始祖。阿谟又名陈宦途，因护粮有功，后人尊称为"陈粮臣"，官居广兴冷饭盒兵备道把总。当时贵州府台开辟马场，令曾、周、刘、谢四家为场主，场边寨陈宦途养场。时迁年远，宦途无力继续养场，渐与场主不和，携带家眷至龙窝开荒立寨，生四子分居龙窝、湖头堡等地。由此得知，迁居龙窝应是从陈宦途时开始，而从其子一代则开始定居龙窝。又据《颖川堂陈氏族谱》记载，龙窝陈氏字辈为："季世朝文绍（正应登）、永春德尚明、光昌荣万古、发达愈山英。"现已繁衍至昌字辈，加之前面陈妱公父子两代人，则已有十五代人，距今约有 300 年历史，可推至清康熙年间。

六、磨盖罗氏

据《岩孔罗氏家谱》记载，磨盖罗氏自始祖入黔至今，已逾 400 年。入黔始祖为罗腾禄，系江西吉安府吉水县杨柳大湾豆芽街猪市巷人氏。1573 年，万历皇帝朱翊钧继位，为加强中央集权统治，于万历十五年（1588）推行"改土归流"，由朝廷委派官员到地方任职。在这个政治背景下，始祖罗腾禄受命入黔。

罗腾禄入黔后因年老定居广顺核子寨，二世祖时即开始分支，后代移居安顺东屯、平坝招果寨、笋子山；三世祖时，朝相公由招果迁居岩孔大寨，朝栋公由招果迁居岩孔小寨，朝美公留居招果，朝永公居笋子山。磨盖罗氏家族从高峰镇活龙村岩孔大寨迁来，当属朝相公支。罗氏自玉字辈时，从岩孔大寨迁居今平寨地界，最开始是在磨盖对面一个叫克酬的寨子落业，但在那个地方家族一直不发迹，人丁也不兴旺。本族中会看风水的人便到周围看地选取新寨址，遂选中了现在所住的这个地方。当时，这个地方背后是坟墓，前面也是坟墓，所以就以坟墓为界，立寨落业，遂取名为"墓界"。后来，罗家人认为这个名称不太好，就取谐音命名，因其方言将墓界读作"mò gài"，遂称为磨盖。

罗氏字辈为："朝台秀正玉，上锦德时明，宏才方普济，国士起连城。"自玉字辈时来到磨盖，现至普字辈，至今已有十代人，约有 250 年历史，建寨时间可推至清乾隆时期。

七、破塘龙氏

破塘龙氏原系江西南昌府丰城县人氏。入黔始祖龙旻宇，少时读书用功，在建文帝年间通过科举考试，中了秀才，后入朝为官。靖难之役后，龙旻宇来到贵州，在加禾寨陇头遇到一位布依族农妇，两人相识后，婚配为夫妇，定居于此。

破塘龙氏字辈为："应朝正起，文上方兴，步云起海，显甲敷霖，光增华发，秀致承恩，锦舒彩焕，沛泽天廷。"自龙旻宇入黔至今已有十七代，已逾400年历史，应该是在明朝末期，大约是在明万历年间入黔，但与龙旻宇随建文帝入黔的史实不符，从入黔始祖龙旻宇到一世祖之间的历史是空白。四世祖时，家族分支，龙起德迁居破塘建寨，至今已传至显字辈，已繁衍了十代人，约有250年历史，建寨时间可推至清乾隆年间。

第二节　家族的发展

一、人口的增加与再迁徙

（一）本地家族人口外迁

魁山龙氏自二世祖后便开始向外分支繁衍。大明公幼子在发，迁居贵阳，即为二戈寨支系。第三世，应美公迁居小河区补苗，是为补苗支系。大明公第四世国全时从魁山寨迁居花溪龙泉寨，为龙泉支系。大明公第四世国兴由魁山寨迁居花溪后坝龙井寨，为后坝龙井寨支系。国兴时，魁山寨人丁兴旺，为求发展，迁居马铃后坝，生二子。国兴逝世后，因安葬时误烧了陈家的山林，为躲避官司，长子龙由隐姓埋名，举家迁往青岩龙井寨居住，改姓罗。龙由公生二子：龙礼、龙纳，称"龙礼啊纳"。直至第九代孙龙正、龙典时才恢复龙姓。次子龙喜留住后坝。迁居后坝后，族人普遍文化程度不高，一直没有字辈，均为单名。直到第七代孙龙玉振考取了贡生，才编排了后坝龙氏家族字辈："作、玉、发、德、起、光、明、正、照。"流传至今。大明公第四世辅，后改名庭谋，从魁山寨迁居，最先是在惠水县大坝乡龙滩河居住，并立有碑记，现被就地埋入田中。此后，由于自然地理条件欠佳，又迁居到条件更好的上皇寨居住。上皇寨位于珠江支流涟江河上游，寨子三面环山，南面开阔，坐北向南呈撮箕状，环境优美。此支系是为惠水县上皇支系，目前已传承了十二代，有私塾教师、地师十一人，担任保长以上职务的五人。大明公第四世国良，迁居惠水县龙海寨，改名庭章，建寨时立有碑记。中华人民共和国成立后，在集体生产挖窑时，因年久而垮塌，此碑记被埋入坑内。目前，龙海支系已传承了十二代，出过私塾教师、地师七人，担任大队长以上职务一人。大明公支第四世国灵，从魁山寨迁居花溪麦乃寨，是为麦乃支系。魁山龙氏后世各代皆有向外迁居繁衍的，如十一世步新迁居花溪区上水，即为上水支系。

民国初年，龙窝旧寨产生了一股以陈华昌为首的地方势力。陈华昌枪法准、本事大、名声响，寨上有人家被抢他都会帮忙解决。虽然他保寨安民，但也得罪了不少人。长顺曹绍华为国民党军官，有委任状，而陈华昌无委任状，又不听其指挥，曹绍华便带人来抄陈家。因全寨都姓陈，曹绍华便不分青红皂白，放火烧寨，因此全寨遭殃受难。后常有土匪、军队来犯，寨人无法居住，也为免受牵连，部分陈氏和班氏便搬出龙窝，到河对岸的山坡建寨，即现在的龙窝新寨。龙窝新寨现在也主要居住着陈氏和班氏，分别与旧寨陈氏和班氏共享家谱、字辈，是为从旧寨迁出的支系。部分陈氏与班氏外迁并建龙窝新寨，虽不是因为人口的增加而外迁，但一寨分为两寨却为各自的发展提供了更为广阔的空间。

（二）家族的再迁入

龙窝班氏原籍江西，入黔后经过了多次迁徙，具体已无考，只知其由贵州省惠水县七格田迁居到杨武落郎坝，又因水利有犯班氏祖坟，而从杨武迁至龙窝落户。班氏定居龙窝后，家谱失于火灾，五世祖班德保口传字辈仅有"腾、聘、向、永、尚"五代。第八代班华英制定排行，即"尚举德锦银，松柏万代青，光乐和耀祖，发积进朝庭"，五世祖班德保为德字辈，现已传至万字辈，已繁衍十代人，班氏大致是在清乾隆年间迁入。龙窝旧寨韩氏祖籍江西吉安府芦陵县杨柳大树湾，属贵安新区马场镇场边寨、滥坝支系，文武后裔，现已传至家字辈，其字辈为："一士登文永，廷锦联有发，家书应水光，立心敦尚善，德大定荣昌。"韩氏已繁衍了八代人，大致是在清同治年间迁居龙窝旧寨。魁山韦氏与磨盖韦氏属同宗，均属于普贡韦氏支系，祖籍江西吉安府杨柳大湾。韦氏家境殷实，买田置地，据说有"三十六道高车（水车）、七十二道坝"，在魁山和磨盖也有韦氏家族的田坝，而魁山和磨盖的韦氏的迁入就是为了来此地看管田坝。磨盖韦氏自时字辈时来到磨盖，现已传至俊字辈。普贡韦氏字辈为："普朝廷正国，水锦时钟玉，山明继俊英，培元光祖德，克善振家声。"已繁衍了七代人，大致是在清末同治年间迁居磨盖。韦氏来到磨盖后，居东面建寨，称为永和寨，现今磨盖韦姓有六户。而魁山韦氏则是在玉字辈时迁居于此，现已至俊字辈，已繁衍五代人，大致是在民国初年迁入，现今有三户。韦玉颖来到魁山管理田地，他本是教书先生，不会搞农业生产，一辈子卖了很多田土，中华人民共和国成立后因其田土所剩不多，其后人被划为中农。魁山和磨盖韦氏大致是在清末至民国初年迁入平寨，但磨盖韦氏比魁山韦氏早迁入平寨有两代人。磨盖杨家祖籍江西，入黔到凯掌岩下寨，又从岩下寨分支到磨盖，至今已有七代人，约100年历史。原来在岩下寨时整个家族十分贫穷，于是磨盖杨氏老祖四个兄弟一起到平寨一王姓人家，即今平寨王辉玉家祖上做帮工、讨生活。当时杨氏兄弟和王家人相处十分融洽，打粑粑时两家互相赠送，后来主家还将一个女儿嫁给其中一个兄弟，并陪嫁一块田坝，就在磨盖附近，于是杨氏定居下来，这个兄弟就是磨盖杨氏的祖先。经过七代人的繁衍发展，磨盖杨氏现有六七户，系苗族，至今保留着自己的传统文化，平时穿苗裙，做客时身着盛装，载歌载舞。

家族的再迁入应是从清乾隆班氏迁入龙窝以后开始的，此时还有克酬王氏、磨盖罗氏、破塘龙氏迁入建寨，包括魁山龙氏自二世祖以后的持续外迁。由此看来，平寨村八个寨子的建立与家族再迁徙是同时进行的，并没有明确的时代界限。（道光）《安平县志》载："明天启以后，连年兵灾，百不存一。至康熙二年，只存屯军一百八十四户，二百三十五丁。至道光六年编查，实有户口九千一百零九户。康熙五十五年至雍正九年编审，新增盛世滋生人丁二百三丁，永不加赋。"①明后期以后，当地战乱兵灾不断，人口锐减，经过清初的休养生息，加之摊丁入亩的全面推行以及康乾盛世"永不加赋"，当地人口不断增加。至道光六年（1826），编户在籍的已有近万户。国家政策导向对于基层地方的影响是巨大的，尤其是在中央王朝对地方具有很强控制力的中国古代社会。在这样的历史背景下，平寨村的人口较之前有了大幅度的增加，主要表现在已有家族的分支繁衍和新家族的迁入，家族分支有本地分支和向外分支两种。魁山龙氏从二世祖时即明末清初时期便开始向外分支，班氏、韩氏、韦氏、杨氏等新家族的迁入以及龙窝陈氏向外分支另建龙窝新寨，主要集中在清末至民国初年。不管是本地家族向外分支，还是家族的再迁入，都从正面或侧面体现了当时平寨地域上各寨子人口的大幅度增加。同时，在清末至民国初年迎来了人口增加的高潮。人口的大幅度增加对于土地的需求更加迫切，同时也为一个以农耕为主要生计方式的群体提供了更多的劳动力。

二、农耕经济的发展

人口的增加与农耕经济的发展是相辅相成的，缺其一则无以为继。人口的增加对土地的需求必然会更加迫切，也为农业生产提供更多的劳动力。在中国农业历史上，水利设施尤其是水坝、水库及水渠的修建，对于"靠天吃饭"的农耕经济发展具有极大的促进作用。

魁山水坝建于清康熙年间，由魁山龙氏先祖修建，位于魁山寨小坡脚马场河。水坝斜跨于马场河，面向寨前广袤的田坝，背向魁山寨，使得坝内的河水方便寨民取用。水坝长约50米、宽2.6米、高1米，由大坝和小坝构成。大坝设立闸门四道，小坝设立闸门两道，以此调节水库水量。修建水坝的目的是使马场河的河水流过魁山时得到充分利用，避免河流涨水时淹没稻田，而干旱时又能蓄水，起着调节水源

---

① 巴蜀书社.中国地方志集成·贵州府县志辑44[M].成都：巴蜀书社，2006：63-64.

的作用。乾隆年间，寨民修整加固了坝体。魁山水坝的修建，既方便了人畜饮水，又改善了稻田灌溉状况。康熙年间，龙氏至少已繁衍至第五世，而今平寨地域上的其他家族有平寨班王氏、大坝王氏、龙窝陈氏三个家族初迁入，此时当地的人口较之仅有龙氏一族居住的时期已经有了明显的增加，对于土地的需求也有增加。但当地地势平坦，土壤肥沃，土地资源在当时还并不稀缺。因此，首要解决的问题便是水源问题，魁山水坝就在这样的背景下修建。到乾隆年间，又有克酬王氏、磨盖罗氏、破塘龙氏、龙窝班氏四个家族新迁入平寨，新建了克酬、磨盖、破塘三个寨子，平寨村迎来了家族发展的高潮，人口明显增加，推动了土地开发、改田置地。此时魁山水坝的重新修整也佐证了这种历史行为。

道光二十四年（1844），寡婆寨与魁山寨争要狗坡塘稻田耕种，为不受水淹，寡婆寨组织全寨人来拆毁魁山水坝，造成稻田受旱，人畜饮水困难。魁山寨及周围受灾的乡绅耆民、苗人等一纸诉状告到镇宁州府。经判决，由寡婆寨修复原坝，并确定水位标记，现有碑为据。道光二十四年（1844），田坝遭受水淹，说明此时水坝的调节功能已经有所损坏，水坝在当地农业生产中的作用越来越重要。水坝被毁之前，魁山寨南面的狗坡塘有百余亩田坝，常年被河水淹没，已荒废了数十上百年。一块位于河流边的百余亩良田，水源充足，经过数十上百年的荒废才引起了村民的高度重视，最终寡婆寨组织寨民将水坝拆毁，"解救"了荒废已久的百余亩田坝。这从另一个方面反映了当地水源丰富的田坝并不短缺，在这百余年间当地的人地矛盾并不突出，且人少地多的社会现实。明中期以后，当地战乱兵灾不断，人口锐减，使得水源充沛、田坝丰富的地带大多无人耕种。经过清初的休养生息，加之摊丁入亩的全面推行以及康乾盛世"永不加赋"，当地人口不断增加。至道光六年（1826），编户在籍的已有近万户。此时，在这样的社会环境下，魁山寨及周围寨子的人口也必将大幅增加，人口的增加需要更多的土地，这块荒废数十上百年且水源充足、土壤肥沃的百余亩田坝，在此时就变得尤其重要。

中华人民共和国成立后，当地大力兴修水库、水渠等水利设施。1957

年，在平寨村克酬组修建克酬水库。水源主要来自周围小龙潭[①]和降雨。水库坝高 11.22 米，坝顶长 150 米，坝顶宽 5.9 米；集水面积 24.88 平方千米，正常水位水域面积约 1 043 亩；水库正常高水位高程 1 255.92 米，总库容 527.82 万立方米；洪溢道为河岸正槽开敞式。克酬水库区域实际占地面积约为 125.5 亩[②]。1958 年，在龙窝旧寨修建了茨菇坝水库，因水库周围盛产一种叫作茨菇的可供食用的植物而得名，分别在 1978 年和 2009 年进行过两次维修。茨菇坝水库的水源主要来自杨柳哨的一口水井，以及降雨和周围龙潭所溢出的地下水。当时在该片区修建了大量的水库，仅平寨村内就有两座水库，且水库之间由水渠连接，相互补充水量，形成一个有机的灌溉系统。在平寨村内有两条干渠，一条是左干渠，另一条是右干渠，又分别叫作西干渠和东干渠，两条干渠均从克酬水库出发。左干渠由克酬水库到上坝水库[③]，途径克酬、平寨、破塘，全长约 3 千米；右干渠由克酬水库到大松山水库，途径克酬、平寨、磨盖、川心、大坝、魁山等，全长约 13 千米。在两条干渠之外，还有数条小水渠与干渠连接，将水输送到田间。水渠流经寨子及田坝时就是其灌溉功能的具体实践。克酬水库和茨菇坝水库的剩余水量汇集至马场河，保证了水量。马场河在沿线村民的生产生活占有重要地位。一方面它很好地补充了水库和水渠灌溉的不足，另一方面河内盛产鱼虾，是平寨村民的另一生计来源。自 20 世纪 80 年代以来，各种新品种、新作物的引进成为促进农业经济发展的又一重要动力和新的增长点。

  水利设施的修建极大地促进了农耕经济的发展，"私田"开始出现，土地抵押、买卖也随之产生。土地买卖有断卖和典当两种，断卖是永割祖业，农业税拨归买者负担。在清朝，土地买卖还需另立一个税验买契，包含业主姓名、田坝位置、面积、四至、买价、年纳税额、立契日期、卖主及中人、手续费等内容。典当的土地，以后尚有赎回的机会，一般是以土地的全部价格的一半以上作为典当价格；若典当者无钱赎回，买

[①] 龙潭是当地方言，指由地下水流出而形成的水井。
[②] 数据资料来源于克酬水库水务工程管理处。
[③] 上坝水库修建于破塘寨子后的高峰山脚，属于嘉禾村，本书不做详细论述。

者再向其补回差价,直至补满全部价格即作断卖,且要退回典当契另立断卖契。在调查中,笔者已搜集平寨、魁山两寨土地买卖相关契约 28 份(见表 2-1、表 2-2)。

表 2-1 平寨、魁山两寨地契及税验买契统计表

类别	时代		数量
地契	清代	道光年间(1821—1850)	3
		同治年间(1862—1874)	4
		光绪年间(1875—1908)	2
		宣统年间(1909—1911)	2
	民国年间(1912—1949)		10
税验买契	清代	同治年间(1862—1874)	2
		光绪十八年(1892)	1
		宣统二年(1910)	1

表 2-2 平寨、魁山两寨地契详细内容

村寨	卖方	买方	时间	买卖方式	买卖何物
平寨	(龙窝)陈永兴、陈永书、陈永智	班凤池	道光三年(1823)	卖断	土、山林、树木
	(克酬)王欲昌	班凤翔	道光十五年(1835)	卖断	田土
	(克酬)王乔生	班凤池	道光十一年(1831)	卖断	坡土
	王根水	王槐璋	民国二十五年(1936)	卖断	熟土荒地
	(魁山)龙云发、龙云集	王槐璋	民国二十九年(1940)	卖断	水田

续表

村寨	卖方	买方	时间	买卖方式	买卖何物
平寨	王文桐	王文清、王文祯、王文钦、王槐琛	民国三十年（1941）	出当	水田
	王文魁	王文祯	民国三十二年（1943）	卖断	园圃
	王槐洲	王文祯	民国三十二年（1943）	卖断	土地
	（克酬）王光森、王光谦	王文祯	民国三十三年（1944）	卖断	水田
	（磨盖）罗陈氏	王槐璋	民国三十五年（1946）	卖断	水田
	王槐洲	王槐璋	民国三十八年（1949）	卖断	旱土
	王绍全	王槐璋	民国三十八年（1949）	出借	谷子
魁山	龙腾汉	龙绍诗	同治二年（1863）	卖断	地基
	曹成明、曹金氏、曹克宽	龙绍诗	同治三年（1864）	卖断	田
	龙绍雍	龙绍诗	同治七年（1868）	破损无法辨认	破损无法辨认
	曹黄氏及其子小四、小彭	龙兴仁、龙兴黎	光绪十八年（1892）	卖断	田
	龙绍甲	龙绍诗	宣统二年（1910）	卖断	田
	龙步街	（堂伯）龙兴仁	宣统二年（1910）	卖断	田
	龙步奎	龙兴仁	民国十五年（1926）	卖断	田
	龙步霄	（家伯）龙兴仁、（堂兄）龙步奎	民国二十年（1931）	卖断	园圃
	（堂伯）龙兴仁、（堂兄）龙步奎	龙步霄	民国二十二年（1933）	卖断	园子

从表 2-2 可以得到这样的信息，除了八份地契是家族之间的买卖，其余均是在家族内部买卖。土地买卖的一个原则就是优先在家族内部出卖，其次再是向家族以外或外寨出卖。从表 2-2 中也能看出，这样的规则也存在于平寨村的其他家族之中。优先卖给家族内部成员，无疑有利于保证家族内部成员的土地需求，使得本家族的土地不流向外家族。这一规则是先祖们为保证子孙后代延绵发展所做的努力。"私田"出现以后兴起的土地买卖也同样如此，优先卖给家族内部成员，表面上看是为了照顾本家族的利益，不让本家族的财产流入外家族，实则是增强家族凝聚力的一种表现。纵观平寨村农田水利设施建设史，不管是清康熙时魁山水坝的修建，还是现代以来克酬水库、茨菇坝水库及左右干渠的修建，都是平寨村历代村民为了农业耕作的顺利进行而做出的努力，也反映了平寨村布依族是一个以农耕为主要生计方式的民族。魁山水坝为龙氏先祖修建，实则是一个家族性的水利设施，在周围如平寨、破塘建寨及其他家族再迁入本寨后，它又上升为一个村寨性或寨际之间的公共农业设施。虽然水库和水渠都是在国家政策扶持和推动下修建的，但它们的建成与平寨村各家族成员的积极参与和辛劳付出是分不开的，表现出各寨各家族为了自身生存与发展所体现的凝聚力。即便是魁山龙氏与寡婆寨因水坝一事而诉讼至镇宁州府，何尝不是为了本家族发展而做出的应对。由于迁入时段的不同步，平寨村各家族的发展也并不一致，自明末至清乾隆一段为平寨村各家族的总体迁入时段，而后进入了各家族人口及农耕经济的发展时期，由于农耕经济得到极大的发展，私有土地随之出现，使得土地买卖亦随之产生。在已获得的地契资料中可以推断，至迟在清道光年间平寨村就已经出现了土地买卖，而在民国年间更是一度十分普遍。清代对于土地买卖通过发布税验买契来进行管理，由此也可证明当地在清末至民国时期迎来了农耕的发展高潮。平寨的土地典当在已有资料中仅发现一例，这种极少的土地典当案例及以谷物作为回报的方式，反映了当地水田丰富且人均占有较为充足的历史事实。

三、地戏兴起及修撰家谱

平寨村的地戏有魁山和大坝两堂,地戏诞生时间早,且脸谱、戏服、唱书及锣鼓齐全。地戏的剧目只有武戏,是由村民自编自演、世代相传的地方文化的表现。大坝地戏和魁山地戏分别由大坝王氏和魁山龙氏创办,在家族内部传承。在其他家族再迁入以后,逐渐融入了寨中其他家族成员,由家族文化上升为村寨文化,编织了一幅村寨中各家族和谐共处的美好图景。

大坝地戏大约诞生于寨中王姓怀字辈,时间约在康熙年间,至今约有300年。创始人因年代久远,记载不详。刚开始时,寨老将违反寨规的村民所罚物资换为钱以后,用于购买地戏班所需的戏服,渐渐完善了大坝地戏班服装配置。地戏班所演的戏目都是老祖宗流传下来的,主要为《杨家将》,今能看到的唱书是由寨中王佳文老人用毛笔从老本誊抄而来,有《开场》《初下河东》《二下河东》《三下河东》《十二寡妇征西》《下地烈》。唱书为七言唱书,唱词语句整齐、流畅,叙述部分详细、文字精练,使得整个唱书叙述的故事细节精致、内容丰满。戏谱植根于乡土,在参贺的文字中讲述了许多的民间传说故事,展现出浓浓的农民的朴质气息和对美好生活的向往。大坝地戏是在正月初二到十五之间唱演,以开脸子开始到封脸子结束,若有其他村寨邀请也会应邀。正月十五,地戏班会在自己的寨中进行"扫寨"活动,为扫尽"豺狼虎豹",祛除寨中灾邪。

魁山地戏诞生于乾隆年间,至今已有200多年,创始人龙金榜、龙金魁。道光年间,龙绍诗等根据古典小说《北宋演义》《杨家将》改编为地戏七字唱书。地戏唱书《北宋演义·杨家将》现本是2014年龙云忠、龙超进等根据记忆和残片写作出来。戏谱的主要内容为庆贺类,由贺桥梁、贺五显、贺祠堂、贺石虎、贺水碾、贺财神、贺古树、贺围子和甲耳等组成,主要的功能是祭祀和祝贺。魁山地戏唱书七字一句,注重格律,句子前后对仗,语句工整;在重点情节上辅以十字语段,突出人物的情感状态。全文贯穿仙神观念,如杨六郎为"天空降下白虎星"、杨七郎是"天空降下黑杀星"等。同时在唱本中存在使用"地方字"和"以音代字"的情况，突出反映了地方文学特色。20世纪60年代，大坝和魁山地戏都经受了极大的冲击，遭到严重的破坏，加之受到火灾、盗窃等外力因素，均已不能进行一场完整的表演。魁山地戏则在旅游开发的推动下重新恢复，为适应旅游开发的需要，不再封脸子。

　　家族文化中最重要的组成部分是家谱，家族源流及家规家教、家族禁忌等是传统家谱中最重要的内容。各少数民族由于社会发展状况的不一致，所形成和保存至今的家谱形态也是多种多样的，大致可分为无文字记录的口传家谱、实物家谱和使用文字记录的文字家谱三类，其中文字家谱也可区分为使用本民族文字记载、使用其他民族文字记载、使用汉文记载和使用两种文字对照记载等多种[①]。布依族是一个有自己的语言，但没有本民族文字的民族，平寨村布依族家谱使用汉文修撰，其中有少部分采用汉字记音的方式记录布依语，其内容多与识别本家族或本民族有关。比如《魁山龙氏族谱》中就有关于本家族聚居地名称及向外分支的记载，原文为布依语，使用汉字记音的方式将其记录在族谱中。魁山龙氏从二世祖时即向外分支，惠水上皇支系因年代久远而遗忘了迁出地，在一次宴席上与魁山龙氏一老人谈及支系时，就因为这句布依语而找到了迁出地魁山，遂来此认祖归宗。平寨村现存已知最早的家谱是光绪元年（1875）修撰的平寨《班王氏家谱》，是当时平寨班王氏家族的秀才主持修撰。平寨村其他家族在历史上均修有家谱，但因年代久远，保存不好，再加上特殊的历史原因，平寨村许多家族的家谱都已遗失或被焚烧。新世纪又兴起了重修家谱之风，如2005年魁山龙氏重新修撰了《魁山龙氏族谱》、2006年大坝王氏修撰的《王氏宗谱》、2010年和2015年平寨班王氏重新编撰了《班王氏家谱》。平寨村有几个家族是外寨分支而来，其宗支已修撰了家谱，便将其移植过来，如磨盖罗氏、龙窝韩氏和班氏、磨盖和魁山韦氏，他们都是由外寨分支而来，本寨并未主持修撰家谱。

---

① 徐建华.中国的家谱[M].天津：百花文艺出版社，2010：158.

地戏诞生之初，大坝和魁山均未有其他家族的迁入，地戏是为大坝王氏家族和魁山龙氏家族的家族文化。地戏唱演时，家族成员齐聚一堂，不仅仅是家族性娱乐活动，更是家族成员们为凝聚家族而进行的文化创造。直到其他家族迁入以后，地戏唱演的层面从家族上升到了村寨，从凝聚家族上升到村寨各家族共同互动的场域，将家族和村寨紧紧联系起来，同时也淡化了村寨与家族之间的界限，使得村寨中各家族更加和谐。家谱中明确书写了本家族的源流、世系、家规家教等，严格地规范着家族成员的言与行，家谱的修撰也使得本家族不为外来家族所破坏和扰乱，集中体现的就是一个家族的凝聚力。

第三节 家族变迁的特征及原因

一、均自称"江西人"

平寨村布依族家族共十一个，虽系不同时段迁入，但均自称其入黔始祖是明初"调北填南"而来的江西籍移民。魁山龙氏系江西吉安府庐陵县人；魁山韦氏与磨盖韦氏属同宗，均属于普贡韦氏支系，祖籍江西吉安府杨柳大湾；平寨班王氏原籍江西吉安府泰和县杨柳湾班家巷；大坝王氏系江西吉安府洙泗巷杨柳街人；龙窝陈氏原籍江西吉水县杨柳塘大石板陈家巷；龙窝旧寨韩氏，祖籍江西吉安府庐陵县杨柳大树湾；克酬王氏原籍江西吉安府吉水县杨柳井大树脚赵家街；磨盖罗氏系江西吉安府吉水县杨柳大湾豆芽街猪市巷人氏；磨盖杨家祖籍江西；破塘龙氏原系江西南昌府丰城县人氏（见表2-3）。除破塘龙氏祖籍南昌府和龙窝班氏府县未知外，其余已知的九个家族祖籍均为江西吉安府，而龙窝陈氏、克酬王氏和磨盖罗氏更是聚焦到同一个县，均为吉安府吉水县。

表 2-3　平寨村八个寨子各家族祖籍表

村　寨	姓　氏	族　属	祖　籍
魁　山	龙　氏	布依族	江西吉安府庐陵县
	韦　氏	布依族	江西吉安府杨柳大湾
平　寨	班王氏	布依族	江西吉安府泰和县杨柳湾班家巷
大　坝	王　氏	布依族	江西吉安府洙泗巷杨柳街
龙　窝	陈　氏	布依族	江西吉水县杨柳塘大石板陈家巷
	韩　氏	布依族	江西吉安府庐陵县杨柳大树湾
	班　氏	布依族	江　西
克　酬	王　氏	布依族	江西吉安府吉水县杨柳井大树脚赵家街
磨　盖	罗　氏	布依族	江西吉安府吉水县杨柳大湾豆芽街猪市巷
	韦　氏	布依族	江西吉安府杨柳大湾
破　塘	龙　氏	布依族	江西南昌府丰城县

他们既由江西迁入，又系布依族；既保存着"江西移民"的历史记忆，又自称是本地土著。这种状况看起来似乎自相矛盾，殊不知它有着深刻的历史内涵，可从以下三种情况来进行探讨：一是他们就是江西移民，二是江西移民与本地土著融合，三是本地土著向"江西人"附会。按照历史学思维，首先应考证其籍贯的真假，即其是否真是江西籍移民。由此，我们分两种情况讨论：首先，假定他们的籍贯来自江西，按其口传记忆，均是因明初"调北填南"的军事政治移民行动而入黔。据史料记载，明初确有"调北填南"这一历史事实。那么，他们为何又变成了布依族？据表 2-3 可知，他们都并非本地土著，而是外地移民，均系明初应"调北填南"而来的汉族军人或农民。其先祖入黔后经历了一次或多次再迁徙，在这些迁徙中逐渐与贵州本地土著交流融合。明天启以后，卫所制度逐渐松弛，屯军大量逃散。当时的法令规定，逃亡或倒流回乡的军户必须捕拘回卫，逃军走投无路，只好潜入少数民族地区，一

部分与少数民族通婚，形成"汉父夷母"或"夷父汉母"现象①。而在"调北填南"落户贵州的沿线地带及平寨所处的黔中地区大部分为布依族、苗族聚居区，为适应生存环境，移民逐渐吸收本地少数民族文化，学习本地少数民族语言，渐趋同于本地土著，形成了本地少数民族族属与文化认同。布依族叙事歌《调北征南》中有这样一段："我们的祖先呵，采下山区花，和夷家接亲，留下后代子孙真发达；和夷家一道，拓田种庄稼。""我们的祖先呵，永远在贵州，与夷家一道，和睦共相处，洒几多热汗，老茧长满手，一刀又一刀，一锄又一锄，开辟新山区，建造新竹楼，繁衍众子孙，扎根在贵州，以后变成了夷家，变成了水户，大事小事同相帮，亲密如手足。"②这段歌词就叙述了"调北征南"而来的汉移民与贵州本地的民族和睦相处，共同生产、婚配，这里的"夷家"和"水户"都指的是布依族。需要指出的是，本部分的论述并不是为了证明"调北征南"或"调北填南"就是布依族先民的迁徙史，更不是布依族来源的根据，反之，这是黔中地区形成的明初政治军事移民与贵州少数民族融合的特殊历史现象。

第二种情况，假定他们的籍贯并不是江西，而他们都统一口径般地称自己是江西人，这又是什么原因呢？关于家族迁徙史的记载最为直接的就是家谱，光绪元年（1875）修撰的平寨《班王氏家谱》系本家族中的秀才主持修撰，他们是知识分子阶层，对人生有着更高的追求，想要通过科举考试入仕为官。康熙四十四年（1705），贵州巡抚于准上疏曰："我朝改卫所，建郡县，设学校，苗人亦知向化。然土人不得任用流官，不准考试，遂使有志向上者，沉沦黑海，罔见天日。"③虽有官员提出改变"土人不得为流官"的惯例，但这种事实是存在的。而

---

① 侯绍庄,史继忠,翁家烈.贵州古代民族关系史[M].贵阳:贵州民族出版社，1991：348-349.
② 贵州省民族事务委员会,黔南布依族苗族自治州文艺研究室,中国民间文艺研究会贵州分会.民间文学资料第四十五集·布依族古歌叙事歌情歌（内部资料），1980：98-99.
③ 贵州通志·宦迹志[M].贵州省文史研究馆点校.贵阳:贵州人民出版社，2004：304.

至清朝初期，黔中民间关于"江西人""调北填南"之说早已广为流传，平寨村正处于黔中"调北填南"移民落户地带，"调北填南"而来的移民是来自中原的汉族军人和农民，遂将这种说法附会于本家族的源流之中，为寻求更好的发展和实现更高的追求提供了合法性。明初调北填南的征发地并不仅是江西一地，还有湖广、安徽、江南一带及北方地区等诸多地方。平寨村布依族家族籍贯的江西吉安府和南昌府正处于中原内地及江南地区通往贵州、云南等地的通道上，且位于这些地区的中心地，便于作为明廷从各方征调军民在此聚集、操练，以江西为中转站再向云贵征发。这些不是江西人的群体在江西聚集的过程中，本身就经过了一次建构和重塑，江西作为中转站在当时全国范围内都是具有很大影响力的，这些移民到了云贵以后，也便于本地土著对其身份的认同。

二、从单一家族建寨到众姓杂居

纵观平寨村的村寨史，除龙窝新寨外的七大寨均由一个姓氏率先迁入并建立寨子，他们聚族而居，其后每个寨子先后迁入了一个或多个不同的家族，形成了众姓杂居的局面。平寨村八个寨子在地域上相互之间距离不远，基本呈等距离分布。平寨地形独特，风水先生曰荷叶地，从克酬看平寨，与魁山恰似一寨；从磨盖看，与破塘又似一寨；从马桥看，和大坝如似一寨。龙窝新旧寨则因山坡阻挡了视线，无法在视觉上连成一线，然则相互之间的距离也是相等的。这种等距离分布的格局，使得八寨之间的联系更加紧密。

在农业社会中，聚族而居的现象具有普遍性，而在少数民族聚居村寨中同样具有普遍性，由此形成了同一民族聚居的村寨在一定地域内紧相毗连的村寨分布格局。平寨村八个寨子均有一个主体家族，且为各寨最早迁徙于此并建寨的家族，自迁入之初，以此家族分支繁衍而不断发展成为村寨。聚族而居形成普遍发展趋势主要源于两个方面的原因：一是大家庭的理想，即同一祖先的子孙希望共同生活于同一屋檐之下；二是战乱的影响[①]。同一祖先的子孙以血缘为纽带，联结在一起，通常称之为家族，共同的祖先崇拜产生了强烈的世代聚居的愿望。战乱时期，兵荒马乱，家族成员的聚集使得相互之间得到慰藉。在家族集中迁入的明末至清乾隆时段，南明王朝与清廷的对抗、"三藩之乱"都与平寨村所处地域息息相关，加之其先祖就是因军事战略的需要而迁移入黔，这样的历史背景使得聚族而居的愿望已经扎根于家族观念之中。咸同之乱对于该区域的影响是比较巨大的，在《普贡韦氏族谱》中就有关于长毛贼焚毁韦氏祠堂的记载，平寨村的家谱中虽未见有记载，但长毛贼焚毁韦氏祠堂事件应该给了周边村寨包括平寨村一些警示。另外，家族力量的聚集利于在战乱中自保。平寨村地处黔中坝子地带，土壤、水源条件优越，加之清康熙"摊丁入亩"政策的推行，人口数量大幅度增加，人地矛盾凸显。道光二十四年（1844）立于魁山寨的"告示"碑真实地反映了魁山龙氏与寡婆寨龙氏争要狗坡塘土地的历史事实，在官府介入前因双方家族力量相当而处于相持状态。由于聚族而居聚集了本家族的力量，使得在发生对抗时不易处于下风。

除龙窝新寨外的七个寨子在建寨以后，便陆续有新的家族迁入，主要集中在清乾隆至民国年间。民国初年龙窝旧寨陈氏与班氏迁居合建龙窝新寨，这些家族的迁入和原有家族的重新组合打破了原有的单一家族聚族而居的状态，逐渐形成了众姓杂居的格局。这些家族大多是周围大族分支而来，而平寨村的龙氏、班王氏等都有向外分支，他们并未重新建立村寨，而是附族而居。普贡韦氏先后分支到磨盖和魁山，都是因为这里有宗支的田坝，为看管田坝而来。田土作为一个以农耕为主要生计方式的民族的物质基础，首先具备了生存的保障，才能使他们迁徙于此。另外，家族人口的增长导致原本聚居区域的饱和，也是促使他们向外分支，寻求新的定居点的动因之一，然而这首先需要具备的是生存基础——土地。这些再迁入的家族，与原家族在族属和文化上都具有相似性，更易于他们在迁入后获得认同。新家族的迁入，打破了原有单一家族聚

---

① 杨知勇. 家族主义与中国文化[M]. 昆明：云南大学出版社，2000：88.

族而居的状态，也打破了原来的家族与村寨同一的局面，使得原有的家族和村寨同一层级文化，逐渐产生了家族与家族之间、家族与村寨之间的界限，有的成为村寨所有家族共有的，有的则为家族特有。

三、发展的稳定性

平寨村的历史发展进程具有稳定性，从最早家族的迁入开始，到清乾隆至民国年间迎来发展的高潮，其间一直繁衍发展，较为稳定地从七个寨子发展成八个寨子，原有七寨中也有其他家族的迁入。平寨村七个寨子的建寨时间，即为各寨最早家族的迁入时间，另有一寨是家族内部发展的结果。魁山龙氏于明万历年间迁入，平寨班王氏、大坝王氏及龙窝陈氏均系清康熙年间迁入，龙窝班氏、克酬王氏、磨盖罗氏及破塘龙氏均为清乾隆年间迁入，家族迁入时间主要集中在明万历至乾隆年间。魁山龙氏自二世祖后便开始向外分支繁衍，至今已有二戈寨支系、补苗支系、龙泉支系、花溪后坝龙井寨支系、麦乃支系、上水支系、惠水县上皇支系及龙海支系等八个支系。在平寨村各家族的发展繁衍中，家族迁入以后，家族宗支向外分支，还有多个家族迁入，甚至家族内部繁衍建立新寨，其家族发展态势并非单一的，而是多种形态交织发展。

清乾隆至民国年间，是家族发展的高峰时段，磨盖和魁山韦氏、磨盖杨氏、龙窝韩氏的迁入，并未重新建寨，而是在原有七寨中附族而居，以及在这一时期龙窝旧寨陈氏与班氏分支至对面山坡新建龙窝新寨。磨盖和魁山韦氏分别繁衍七代和五代，按其家族史推算应是在清末至民国初年这一时段迁入，而龙窝韩氏则从迁入至今繁衍了八代，磨盖杨氏至今也有了七代人，也均是在这一时段内。龙窝新寨的建立则是旧寨陈氏和班氏家族内部发展的结果。新家族的迁入使得当地人口增加，而吸引这些家族迁入的重要原因是当地丰富的土地资源和充足的水源条件，便于进行农业生产。磨盖杨氏迁入平寨的原因是其为讨生活，到平寨班王氏一家做佃农，佃农的出现也证实了当时当地农耕经济的发展。清道光年间已出现了因买卖土地而签订的地契和税验买契，说明至晚在此时土地买卖的现象已经产生,且清王朝对此已经设立了比较完备的买卖手续。至民国年间,地契大量出现,土地买卖已十分普遍。这些现象既体现了当地农耕经济的发展,也体现了平寨村发展历程的稳定性。

  平寨村的耕地面积有 3 060 亩,其中水田 2 157 亩,旱地 903 亩,人均占有耕地 1.38 亩[①]。水田面积是旱地面积的两倍有余,足以凸显出水田在平寨村村民生产生活中的重要地位,稻作农业成为他们最主要的粮食耕作方式,当地粮食素有"平坝粮仓,马场优米"的美誉。平寨村水稻有产量高、米质好的特点,可分为上等米、中等米和下等米,按 50 千克稻谷中米和糠的比例,稻谷产米量分别约为 72%、68% 和 65%。因为产量高、米质好,每个家庭几乎都有余粮。直到现在,每逢赶场天,村民们骑着摩托车或电动车载运部分稻米到集市上去出售,以增加收入,贴补家用。长期以来,周边居民都认为嫁到平寨是嫁对了地方,即使天再干旱,种植一些水稻都可以有所收成,就是因为这里有充沛的水源。稻作农业对土壤、水源、气候等自然条件要求十分苛刻,必须要在特定的自然地理条件下进行,稻作农业稳定性的特点使得以此为主要生计来源的平寨村村民并不会轻易地向外迁移。

---

① 资料来源于贵安新区马场镇人民政府门户网站:http://www.gzaspbmachang.gov.cn/Item/422.aspx

第三章 生计方式变迁

生计方式是家族赖以生存和发展的物质基础，家族的一切活动都以生计方式为中心，并以此向外衍生。如家规族训的制订、节日活动以及关乎人的生老病死的各种民俗事项，都是为了维系家族的生存与发展，抑或是以家族的生存与发展为基础而进行。平寨村长期以来以稻作农业为主体生计方式，纺织和养鸭同样在生计中占有重要地位。本章从稻作农业器具与纺织工具的变迁以及平寨和克酬对于养鸭的不同认识入手，来阐述平寨村农耕历史脉络及生计方式的变迁轨迹，并分析其来源及变迁原因。在改革开放以后，特别是贵安新区的设立，对于平寨村稻耕主体生计方式产生了极大的冲击，并产生了多种生计来源。

第一节 稻耕主体生计方式

平寨村地处黔中地区，属于平坝产粮区，自然条件优越，水稻产量较高。20世纪70—80年代，村民们上交公粮并除去口粮后，仍有部分余粮，每逢赶场天拿到市场上去出售，以换取其他生活必需品。水稻是平寨村最主要的粮食作物，水稻耕作是一个十分复杂的耕种过程。水稻耕作从犁田开始，到下种、灌溉、收割完成其耕作过程，稻谷需要经过加工后方能发挥其功能意义，古时以官斗量之交公粮。水稻耕作过程中，农民充分发挥他们的劳动智慧，创制出各种农具，以解放人力，同时也根据不同的地理环境及土壤条件，使用不同的农具。农具变迁过程很大程度上反映了农业发展的历史进程。

一、稻作农业器具变迁

(一) 犁的改进

犁是翻土工具,可以用来翻整水田,也可在旱地里使用。平寨村处于黔中坝子地带,地势平坦,土壤肥沃,水源充足,造就了他们以稻作农业为主的生计方式。平寨村的耕地土壤为白浇泥,土质松软。耕地使用的犁主要由犁辕、犁桩及犁铧构成,因其犁桩为直的,又被称为直犁。传统的犁的形状较粗。20世纪60年代以后,这样的情况发生了改变:犁的形制包括犁辕和犁桩普遍变小,且犁桩与犁辕弯曲的地方普遍增加了一条扁担连接,这条扁担是一条长方形木条,呈扁担状。

20世纪60年代以前,平寨村八个寨子周围都有属于本寨的松山,且对它们有着严格的保护和利用原则。松木葱郁粗壮,为犁的制作提供了丰富的原材料,制作的犁桩及犁辕都比较粗壮。1958年,"大跃进运动"中,平寨村也大炼钢铁,大力砍伐树木作为炼钢铁的燃料。经过这次运动,平寨村周围松山的树木被砍伐殆尽,而后制作犁的木料变得十分缺乏,树木长成的周期较长,现在寨子周围松山的树木也不过6尺长。木料的限制使得制作出的犁桩和犁辕的形状变细,这样的犁在耕作时易被折断,所以,村民们发挥劳动智慧,在犁桩和犁辕之间用一条扁担连接,使犁桩和犁辕的结构更加坚固。

20世纪60年代以前,平寨村的水田不能放干,一年四季都灌水浸泡着,水田变成了滥田①。由于土壤被水长期浸泡,从而变得十分黏稠。土壤的特殊状况对犁也提出了更高的要求。滥田里耕地,不能使用太重的犁,要比平常使用的犁轻,太重的犁在滥田里牛拖不动,牛强行牵引易将犁拉断。所以,平寨村村民在耕作滥田的犁的犁桩与犁辕之间加一条扁担,以加固犁的结构。由此,便形成了犁桩和犁辕较粗的重犁以及犁桩和犁辕较细的轻犁。此时犁桩和犁辕的粗细和扁担的增加是根据土

---

① 滥田是当地人对长期被水浸泡的稻田的称呼。春耕时,滥田里的水可及牛肚子和人的大腿。

壤状况而做出的智慧表现。而20世纪60年代以后，犁的粗细变化和增加扁担则是受到制作犁的原材料的限制，只能制作轻犁。20世纪60年代以后，克酬水库、茨菇坝水库的修建和功能的完善，对于水源的有效控制，水田易被放干，滥田的状况逐步改善，水稻收割以后，村民将水田放干成旱田，并将油菜从旱地移栽到田地里。

  犁的改进经历了十分复杂的变迁过程，犁田的过程同样比较烦琐。从稻谷收割后到栽秧前，要经历"三犁三耙"。所谓"三犁三耙"就是犁三次、耙三次。第一次犁田是稻谷收割之后，"凡稻田刈获不再种者，土宜本秋耕垦，使宿稿化烂，敌粪力一倍。或秋旱无水及急农春耕，则收获损薄也。"① 犁田不仅可以将稻草和杂草转变为肥料，同时储存一部分水，还可防止杂草丛生，防止秋收过后牛、马等牲畜到田里把秧田踩实（即把秧田踩得很结实，来年春天不便于犁田），甚至踩踏田坎。犁田过后要耙田疏松泥土，使原来生长的杂草翻倒在田里，抑制其生长。"凡一耕之后，勤者再耕、三耕，然后施耙，则土质匀碎，而其中膏脉释化也。"② 入冬以后，田间杂草丛生，加之平寨村的土质易长杂草，经过第二次犁田、耙田之后，既可抑制杂草生长，也可储存部分水。第三次犁田是栽秧前，首先翻一次土，再耙田，目的是将泥土细化，使得泥土更为疏松，插秧更加容易，秧苗也更容易生长。20世纪60年代以后，平寨村的水田易放干，加之田地种植油菜的推广，田地里多种植油菜，在水稻收割以后到稻谷下种之前，田地一直是处于干燥状态，便不再进行"三犁三耙"。

  以20世纪60年代为时间节点，平寨村的犁经历了犁桩和犁辕由粗到细的变化，以及二者之间扁担的增加；20世纪60年代后，"三犁三耙"便不再进行。由于田地土壤土质的变化而增加扁担，当地农民根据自然地理及土壤条件的变化做出适当的改变，是村民生产智慧的体现；而因

---

① （明）宋应星. 天工开物译注[M]. 潘吉星，译注. 上海：上海古籍出版社，2008：10.
② （明）宋应星. 天工开物译注[M]. 潘吉星，译注. 上海：上海古籍出版社，2008：10-11.

树木的大量砍伐导致制作犁的原材料受到限制,进行犁的改进,则是受客观条件影响而进行的被迫改进。

(二)龙骨车的功能转变

龙骨车是平寨村水稻耕作中主要的灌溉工具。制作龙骨车的材质经历了一些变化,以前主要使用梓木,后来因为梓木减少,则多用杨柳树,二者都耐水浸泡而不易腐烂。龙骨车的长度根据田坎的高低而不同,田坎越高龙骨车的长度越长,田坎越低则长度较短,平寨村的田坎高低不一,其长度均在8尺至1丈3之间,一般都在1丈左右,反映了平寨村的稻田地势低平、田坎高度相当的自然地理状况。龙骨车为纯木质结构,由车龙头、车桶、车手及若干个扬提组成,构成扬提的小方木板又叫作水板,"其内用龙骨拴串板"[①],此水板就是串板,以龙骨联结,这若干块串板就构成了车肠子。车龙头宽0.23米、高0.34米,车身长约4.3米,车尾宽0.2米、高0.3米,车手长1米,水板之间的距离在0.13~0.15米之间,水板是一块梯形木板,与车桶相适应且能够灵活转动。制作一架龙骨车大约需要一个星期的时间,在20世纪80年代,置办一架龙骨车大约要花费300元人民币,价值不菲。

平寨村的稻田均位于河流或水渠两旁,俗话说:"人往高处走,水往低处流。"河流位于地势最低处,虽然地势平坦,但仍有坡度;地势较高者,河流和水渠则不能直接灌溉。"其浅池、小浍不载长车者,则数尺之车一人两手疾转。"[②]平寨村的河流并不算宽阔,宽5~8米,水渠则更为狭窄,加之在河流及水渠周围稻田密集,并没有空地放置占地面积较大的水车,则使用占地面积较小的龙骨车,将河流或水渠的水引入稻田。龙骨车的操作一人或两人均可,一人操作时需站立在车头,两手分别握住两个车手,同时摇动,拉动车肠子,将水引入稻田;两人操作则是分

---

① (明)宋应星.天工开物译注[M].潘吉星,译注.上海:上海古籍出版社,2008:16.

② (明)宋应星.天工开物译注[M].潘吉星,译注.上海:上海古籍出版社,2008:18-19.

列车头两侧，一人摇动一个车手即可。一人操作比两人操作更加费力。田坎高度越高，重力势能越大，一般需要两人操作。

平寨村从各家族迁入以来便开始使用龙骨车，龙骨车根据地形及水源条件的变化发生了功能上的变迁。在 20 世纪 60 年代以前，平寨村的稻田因地势低平、水库尚未修建或功能尚未完善，不便于排涝和控制水量，使得其稻田均为滥田。春耕时，田中的水可及牛肚子和人的大腿根部，龙骨车在此时可排出田中多余的水。《天工开物》中记载有"拔车""为就潦，欲去泽水以便栽种。盖去水非取水也，不适济旱"[①]。拔车与龙骨车的外形及使用均无异。龙骨车的功能并非单一的排涝，平寨村村民根据地形条件及水源状况的变化对其进行改进，灌溉逐渐成为其最重要的功能，直到 20 世纪 90 年代，其一度是平寨村最重要的灌溉工具。

（三）灌斗

灌斗是水稻收割工具。收割是水稻田间作业的最后一环，"凡稻刈获之后，离稿取粒。""凡束手而击者，受击之物或用木桶，或用石板。收获之时雨多霁少，田稻交湿不可登场者，以木桶就田击取。"[②]此木桶是稻谷收割工具，与今天的灌斗的功能一致。使用木桶收割的方式至少在明末就已经开始采用。平寨村使用灌斗作为收割工具，只是其外观形态发生了转变，而其功能及使用方法并未发生改变，仍是手握稻秆于木桶或灌斗的内壁上击打，以脱秆取粒。灌斗为纯木质四方形结构，斗口大于斗底，呈开口状，并在斗底增加了两条光滑的弧形木条作为斗脚，斗口棱角处分别有一只耳朵，与斗脚垂直，扶住耳朵便于在水田中拖动行走。以前使用木桶时，底部并没有类似弧形木条的构造，在水田中不便行走，不仅要耗费更多的体力，也大大降低了生产效率。为了更加高效地进行水稻收割，人们便对灌斗的构造进行了如是改造。

---

① （明）宋应星. 天工开物译注[M]. 潘吉星，译注. 上海：上海古籍出版社，2008：19.

② （明）宋应星. 天工开物译注[M]. 潘吉星，译注. 上海：上海古籍出版社，2008：35.

灌斗高度的确定一般有两个原则，一是水稻稻秆的高度，二是收割人的身高。当地俗话说："一尺八，打来不洒；一尺六，要打着肉。"杂交稻普及之前，平寨村栽种老品种水稻，为自留种，稻秆较高，稻穗较长，高度低于一尺六的灌斗，稻穗比灌斗还高，为将就稻穗，人的手也会打着灌斗边缘，也更易抛洒出稻谷。1980年，平寨村开始栽种杂交水稻，村民对此并没有足够的安全感，每年还是自留稻种，来年继续耕种，但杂交稻的自留种长出的稻穗长满了稻秆，导致收割脱粒时不能使用灌斗将其完全脱粒，村民一度弃用了灌斗，而采用收割油菜的方式，将水稻放置在平坦而干净的地面，用粮盖或木棒进行捶打，使其脱粒。这样的收割方式一直持续了五年左右的时间，这五年是村民对杂交水稻认识的深化以及安全感的增强的时间段，也反映了农民较为保守的小农经济思想。

（四）官斗与斗当的功能转变及"斗"的水田计量单位

2006年，我国宣布废止《农业税条例》，在我国历史上存在上千年的农业税退出了历史舞台。在封建社会，每年水稻收割以后，农民便要上交官粮、军粮，而上交公粮的度量工具叫作斗，又叫官斗，每斗可容稻谷12.5千克，大米17.5千克。上交公粮以斗为度量，所盛粮食与斗口平行为一斗，为了公平，又有斗当与之配套，用以刮平官斗中所盛的粮食。如此，官斗与斗当的配合在制度设计上保证了上交公粮的公平性，以及公粮的合理征收。除了作为官方度量工具以外，在农民家里同样作为出借粮食的度量工具，以及盛装杂物之用。另外，在节日、婚嫁、丧礼中以祭器的身份出现，主要用作盛装稻谷并插上香烛，供奉在神榜前或灵位前。在平寨村村民看来，稻谷是他们最为贵重也最为珍爱之物，理当将其供奉给神灵、祖先或故去的亲人。民国后期，平寨村上公粮开始使用大木秤作为度量工具，并逐渐普及到普通农民家中，从此，官斗作为度量工具逐渐退出历史舞台。平寨王辉玉家便藏有一杆20世纪50年代的大木秤。六十多年过去了，官斗仍然存在于平寨村村民的生活中，那么，它是如何留存下来的，或是因其何种功用使它保存到了今天？使用大木秤一次可以称量数百上千斤，而官斗度量稻谷，一次12.5千克，十次才125千克，如此耗时耗力，大大降低了效率。度量功能失落以后，官斗对于官方已经没有使用意义，而在农民家里，还可以作为盛装杂物的容器，而其更为重要的功能则是作为节日、婚丧中的祭器，节日、婚丧不仅是平寨村村民告慰神灵和祖先、延续后代的重要仪式，也是他们交往的重要场所，斗在其中扮演着独特的角色而一直留存至今。

官斗除了具有粮食度量、收纳工具、祭器等功能外，平寨村的村民们还将斗作为水田度量单位，同时加入了比斗要小的升，常有"一斗田""一升田"的称呼。（乾隆）《黔南识略》卷一"贵阳府"记载："农工始三月，至八九月而毕。田土历未丈量，民间不知亩数，但计布种多寡。斗种之地，宽约一二亩。"①清乾隆时，贵阳府之田土还未经过丈量，皆以播种种子的多寡来计量田土面积，然而，田土的肥沃与贫瘠并不相同，不同肥力的田土以"布种多寡"而定的田土面积在事实上两者并不一致。卷八"都匀府"载："俗以种计亩，约四升种为一亩。"②而卷十"独山州"又有记载"田亩肥瘠不一，类以谷种计亩，四升余即为一亩。"③贵阳府之田土面积计量为"斗种之地，宽约一二亩"，而都匀府和独山州均以"四升种为一亩"，不同地区以"布种多寡"的计量相差是比较大的。（咸丰）《黔语》载："苗疆田无弓口亩数，古州永从，诸处皆然。"④由此可见，平寨村以斗为水田计量单位的说法并非独特，在"田土历未丈量"的贵阳府、都匀府、独山州、古州等地区都以"布种多寡"作为计量标准。平寨村民中有这样一句俗语"三升三为一亩，三亩为一斗"，即一斗田的面积为三亩，一亩田又大致为三升三，所以又有"九升九为一亩"的说法。"田土历未丈量"，那么，田土从何时开始丈量呢？纵观中

---

① （清）爱必达，罗绕典. 黔南识略·黔南职方纪略[M]. 杜文铎，等，点校. 贵阳：贵州人民出版社，1992：25.
② （清）爱必达，罗绕典. 黔南识略·黔南职方纪略[M]. 杜文铎，等，点校. 贵阳：贵州人民出版社，1992：87.
③ （清）爱必达，罗绕典. 黔南识略·黔南职方纪略[M]. 杜文铎，等，点校. 贵阳：贵州人民出版社，1992：100.
④ （清）田雯，张澍，李宗昉，等. 黔书·续黔书·黔记·黔语[M]. 罗书勤，等，点校. 贵阳：贵州人民出版社，1992：385.

国历史，早在战国时期，土地私有制就已出现，土地丈量及登记制度很早就产生了。真正谈到土地实测之事，见于《文献通考》东汉光武帝建武十五年之记载。宋神宗时王安石推行方田均税法，农田丈量更是十分仔细。至明朝，大规模的丈量民田计有两次，第一次是明太祖洪武元年（1368）在浙西核实田亩，至洪武二十年（1387）完成；第二次是明神宗万历六年（1578）开始，历时四年完工。清廷维持和恢复万历年间的地籍资料，但因时过久远，变化颇大，康熙二年（1663）下诏不论荒熟，全国丈量[1]。康熙二年虽在全国范围内丈量土地，但据（乾隆）《黔南识略》、（咸丰）《黔语》记载，贵州仍未进行彻底的土地丈量。1980年，平寨村开展土地分到户工作，同样是以斗的面积单位分到各户，以"三升三为一亩，三亩为一斗"的计量标准进行分配，而在官方登记时则以亩来计量。

二、稻作农业器具来源及变迁分析

"夷族亦曰仲家，……有黑红二种之分别，俗统称之夷家，黑仲家又曰补夷，多居西乡水田之村，故谚有之曰：'高山苗，水仲家。'"[2] "仲家则贵阳、都匀、镇宁、普安皆有，环青门左近杂居民而耕种之。""贵阳则青仲也。善治田，好以青帕缠头及腰，妇人长裙细折多至二十余幅。性好楼居。妇女尤善织，名曰仲家布。"[3]仲家人多居住于山谷间及平坝地带，以农耕为主要生计方式，善于耕种水稻。仲家即今之布依族。汉族是一个以稻作农业为主的民族，如此看来，布依族与汉族在生计方式上具有同源性。《天工开物》中记载水稻种植的江西省是典型的汉族稻作农业区，明初"调北征南"和"调北填南"的军事政治移民行动，其中之一的出发点就是江西省，这些移民无疑会将本地的农业生产技术带到

---

[1] 赵冈. 中国传统农村的地权分配[M]. 北京：新星出版社，2006：32-41.
[2] 中国地方志集成·贵州府县志辑 44 道光安平县志·光绪镇宁州志·民国镇宁县志[M]. 成都：巴蜀书社，2006：593.
[3] （清）爱必达，罗绕典. 黔南识略·黔南职方纪略[M]. 杜文铎，等，点校. 贵阳：贵州人民出版社，1992：28.

贵州。"调北征南"和"调北填南"的军事政治移民行动在江西汇集，经过湖南和今贵州的贵阳、安顺等地，再从今水城、威宁、赫章和普安、盘州两条线路到达云南，在贵州又以其中部坝子地带为大本营，控制中原通往云南的通道，而平寨村正处于这个行动沿线的大本营地带，现今平寨村周边地区还存留下来许多明朝卫所制度历史痕迹的地名，诸如川心堡、杨柳哨等。

又据前述家族源流，平寨村十一个布依族家族的籍贯均是江西省，且其入黔原因均是因"调北征南"和"调北填南"的军事政治移民行动，并集中于明万历至清乾隆年间迁入平寨。迁徙使得移民将迁出地的生产技术带入迁入地，在长期的交流与融合中，逐渐与迁入地特殊的地形及土壤条件相结合，做出适当的改变。犁、龙骨车、灌斗等都在《天工开物》中有明确记载，书中所述均以某种技术最发达的地区作为调查和记录对象，如江西的水稻、嘉兴及湖州的养蚕、苏杭的丝织。《天工开物》成书于明崇祯九年（1636），作者宋应星时任江西省分宜县教谕，以实地调查获取资料，水稻种植则以其任职地江西省为调查对象。平寨村水稻耕作中所使用的犁、龙骨车、灌斗、櫑子及风籤等，应是由移民从江西带到贵州，并根据当地独特的自然地理及土壤条件改进了这些工具。有的是外观形态上的改进，如犁在犁桩和犁辕之间加了一条扁担；灌斗的变化最大，是由木桶演变而来，平寨村所处地形，稻谷收割时水田并不易放干，木桶在水田中不便移动，便改用方形斗，并在底部增加两根弧形木条，在侧面设置两个把手，如此在水田中移动就变得便利了；有的则是功能发生了改变，如原本作为排涝工具的龙骨车，改作为灌溉工具；斗作为祭器存留下来，而其最主要的度量功能早已失落。

第二节　手工业及养殖

一、纺织技艺的失落

仲家在"贵阳、安顺、兴义、都匀、平越皆有之，贵阳则青仲也。

善治田，好以青帕缠头及腰，妇人长裙细折多至二十余幅。性好楼居。妇女尤善织，名曰仲家布"①。仲家妇女善于纺织，织出的布名叫仲家布，布依族先民进行纺织技艺已有十分悠久的历史。在平寨村八个寨子的调查中均有纺织技艺的发现，其中平寨和大坝两个寨子还存留有纺纱机和织布机残件，据当地人回忆，是其祖父流传下来，约是民国年间的遗物。平寨村地域产麻十分丰富，纺织以麻为主要原料。而纺纱多是从贵阳、平坝等地购进棉花进行加工，平寨本地并不种植也不产棉花，进行纺纱购进棉花需要成本，而当时村民家中并不宽裕，所以纺纱的人家并不多见，纺纱的数量也较少。纺织在平寨村十分普遍，一度是他们的主要生计来源之一。在 20 世纪 60 年代以后，这样的状况发生了变化，人们逐渐不再进行纺织。究其原因，一是因为 1958 年平寨村响应"大跃进运动"的号召，大炼钢铁，大量的树木包括产麻的麻树被砍伐作为炼钢铁的燃料，纺织麻布的原料产量锐减；二是中华人民共和国成立后，随着生产力的发展，粗糙的麻布越来越不受到人们的欢迎，逐渐被棉布、化纤制品等取代。自此以后，纺织在平寨村越来越少，至今已无人生产，而纺织技艺业已失落。

二、平寨与克酬对于养鸭的不同认识

平寨禁止养鸭，为此平寨班王氏在凤字辈时立了一通禁碑，现已不存。平寨村民认为鸭掌有毒，鸭子下田会导致秧田肥力下降，使得水稻减产；而人在鸭子放养过的水田中行走会致皮肤过敏，腿脚上长疹子。凤字辈为第六世，平寨班王氏现已繁衍至第十五世，历经九代人。养鸭禁碑约是在清道光年间所立，此时因为何故而使得平寨班王氏凤字辈先祖需要立碑禁止养鸭，现不得而知，但可以确定的是此事必有一个起因。再回头来看平寨人对于养鸭的看法，许多稻作民族都有放养过鸭子的稻田会使得人的腿脚瘙痒的说法，这种民间说法并非空穴来风，必然是经

---

① （清）爱必达，罗绕典. 黔南识略·黔南职方纪略[M]. 杜文铎，等，点校.
贵阳：贵州人民出版社，1992：28.

过他们的亲身试验而来。关于平寨养鸭有这样一则故事：据说在民国年间，当地一霸曹玉清饲养了很多鸭子，并请专人看管。有一天，鸭子跑到平寨的稻田中，毁坏了许多秧苗，平寨村民一气之下打死了很多鸭子。后来村民得知是马场乡长曹玉清饲养的，害怕其前来报复，情急之下，想了一个办法，将稻田弄得更乱，等到曹玉清来追究时，说这是他们一年全部的收成，若要赔偿，则要先整理这片稻田。双方僵持不下，而后不了了之。不仅在平寨，曹玉清还不顾普贡韦氏禁约，放鸭于其田坝，经族长告诫无效，族人众怒，长者一声号令，群鸭尽为釜中肉食，后经评理曹氏也无奈作罢[①]。

克酬寨养鸭较普遍，养鸭是除稻耕之外的另一生计来源。克酬人认为，养鸭包含着很多智慧，首先购买鸭仔时，要选取一星期左右大的鸭仔，一般是在每年 2、3 月购买，晚上不能将大群鸭仔圈在一个地方，需分开圈养，数量太多会造成踩踏，也易滋长疫病。鸭仔在前二十天内喂养空饭，空饭是指用开水煮过的半生半熟的米饭，一只鸭仔平均每天喂一两空饭。在此期间，可以赶鸭子下水，在水中有利于疏通毛孔，长得快。再过二十天，用蒸过的玉米面喂十天，然后就可以喂整颗玉米或是稻谷。四个月大的鸭子便开始下蛋，一只鸭每年平均可产 200 个蛋。鸭子产蛋有三个高峰期，分别是 3—4 月、6—7 月、9—11 月。稻谷出穗前，将鸭子赶到田中，可以吃掉田中的害虫，还可疏松秧田，利于稻谷的生长。水稻为鸭子提供良好的食物来源和生长环境，鸭子取食稻田害虫和杂草，在觅食、嬉戏过程中搅动田水和土壤，促进养分的有效转化与吸收，刺激水稻生长发育，并且鸭粪作为一种较好的有机肥料还田，供水稻生长利用。另外，稻鸭共作还可防控水稻害虫和水稻病害，甚至对增加稻米品质、减轻环境污染有较明显的效果[②]。

平寨和克酬两寨相距不远，但两寨人对于养鸭呈现出两种截然相反

[①] 中国人民政治协商会议贵州省平坝县委员会文史资料研究委员会. 平坝文史资料选辑·第 6 辑（内部资料）. 1986: 104.

[②] 全国明, 章家恩, 黄兆祥, 等. 稻鸭共作系统的生态学效应研究进展[J]. 中国农学通报, 2005（5）: 360-365.

的态度。平寨人因为何故而立碑禁止养鸭，我们不得而知，但是他们关注放养鸭子的稻田对下田耕作的人身体的影响确实是存在的。民国马场一霸曹玉清所养鸭子祸害稻田的事例也让人们坚定了禁止养鸭的决定。从当时的社会历史状况来看，人们不仅有生活上的威胁，更有生命威胁。曹玉清本系地方恶霸势力，对于平民百姓是有很大武力威慑的，一方面他有自己的武装势力，另一方面，他请专人养鸭且鸭群数量巨大，反映了其较好的经济实力。而克酬人则充分发挥鸭子在水稻生长中的重要作用，集中体现了他们的农业生态智慧。

第三节 生计方式的现代变迁

一、稻耕主体地位下降

平寨村八寨长期以来都以稻耕为主体生计方式，这种生计方式在改革开放以后就开始发生了分化，尤其是在贵安新区设立后，稻耕的主体地位已明显下降。改革开放以后，国家政治经济环境得到明显改善，给人们提供了更多的生计来源，促使人们转变原有的生计方式。另外，作物品种的改良和耕作技术的突破与创新，使得粮食产量得到了极大的提高，耕种较少的田地面积就可以获得较多的粮食产量，人们对于田地面积的依赖程度在降低，使得传统农民在不放弃原有生计方式的同时，也可以有更多的资源和时间来开辟新的生计方式。历史上，平寨村虽有卖掉余粮以贴补家用的条件，但并未形成商品粮产销的常态，且粮食价格并不足以吸引他们全面种植商品粮。贵安新区设立后，由于其总体规划的需要，平寨村的大部分田地都被政府统一征拨、流转，有的改变了土地用途，改作建筑用地，当地农民失去了对土地的支配权。

在这样的背景及各种因素的交互作用下，稻耕主体地位下降。每个家户中仅有50岁以上的人在家继续种植水稻，而30~50岁的年龄群体中，大部分村民在农忙时节回到家中进行水稻耕种，农闲时间则外出进行其他生计。这样的改变使得家庭内部产生分化，年轻人大多时间在外进行其他生计，而老人和小孩则在家留守。贵安新区的设立，使得一些人在家门口就能找到新的生计来源，一定程度上缓解了留守现象。

二、收入来源多元化

随着贵安新区的设立，大批新型企业进驻需要修建一系列的建筑物，劳务需求巨大，当地许多人投入建筑和绿化工作中。一些服务型产业的劳务需求较低，当地人很多在此从事保洁、保安等工作。另外一些技术要求较低的行业为低学历的年轻人提供了就业岗位。平寨村从2013年开始进行美丽乡村建设，现在已成为贵安新区美丽乡村示范点，加之黔中大道将其与贵阳市、花溪区连接起来，便利的交通加速了它向乡村旅游转型的步伐。得益于旅游发展的东风，平寨村已开设了近二十家农家乐、十余家旅店，还成立了一个乡村旅游公司，另外还促进了杂货铺、理发店、本地中医药等个体经济的发展。随着贵安新区建设的深入，平寨村的知名度也越发提高，旅游人数也在增加，村民将自家剩余蔬菜瓜果及马场河所产的鱼虾拿到市场上出售，这些特产深受游客喜爱。

平寨村稻耕的主体生计方式在改革开放以后就已开始转变，"打工潮"的影响使得大批的年轻人外出务工。贵安新区设立后，政府征拨与流转土地，农民失去了一部分土地。此外，贵安新区的设立也给当地人提供了更多的生计来源，这样就造成了当地生计方式的分化，一部分人继续从事稻耕农业生产，或形成既从事农业又兼营商业及外出务工的二元生计方式[①]。土地征拨、房屋改造以及旅游开发带来的是农业种植比例的下降和牲畜养殖的禁止，同时也产生了一些新的经济增长点：外出务工或就地务工人数大幅度增加，农家乐、理发店等自主创业模式异军突起，土地承包及规模养殖也有很大发展。这都是新型工业化、城镇化发展综合作用的结果。稻耕主体生计方式地位的下降，其他多元生计来

---

① 甘代军. 文化变迁的逻辑——贵阳市镇山村布依族文化考察[D]. 北京：中央民族大学，2010：30.

源的产生，使得个体越来越能够在多元的生计方式中获得经济收益，同时也使得个体在经济上获得独立。

第四节　环境史视野下的生计方式变迁

环境史研究历史上人与自然的互动，就是从历史的语境和生活环境来考察人与自然之间的互动和历史联系[①]。讨论生计方式的变迁，本身就具有了极强的历史思维，加之环境史视野的引入，有助于更为充分地讨论平寨村在周遭环境发生变迁时，当地村民与自然环境的互动与历史联系。

虽然，自改革开放以来，平寨村稻耕主体生计方式的地位就在逐步下降，但水稻耕作的农田面积却并未大幅减少。而在贵安新区设立以后，在整个区域内迅速掀起了高速发展的浪潮，交通条件的改善、大批大型企业的入驻、休闲景观的改造以及农业产业化发展的推动下，平寨村的稻田已被政府征拨、统一规划，建成了垂钓鱼塘、休闲长廊等乡村旅游景观以及辣椒、莲藕、葡萄、地瓜等产业基地，原来进行水稻耕作的农田已被这些旅游景观、产业基地所取代，稻耕主体生计方式已经失去了存在的基础条件，其水稻耕作环境已不复存在。

自然环境发生变迁后，平寨村村民与自然的互动方式也在随之而变化。水稻耕作已经无法继续进行以维持生计自给自足，平寨村村民也在迎合自然环境的变化，有着自己的应对之法。如果说垂钓鱼塘、休闲长廊以及莲藕、葡萄、地瓜等产业基地，都是借助外部力量而做出的应对的话，那么，村民开设旅馆、农家乐、早餐店、理发店以及出售自种蔬菜和马场河水产品，则是在顺应这种环境变迁而做出的自然应对。

改革开放以后，特别是20世纪90年代以来，"打工潮"的影响使大批青壮年劳动力向外流动。国家层面的政策等力量对每一个村落甚至每一个村民的影响都是可见的。在贵安新区设立以前，黔中大道还未开通，

---

① 钞晓鸿. 环境史研究的理论与实践[J]. 思想战线，2019（4）：115.

平寨村地势偏僻，交通闭塞，前往贵阳须经平坝绕行。而今，贵安新区的设立，在带来大批企业进驻的同时也为本地村民带来了就近就业的机会，加速了贵安新区内部的交流与流动。另外，平寨村附近开通了多条便捷通道以及公共交通，通往贵安新区腹地、平坝区以及花溪区、贵阳市等地，同时还修缮了通往广顺镇的道路，使得平寨村成为花溪区与马场镇、广顺镇之间的交通枢纽，但平寨村并没有获得成为交通枢纽所带来的繁荣发展，反而是走向边缘化，游客逐渐变少，使得村民出售自种蔬菜和水产变得困难，旅馆、农家乐等服务行业的收入也在逐渐下降。

改革开放以来，尤其是贵安新区设立以后，平寨村水稻耕作的自然条件发生了颠覆性的改变，交通环境得到大幅改善，这些自然环境以及交通环境的变化都有着鲜明的人为影响因素，它们对于当地村民生计的影响是巨大的。这些"人为"改变的自然环境与交通环境，其目的无不是为了改善当地村民的生计，在"人为"引进了多种生计方式的同时，平寨村村民也在"适应"这种环境变迁，调整自己的生计来源。

第四章 制度文化变迁

制度是一个社会的游戏规则，是为决定人们的相互关系而人为设定的一些制约①。制度包括正式制度安排和非正式制度安排。正式制度安排是指人们有意识创造出来并通过国家等组织正式确立的成文规则，即国家层面的制度安排；非正式制度则是那些对人的行为的不成文限制，没有通过国家等组织的正式确立，包括风俗习惯、伦理道德、家族规训、村寨规约等②。本部分主要探讨平寨村所属区划与隶属等正式制度的变迁以及寨规民约和家规族训等非正式制度的变迁。平寨村所处区域早在第一个家族迁入前就已被纳入中央王朝的版图之中，直至民国时期，该区域在行政区划隶属上经历了多次变迁。寨规民约、家规族训等非正式制度对于村寨社会秩序的维护意义重大，具有自我调适作用。寨规民约是村寨全体成员在寨老的组织下共同制订的社会行为规范，为村寨中全体成员所遵守；家规族训是家族成员在族长的组织下共同制订，为家族内部成员所遵守。

第一节 基层行政区划

一、行政区划隶属的演变

今平寨村在历史以来，并不是一个整齐划一的行政区划，从家族迁

---

① （美）诺斯. 制度、制度变迁与经济绩效[M]. 刘守英，译. 北京：生活·读书·新知三联书店，1994：3.
② 唐绍欣. 非正式制度经济学[M]. 济南：山东大学出版社，2010：18.

入并建寨起，发展至今，经历了多次行政区划隶属的变迁。清代末期，今平寨村地域所属县域并不同一，先后分属于安平、贵筑、镇宁等州县管辖，大部分属镇宁州华楚枝管辖。（光绪）《镇宁州志》载："华楚枝在治东，分上下段，与陇草、蒙楚相接。东至白岩、水塘等寨，与贵筑破塘交界。""下段二十一寨：魁山寨，去治一百八十里。"①魁山寨属华楚枝下段，且华楚枝东面与贵筑县破塘交界，魁山、破塘两寨分别属于镇宁州、贵筑县管辖。光绪年间，镇宁州"在府治西南六十三里编枝十七"②，每枝下辖村寨多者有44个，少者只有七个，魁山所属华楚枝下辖24个村寨。华楚枝由镇宁州下辖，"枝"当属"州县"下一级、"村"上一级行政区划单位。与今之行政区划单位对应，州县相当于今天的县级行政单位，而枝则相当于乡镇级行政单位。（乾隆）《黔南识略》"安平县"记载："凡屯军所住曰所，苗所住曰枝。"③按此记载，"枝"当是少数民族聚居的行政区划，相当于今天的民族乡。又"镇宁州"载："州属十三枝地方，惟蒙楚、公具、陇草、阿岔、木冈五枝，皆仲家、罗鬼等杂居。"④反观今之平寨村地域，是为布依族、苗族、汉族杂居，又按前述家族源流，平寨村各家族大多是自明万历至清乾隆年间迁入并建寨，大致在《黔南识略》成书之前，由此可说明，至少在清乾隆以前今平寨村地域的居民族属已为布依族。

民国四年（1915）改正插花地，拨入平坝县的是镇宁县之华楚、蒙楚、公具、陇革四枝和贵阳县之川心堡、马鞍山、杨柳哨、对门山、黄泥堡、坡塘、黄泥坡、新寨、磨盖、大坝、嘉禾、克酬等地⑤。今平寨

---

① 中国地方志集成·贵州府县志辑44道光安平县志·光绪镇宁州志·民国镇宁县志[M]. 成都：巴蜀书社，2006：274.
② 中国地方志集成·贵州府县志辑44道光安平县志·光绪镇宁州志·民国镇宁县志[M]. 成都：巴蜀书社，2006：270.
③ （清）爱必达，罗绕典. 黔南识略·黔南职方纪略[M]. 杜文铎，等，点校. 贵阳：贵州人民出版社，1992：72.
④ （清）爱必达，罗绕典. 黔南识略·黔南职方纪略[M]. 杜文铎，等，点校. 贵阳：贵州人民出版社，1992：63.
⑤ 中国地方志集成·贵州府县志辑45民国平坝县志·道光铜仁府志·民国沿河县志[M]. 成都：巴蜀书社，2006：45.

村八寨中，属于镇宁县华楚枝的魁山和属贵阳县的新寨、磨盖、大坝、克酬被划入平坝县。据田野调查所知，民国初年时在今磨盖寨中确有一条贵阳县与平坝县的分界线。(民国)《平坝县志》所载民国二十年（1931）之新区划：魁山属孟寨乡，龙窝新寨、大坝、苗院、克酬属镇安乡，均属于平坝县第二区[①]。由此可知，民国年间的今平寨村八寨中有魁山、龙窝新寨、大坝、磨盖苗院、克酬被划入平坝县，而平寨、破塘、龙窝旧寨、磨盖中院及永和寨都隶属于贵阳县。在改正插花地后，(民国)《平坝县志》中仍有"插花划后县境仍有畸形地段错离，东部之平寨、破塘为贵阳县瓯脱地"[②]的记述。民国时在县以下设立区，区以下设立保甲。平寨村八寨中属平坝县的区域在民国十年（1921）划属平坝县东区，民国二十年（1931）又划属平坝第二区，民国三十七年（1948）划归盐泉乡（即平坝县第四区）管辖。

中华人民共和国成立后，平寨村的区划同样经历了多次变迁，出现了新的行政区划名称。1951年，平寨村为行政村。1952年，将平凯、盐泉两个大乡划分为六个小乡，建立平寨乡，属平坝县第五区。1953年，成立平寨乡政府。1956年7月，平寨乡并入马路乡。1958年，成立公社时属马场大公社，1959年，平寨乡由马路乡划出建立平寨管理区，1961年下半年，与马路合并为马路公社。1981年，经省政府批准，成立平寨公社，以公社境内平寨命名之，在地名普查时，因与开阳县平寨公社重名，遂更名为大坝公社，以公社内大坝村命名。1984年5月，以大坝乡辖区建立大坝布依族苗族乡，乡政府设在大坝，辖区面积39.93平方千米，占全县总面积4%。平寨大队属平寨公社，包括平寨（平寨大队驻地）、龟山（平寨公社驻地）、破塘、克酬、磨界、龙窝新寨、龙窝旧寨、大坝八个自然村寨。1991年12月，撤区建镇并乡时，大坝布依族苗族

---

① 中国地方志集成·贵州府县志辑45民国平坝县志·道光铜仁府志·民国沿河县志[M]. 成都：巴蜀书社，2006：57.
② 中国地方志集成·贵州府县志辑45民国平坝县志·道光铜仁府志·民国沿河县志[M]. 成都：巴蜀书社，2006：45.

乡并入马场镇，之后又成立平寨村，管辖平寨、魁山、大坝、破塘、磨盖、克酬、龙窝旧寨、龙窝新寨八个寨子①。

二、州县行政区划界限的变迁

清代末期，平寨村先后划归安平县、贵筑县、镇宁州管辖，但八个寨子并不完全属于同一个行政区划，两县地界相互穿插，插花地现象十分普遍。据（光绪）《镇宁州志》记载，魁山寨所属华楚枝在历史上处于多个州县即镇宁、贵筑、安平、广顺、定番、清镇、龙里等七州县的交界地带。魁山寨"与贵筑破塘交界"，且"去治一百八十里"，由上文所述可知，今平寨村地域应属镇宁州与贵筑县交界地带，而以魁山、破塘两寨为分界线，两寨分别属于镇宁州和贵筑县管辖。民国四年（1915）改正插花地，今平寨村八寨中有魁山、龙窝新寨、大坝、磨盖苗院、克酬被划入平坝县，而平寨、破塘、龙窝旧寨、磨盖中院及永和寨隶属于贵阳县。在改正插花地后，仍有"插花划后县境仍有畸形地段错离，东部之平寨、破塘为贵阳县瓯脱地"②。道光二十八年（1848年），安顺府知府胡林翼向清朝廷上奏曰"查贵州所谓插花地者，其情形约略有三种"，即"华离之地""犬牙之地"和"瓯脱之地"，华离之地者，"如府厅州县治所在此，而所辖壤土乃隔越他界，或百里而遥，或数百里之外"；犬牙之地者，"如二壤本属一邑，中间为他境参错，仅有一线相连"；瓯脱之地者，"如一线之地插入他境，既断而复续，已续而又绝，绵绵延延至百十里之遥"③。按胡林翼的奏述，平寨村这种州县行政区划界限划分状况应属瓯脱之地，由此得出如下两幅界限变迁手绘图（见图4-1和图4-2）。

---

① 平坝县人民政府. 贵州省平坝县地名录（内部资料），1984：73.
② 中国地方志集成·贵州府县志辑 45 民国平坝县志·道光铜仁府志·民国沿河县志[M]. 成都：巴蜀书社，2006：45.
③ （民国）贵州通志·前事志（三）[M]. 贵州省文史研究馆校勘. 贵州人民出版社，1988：489.

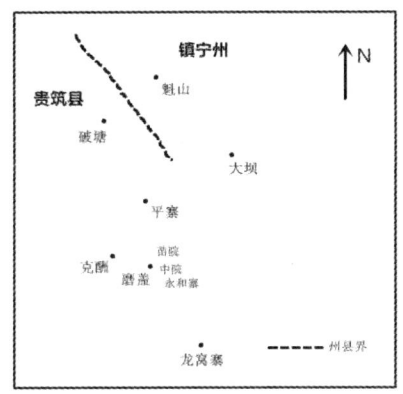
图 4-1 清光绪年间今平寨村地域县界手绘图

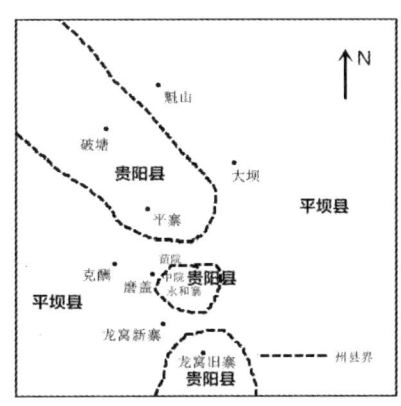
图 4-2 民国年间今平寨村地域县界手绘图

由上述史料记载可知，平寨村地域在清光绪至民国年间，属于多个州县的交界地带，行政区划界限划分经历了多次变迁。元代金竹府辖地较广，核心范围一直在今长顺县境内及今花溪一带①。平寨村距离元代金竹府的核心范围今长顺县并不远，当时金氏在今黔中一带有相当大的势力，平寨村也应在金氏的势力范围之内。明初屯军势力进来以后，正处于衰势的金氏给带有"国家使命"的屯军让路，金氏势力逐渐往南边迁移，但明朝屯军是以布点式占领土地优沃地带，联结起来以线的形式进行管理，并未形成区域性的控制，使得屯军地带仍有金氏统辖的地方，形成金氏土司与屯军势力相互交错的复杂局面，同时也有一些地方并未有明确的区划，既非屯军控制，也非金氏势力范围，这些地方就成为金氏土司与屯军势力的过渡缓冲地带。至于金氏为何让屯军势力进驻并长期耕种，应是明王朝与金氏达成的某种妥协。屯军占领的都是好地方，朝廷为了补偿，默许其分支得氏向南部纵深扩张，于正统元年（1436）让其直接管理木瓜、麻响、大华三长官司，并直隶于贵州布政司，这是金氏势力南向的重要原因，同时，明朝也

---

① 叶成勇. 家族与民族之间：黔中通道上金竹金氏族属认同及其变迁探析[J]. 地方文化研究，2013（6）：8.

借助这种方式在贵州长期立足，并层层深入贵州腹地①。土司统治并不是以土地的控制来进行管辖，而是以对人的招降和臣服来实现的。一方面，屯军以点连成线的方式进行控制，并不辐射周边地区，这样就会造成土司控制的地区中间隔着一个或多个屯军点而出现插花地的现象，此时，行政区划界线就难以明确划分且没有实际意义可言。另一方面，当地为苗、布依、汉等多民族杂居，民族关系复杂，所以，中央王朝难以对此地进行明确的行政区域划分和直接有效的管辖，也没有必要进行明确的划分。产生这种复杂局面，实则是金氏土司与屯军、中央王朝与少数民族及少数民族之间相互博弈的结果。明万历年间，金氏土司主动请求改流，由于当地复杂的民族关系以及多数区域及人群都属金氏管辖且与之亲近，加之这里并非是当时中原王朝需要控制的中心地带，改流以后也未能够进行界限划定，产生插花地现象。这些原因对后世的影响是深远的，直至清代、民国，这片区域仍不是中央政府对当地统治的核心区域，处于多个州县交界地带，同样经历了县界的复杂变迁。

第二节　家族制度与寨规民约

一、寨老在村寨社会中的效力渐趋弱化

族长是在家族中具有权威的人或人群，仅限于家族内部，而寨老是在村寨具有相当效力的人群，则适用于整个村寨。在平寨村八个寨子中，寨老都是由寨内各家族中德高望重的老人组成，而这些人在本家族内便又发挥着族长的职能，寨老在村寨和家族内部两个场域中的身份具有同一性，在村寨与家族的长期互动中，村寨与家族之间的界限逐渐淡化，通常以寨子对外交往，人们更加惯用寨老的称呼。

寨老作为村寨中最具权威的人群，主要是召集全寨人并主导制订寨

---

① 叶成勇. 家族与民族之间：黔中通道上金竹金氏族属认同及其变迁探析[J]. 地方文化研究，2013（6）：11.

规民约。平寨制订寨规民约有一个比较严密的程序，且体系完整。中华人民共和国成立前，一般两到三年制订一次，时间是在每年正月初一到正月十五。此间，寨老要召集村寨中其他德高望重的老人，商议规约的具体内容，并形成条款记录成文书，然后寨老召集寨民大会，宣读规约条款，寨民如有异议，可当即提出，若无异议，寨民在文书上盖上手印，当即生效。龙窝旧寨原有寨规民约且有碑文示立，但其效力未能持久。其规约是在村寨中出现某些问题以后再针对性制订的，这些规约是由寨主主持制订，寨民违反后也由寨主判决并执行。龙窝旧寨自建寨以来实行寨主制度，龙窝新寨从旧寨迁出后也承袭了寨主制度。寨主由寨中最具威信且被大多数村民信服的老人的担任，一般需满足以下三个条件：① 家族中德高望重的老人；② 生活中为人正直；③ 办事能力强、能让人信服。中华人民共和国成立后，寨主由队长担任，并沿袭寨主的职能。大坝自建寨之时就制订寨规民约，其后每年修订一次，时间是在每年腊月初八到腊月三十之间，同样由寨老召集村寨中其他德高望重的老人共同商议条款，参与人一般是寨中辈分最高的，辈分较小而威望较高的老人也可参与，但没有决定权。规约制订后同样需要召开寨民大会，为寨民同意并盖上手印后方能生效。若有人犯偷盗等大罪时，则由寨老组织寨民到其家中收取等价的粮食或牲畜；其他小犯，由寨老召集寨民大会，当众判决并执行；外寨人触犯寨规，则暴打一顿作为处罚，重犯者报与官府。克酬在历史上曾有制订寨规民约的习俗，但因寨民不遵守而宣告失败，也使得村民生产生活秩序处于混乱之中。直到1978年，克酬组长王德富、会计王德林、热心人士王光学三人商定条款，写成文书，在寨民大会上签字通过并被村民所遵守。

寨老作为村寨中最具权威的人群，主要职责有：劝解纠纷，寨民签订地契、山林契或分关契时做凭中人或证人。土地、山林是村民最为宝贵的财产，地契、山林契的签订标志着土地、山林归属的转让，村民对此十分慎重，而分关契则是分家时均分房屋、土地等财产给子辈的凭据，寨老在其中发挥着十分重要的作用。虽然，契约签订已经消逝于村民的生活中，但这些已经签订的契约仍在发挥着效力。2015年

8月，平寨与新寨因山林征拨而发生纠纷，主要分歧在于山林归属与界限的认定，此时平寨村民王辉跃和王辉彩同时拿出这片山林转让时签订的契约，两份分别是清道光年间从龙窝寨、克酬寨购得，以及一份1981年由平坝县人民政府颁发的山林所有证，三份凭证均明确书写了山林的地名及四至，这片山林原系1981年平寨村分土地、山林到户时将这片山林划属平寨，并有政府颁发的凭证为据，为此解决了山林纠纷。另外，分家时签订分关契，同样需要请凭中人和证人，通常是请寨老来担任，并监督其公平分家。分关契明确记录了分家产的人，将家产分予何人，及分得的房基、田土、山林竹木等的位置、面积或数量，凭中人、证人和记录人均由寨老来担任。随着社会逐渐发展，签订契约的形式逐渐消失于村民生产生活之中，而在其中占据重要地位的寨老的职能也下降了。

自1935年至1949年，国民政府主政贵州，在贵州推行保甲制度。1949年中华人民共和国成立后，又在基层推行新的行政体系。在这样的社会历史变迁下，传统村寨社会中具有自我调节和管理的组织系统跌宕起伏，寨老群体的地位和效力经受着冲击。保甲制度推行时，"区长就保内遴选富有能力而孚众望之公正士绅三人，备具简明履历，并注明性行能力，荐由县长择委。"[1]富有能力而孚众望之公正士绅与寨老的选举标准相差无异，区内富有威望的寨老也会被选入当时的地方行政系统之中，贵州省甚至规定"遇有地方上声望素着或能力富强之人士不愿充任保长或甲长者，得由县政府强制指定充任，否则予以息职处罚"[2]。而在贵州，"知识分子公正绅士及城区居民，多不愿为保甲人员"，而"无业游民，奸猾流痞"则侧身保甲，鱼肉乡民[3]。寨老并非全部纳入基层行政体系中，在当时复杂的政治状况下，寨老在本社区内的实际效力也会减弱。中华人民共和国成立后，村寨中通过选

---

[1] （民国）黄强. 中国保甲实验新编[M]. 南京：正中书局：1935：247.
[2] （民国）贵州省政府民政厅. 贵州省保甲概况[M]. 贵州省政府民政厅，1937：41.
[3] （民国）国民政府主计处统计局. 贵州省保甲户口编查统计之考察报告摘要[J]. 统计月报，1938（第35号）：21.

举产生了村长、组长等基层工作人员，有的选举以前的寨老担任，寨老与组长形成同一化身份。平寨的寨老有王树荣、王荣成、王瑞昌、王茂强、王槐喜、王庭光等人，在此前十年的时间里，他们相继故去，只剩王庭光一人，现已83岁高龄。因寨上王炳荣老人文化较高便将其吸纳，又因寨上许多事情须有年轻人，又有了王辉忠等人的加入。虽然寨老的效力渐趋弱化，但其在村寨社会中的调节职能却并未减弱，有时政府政策能否顺利推行与能否取得他们的支持有很大关系。2015年，平寨村建设美丽乡村，需要征拨土地，但在政府多方协调下，均未能实现，最后还是在王庭光、王辉忠等人的劝说调解下，业主才同意将其征拨。

二、家规族训中传统文化与现代观念并存

家规族训是约束家族内部成员的规约训诫，只在家族内部发挥效力，并不约束村寨全体社会成员。家规族训是其治家教子、修身处世的准则，代表了这个家族的人生观、价值观；是为了维持家族繁衍及家族秩序而制订的行为规范，为家族全体成员所遵守。家规族训作为家谱中的重要内容，与家谱修撰的时间有很大关系，具有突出的时代特征。

传统家谱的家规族训中，主要是关于敬畏祖先、承袭后代以及修身齐家的内容，带有浓厚的传统文化色彩。龙窝旧寨《颍川堂陈氏族谱》"家法"中如是写道："一要：忠心爱国、孝顺齐家、放眼世界、报效中华，三要：尊老爱幼、从事温良、耕读为本、教子有方，四要：团结和睦、忍让无妨、住行相敬、仁义流芳，五要：勤俭持家、致富图强、自力更生、士农工商，六要：热爱科学、勇攀高岗、培育后裔、龙凤呈祥，七要：学文习武、迎难而上、心性和蔼、淳朴善良，八要：仁慈恻隐、济贫高尚、广积功德、永世辉煌，九要：嫁娶以礼、选择稳当、觅求淑女、相准妙郎，十要：善经坟茔、遗脉永长、承先启后、光大发扬。"大致可将其分为个人、村寨与家族、国家与社会三个层面，三要、五要、

六要、七要、八要都属于个人层面，要求个人修身，完善自身；四要、九要、十要则是在村寨与家族层面，以利于村寨社会与家族内部的和谐相处；一要则体现在国家与社会层面。而现行的龙窝旧寨《颍川堂陈氏族谱》中，新加入了"二要"："遵纪守法、莫违规章、凡事衡度、纲举目张"，体现了明显的法治社会特征，此条与现行法律法规一致。《魁山龙氏族谱》"家规族训"又如是写道："① 热爱祖国，忠于祖国，要勤学、修身齐家、治国。② 遵守政府的各项政策法令，认真履行公民义务，光荣服兵役。③ 要做遵纪守法的楷模。④ 牢记祖训，耕读为本，八德传家。⑤ 统一续修谱后，后世子孙统一按新编字辈命名取字，避免尊卑混淆，辈次颠倒，混乱世系。⑥ 孝敬父母，不准有打骂虐待父母的忤逆行为发生。⑦ 当父母者要抚育子女成才成人。⑧ 父母早殁，为兄为姐者，应替父母承担抚育未成年弟妹之责。⑨ 依法提倡正确婚配，同姓不婚，近亲不婚，不准逆伦乱伦。⑩ 笃亲睦族，敬老爱幼。⑪ 讲道德，仁义为怀。⑫ 好友街坊睦邻里。⑬ 提倡勤俭持家，艰苦创业。⑭ 宗族要讲团结，才有凝聚力。⑮ 先辈祭清明扫墓，是怀念祖先寄托哀思的行动。"同样可将其划分为个人、村寨与家族、国家与社会三个层面，第6到8、10到12条突出体现为个人层面，第4、5、14、15条则体现在村寨与家族层面，第1到3、9条体现了国家社会法治的内容。关于个人、村寨与家族层面的内容均是传统文化在家族文化中的体现。

两份家谱中均有关于热爱祖国、遵纪守法的内容，突出体现了我国社会主义社会的法治建设方针。《颍川堂陈氏族谱》规劝后人要"学文学武"，《魁山龙氏族谱》则要求光荣服兵役，都体现了他们"崇尚军人"的特点，从历史上看，龙窝、魁山包括平寨村的其他寨子都有参加过抗美援朝的退伍军人，再往前追溯，平寨村各家族源流均为"调北填南"而来的军事政治移民，他们是江西籍的汉族移民。在十几年前，平寨还存有一根武棍，相传是祖上流传下来习武、授武之用，由此也说明他们确有尚武的观念。另外，两份家规族训中均有规劝族人尊老爱幼的训诫，(咸丰)《安顺府志》"风俗"中对镇宁州风俗有这样的描述"重长幼之序，遇长者于道，垂手立道左,待长者过乃行"①,在当地自古以来就盛行尊老爱幼之风,且传习至今。又有"依法提倡正确婚配,同姓不婚,近亲不婚,不准逆伦乱伦"的记述。这些不仅具有突出的时代特征,同时更是为了原有规约能够顺利施行,以达村寨与家族和谐有序发展之目的。近年来,平寨村八个寨子重订寨规民约之风较盛,续修家谱时重订家规族训,原有规约虽有不能与时俱进的原因,但也凸显出了原有规约约束力的下降,需要在新的时代条件下有新的发展,以法律法规元素的加入来增强规约制度在现行条件下的约束力。

---

① 中国地方志集成·贵州府县志辑41咸丰安顺府志(一)[M]. 成都:巴蜀书社,2006:193.

第五章 民俗文化变迁

民俗是人民大众创造、享用和传承的生活文化。大致可以分为物质民俗、社会民俗、精神民俗、语言民俗四类，包括物质生产民俗、物质生活民俗、社会组织民俗、岁时节日民俗、人生礼仪、民俗信仰、民间科学技术、民间口头文学、民间语言、民间艺术、民间游戏娱乐。其中人生礼仪又包含诞生仪礼、成年仪礼、婚姻仪礼、丧葬仪礼[①]。民俗事象纷繁复杂，本部分主要以节日、婚姻、丧葬等文化事项为典型进行分析。在现代变革与转型时期，节日、婚姻、丧葬等民俗文化随着时代的发展而发生着不同形式的变迁，民俗文化的传统意义渐趋失落，新的内容与表现形式及其所反映的社会意义逐渐凸显。

第一节 节 日

平寨村的主要节日有春节、清明节、"四月八""六月六""七月半""九月九"等，节日日期的安排、节日内容及内涵都表现出浓厚的农耕文明色彩，相对农闲的生活状态为节日活动提供了宽松的时间，同时也表现出农耕文明对节日文化的巨大影响，生动地揭示了平寨村生存根基的农耕文明特性。在现代变革与转型时期，节日习俗随着时代的发展也发生着不同形式的变迁，传统节日以农业的生计方式为基础，而现在以农业为主的生计方式已经发生了极大的转变，呈多元化趋势发展，传统节日习俗也随之发生变化，节日的传统意义逐渐失落，新的节日形式和内容及其特定的社会意义逐渐产生。

---

① 钟敬文. 民俗学概论[M]. 上海：上海文艺出版社，2009：4-6.

一、春节和"七月半"烧符包习俗的演变

春节和"七月半"是平寨布依族的传统节日，都有给祖先烧符包的习俗。布依族接触汉文化较早，受汉文化影响较深，其文化水平较高，在烧符包习俗中有明显的体现。过去，符包如信件一般，需要写明寄件人和收件人及寄件缘由和日期，里面装的是纸钱，代表在死者的世界通用的货币。每逢春节、"七月半"前夕，村民们都会找寨上有文化、会写字的人代为书写，还要用白纸折成圆形，画上马的图案，然后折成圆筒状，与符包一起焚烧，表示用马将符包里的纸钱运送给祖先。而现在的人们文化水平普遍提高，认为折符包、纸马并书写文字、图案十分麻烦，便不再进行这样的准备事宜。大约在20世纪90年代以后，这样的习俗便逐渐失落，符包统一用纸钱代替。从烧符包、纸马到以烧纸钱代替，节日的程序并没有改变，只是抛弃了以往烦琐的折符包的过程，而以更加简便的纸钱来代替。春节、"七月半"已不再有烧符包的习俗，符包里装的是纸钱，是在生的后代希望过世的祖先在他们的世界能够更好地生活，烧越多的纸钱越觉心安，表达了传统农民自给自足又不富足的生活状况，希冀能在死后获得更好生活的美好愿望。

二、清明节杀猪祭祖习俗的失落

清明节有杀猪祭祖的习俗。清明节前夕，由寨老组织全族人集资分摊费用，然后集中购买香蜡纸烛和一头猪。到清明节这天，则到祖坟前杀猪祭祖，烹煮猪肉，全族人在此聚餐分食。而现在，各家族已无在祖坟处杀猪祭祖的习俗，而只是进行扫墓、挂纸、燃香烧纸、放炮仗等活动。这种失落是从20世纪90年代开始的，平寨最后一次进行杀猪祭祖是在2005年由班王氏班经纶支系自发组织的，他们买猪到班经纶始祖墓旁宰猪祭祖，当时参与本次祭祖的有35桌人，不仅有本家族的人，还有本寨班启先支系和其他亲朋好友。寨老们在前十年左右相继过世，现寨老只剩一到两人，加之寨老在村寨中的效力也逐渐弱化，更不能有力地

组织族人；20世纪90年代，打工潮使得大批的年轻人和中年人外出打工，作为祭祖的中坚力量已不在节日场域；打工使得大部分人家的经济状况得到改善，同时也改变了他们的观念，认为这样的活动不仅意义甚微也十分麻烦。平寨村布依族传统清明节盛行杀猪祭祖习俗，而同属黔中区域的屯堡人杀猪祭祖习俗更为浓厚，两者具有相似性，可能存在谁影响谁的关系。首先，平寨村布依族各家族均为江西籍移民，与安顺屯堡人有共同的迁入背景，即明初"调北征南"或"调北填南"而来的军事政治移民，其籍贯及迁入背景具有相同性；其次，屯堡人聚居区与平寨村的距离并不远，两者之间的距离已经达到可以相互影响的程度。由此，二者在来源上和居住距离上都已具备相互影响的条件，在清明节杀猪祭祖习俗上可能具有某种影响性。清明节宰猪祭祖的习俗在十年前就已经失落。猪对于农耕民族来说，是十分重要的家畜和肉食来源，以猪祭祖表现出他们对祖先的敬畏。宰猪祭祖体现了浓厚的农耕文明色彩，也反映了布依族稻作农业的悠久历史。

三、"四月八坡"的演变

节日的举行有其特定的场域，节日主体在特定场域里发生各种行为。平寨布依族过"四月八"有其特定的场域，名曰"四月八坡"，是位于克酬寨往马鞍山方向的一片山坡，山坡长满草，地势开阔，提供了良好的节日活动场域。平寨布依族妇女陪同小孩带着黄黑白三色糯米饭及腊肉、血豆腐等食物，还有老人制作的风筝、彩旗等来到"四月八坡"，是为"送四月八"。在"四月八坡"上，小孩们一同放风筝、嬉戏打闹，累了就歇息吃些糯米饭；而妇女们则围坐一起，大家一起分享食物，并品评哪家食物更美味，所以，她们都会拿出自己的手艺，在"四月八坡"上较量一番。而在家里，用染饭叶泡水擦洗牛身，可以防止蚊虫叮咬，再给牛喂食三色糯米饭，以犒劳牛一年的辛劳。牛对于一个以稻作农业为主要生计方式的民族来说，具有举足轻重的地位，而"四月八"这天又名"牛王节"，理应在这天对牛进行小心呵护。在平寨村布依族的神榜上，供奉有"丑午二王"之神位，分别指牛、马"二王"，可见牛对于他们生产生活的重要程度。2000年左右，政府将"四月八坡"改为茶叶种植基地，平寨"四月八坡"的习俗已经名存实亡。2012年，黔中大道的修建，更是将"四月八坡"挖掉了一半，现还残留另一半继续种植茶叶。布依族同胞们失去了举行"四月八"的节日场所，他们并未开辟新的"四月八坡"，而是将其转移到了寨中，然而一些需在"四月八坡"上举行的活动便逐渐消失了，如放风筝，随之而来的是风筝编织技艺濒临失传，只有老人还会这种技艺，年轻人也不愿学；妇女们不必再"送四月八"，也不必再带食物到坡上，便也不再有"争奇斗艳"的节日氛围。近年来，平寨小学将学生聚集在学校里同过"四月八"，学生各自从家中用饭箩盛装糯米饭，然后带到学校与同学分食，既延续了"四月八"的节日传统，也有助于培养学生的集体意识。

平寨布依族四月八的节日场域从"四月八坡"迁移到了寨中和学校，表面上看是修建黔中大道的外部原因所致，然而，布依族同胞并未在"四月八坡"被"侵占"后，重新开辟新的"四月八坡"，而是将"四月八"的场域"顺便"转移到寨中。不管是"四月八"，还是春节，都有淡化的趋势，传统节日习俗更是濒临失传。虽然有一定的外部因素影响，但不可忽视的是平寨布依族作为节日主体在其中并未采取自发性的抢救措施。

第二节 婚 姻

一、婚姻圈扩大

在中国传统农村社会中，婚姻的迁移是短距离的，通婚的半径较小。一方面是由于家庭及小农经济思想的影响，另一方面是经济不发达、交通不便、信息不畅、对外交往少等因素共同作用的结果[1]。在这样的环境下，青年男女只能在较为狭小的生活圈子中选择配偶，主观上也可以

---

[1] 彭雪芳. 南昆八村·南昆铁路建设与沿线村落社会文化变迁·贵州卷[M]. 北京：民族出版社，2001：437-438.

通过婚姻的缔结来维系本社区范围内的人情关系网络。而这样的生活圈子大多也是通过婚姻缔结的,其中主要有两个核心,其一是由父亲的姐妹外嫁而形成的姑表亲,其二是由母亲的姐妹与外界婚配而缔结的姨表亲,以此为中心向外扩散,形成了亲戚圈,这是婚姻关系缔结的两种形式。族际婚出现以前,布依族的通婚范围主要在布依族内部完成,而其亲戚圈也主要是布依族,由此代代承袭,形成了族内婚。关于族际婚出现的时间考证,可以以磨盖苗族杨氏定居平寨的事例作为参考。民国初年,苗族杨氏兄弟为讨生活,到平寨班王氏布依族一户人家做佃农,两家相处融洽,逢年过节互送粑粑,后来这家将一女嫁于杨氏一兄弟,并以田地作为嫁妆,杨氏兄弟遂在此定居下来,并以此发展繁衍。由此可以证明至迟在民国初年就已经出现了族际婚。差不多与磨盖杨氏定居平寨同时,苗族刘氏也因为给平寨班王氏一户做佃农而迁入平寨,但并未与平寨布依族通婚。

在少数民族社会中,婚姻关系的缔结优先在民族内部择偶,由此形成的亲戚圈也主要在民族内部。加之经济不发达、交通不便、信息不畅、对外交往少等因素,传统的婚姻关系受到地域的限制,通婚半径较小,有的在邻近的几个村子,或扩大到乡镇,或在县域内。总之是以本家族聚居的村寨为中心向外扩展,却受之于半径的限制。由于亲戚圈的狭小,也导致了布依族通婚圈在地域上受到了限制。而现在,平寨布依族传统的婚恋交往方式已经日趋瓦解,加之经济的发展使得对外交往日益频繁,婚恋方式多元化,打破了传统婚姻圈的地缘限制,从周围村寨向全省、全国范围扩展。

二、彩礼和嫁妆的变迁

"男子自十岁至十五岁父母即为定亲。"[①]男方请媒人拿一瓶酒、一方肉、两斤糖到女方家说亲,这时女方父母则召集家族中的老人到家中,

---

① 中国地方志集成·贵州府县志辑 41 咸丰安顺府志(一)[M]. 成都:巴蜀书社,2006:195.

如果女方家吃了糖，就说明他们同意这门亲事，但也不会就此答应，须经过多次来往后才应下这门婚事。之后男方家就要向女方家下彩礼，20世纪20至50年代的彩礼是一封糖、一瓶酒和一斗米。举行婚礼时，女方家的陪嫁一般有七八床棉被、木盆、木柜等，棉被就装在木柜中，而有钱人家如地主等还有花床作为陪嫁。到20世纪50—60年代又有了瓷盆作为陪嫁，因为是外国来的东西，又称为洋瓷盆。彩礼和嫁妆的价值相差很大。彩礼和嫁妆对于男女双方家庭具有不同的意义，婚姻缔结后，女方是要到男方家长期居住，嫁妆厚于彩礼，也体现了女方家庭希望女儿嫁到夫家有更好的生活的美好祝愿。而现在的彩礼多以钱为主，酒、肉、糖等以前嫁妆的主要内容则成了附带，钱的数量在5万到10多万不等，相比以前，翻了数万倍。嫁妆也同样发生了类似的变化，多以钱为主，有的陪嫁电器、汽车之类。

彩礼和嫁妆的变迁从20世纪50年代便开始了，其间有了瓷盆的加入，之后钱成为彩礼、嫁妆的主要组成部分。在现代经济条件下，酒、肉、糖原来所具有的时代意义已经发生了极大的转变，货币的地位更加突出，以钱代物的趋势越加凸显，这都是现代市场经济因素影响的结果。在当时经济状况普遍低下的历史条件下，酒、肉、糖对于绝大部分农民都可以承受。而婚姻作为延续子孙的重要仪式，对于他们有着更为特别的意义。酒、肉、糖在物质条件低下的时代显得更加珍贵，拿出自己最为贵重的东西以换取婚姻的缔结和子孙繁衍是值得的。

三、"不落夫家"习俗的失落

男女亲事缔结以后，并不即时举办婚宴，女方要回到娘家居住一年或数年后再到男方家长期居住，这种习俗被学术界称为"不落夫家"。平寨村布依族男女双方的亲事缔结后，女方回到娘家居住三年以后再到男方家干活并长期居住。三年过后，男女双方的相互"考察"结束了，双方互相认为其人品值得托付终身后，双方父母便开始操办婚事，筹办婚宴。定亲过后直至正式举行婚宴，婚姻关系才算缔结完成。刚刚定下亲事后，男女双方均未成年，女子"不落夫家"，重新回到娘家居住，既使男女双方获得生理和心理上的准备，同时也可以使男女双方互相增进了解，也是布依族同胞为子女婚姻生活的美满与子孙顺利繁衍而做出的最大努力。男女双方缔结婚姻关系时，尚不过十五六岁，心智还不成熟，亲事缔结后在娘家居住的三年期间，母亲可以教她为人妻、为人母之道。现在，早已不再行"不落夫家"的习俗，男女双方在婚宴过后便直接到男方家居住，夫妻"名""实"同存，婚前同居的情况也并不在少数，有的甚至在婚前就有了孩子。发生这种变迁的时间，大致是在 20 世纪 40—50 年代，可以以一个亲身经历"不落夫家"习俗的平寨王庭光老人的事例来说明：王庭光，生于 1933 年，于 1948 年结婚，但女方并未到王庭光家居住，过了三年以后，也就是 1951 年才从娘家回到王庭光家长期居住。这样的习俗在他们同年代的人中较普遍，而后便逐渐消失。所以，20 世纪 40—50 年代应该是平寨村"不落夫家"习俗发生变迁的重要时间节点。

学术界普遍认为"不落夫家"是男女双方结婚后，女方直到第一次怀孕期间，继续在娘家居住，直至怀孕过后再到男方家居住。平寨村则是在男女双方经过三年"不落夫家"的相互"考察"通过之后，再举办婚宴，才算婚姻关系的正式缔结，并不是以举办婚宴到女方第一次怀孕的时间为"不落夫家"的时间。现在平寨村的老人们普遍认为女方婚后在娘家居住三年的时间，是因为婚姻缔结时，男女双方心智尚不成熟，不便于婚姻关系的稳定，说明他们对稳定的婚姻关系十分看重。因为婚姻的稳定美满就是一个家庭吉利的象征，有利于后代的延续。对于农耕民族来说，子孙繁衍是他们对婚姻的最大期盼。中华人民共和国成立后，分别在 1950 年和 1980 年颁布了两部婚姻法。1950 年婚姻法主要是将妇女从不合理的婚姻家庭关系中解放出来，宣布男女婚姻平等自由，并规定法定婚龄是男 20 岁、女 18 岁。1980 年婚姻法修改婚龄为男 22 岁、女 20 岁[1]。1950 年婚姻法颁行后，"不落夫家"习俗中男女婚配年龄不

---

① 巫昌祯，丁露. 新婚姻法百问[M]. 北京：中国妇女出版社，2001：2-5.

在法定婚龄内，另外，法定婚龄与行"不落夫家"后到夫家长期居住的年龄相当，实则在本质上并没有很大的区别，只是男女婚姻缔结的时间也同样推至法定婚龄。然而，在当时特定的历史条件下，法律效力的施行对较为闭塞的平寨村而言会相对滞后，不论当时婚姻法在当地是否得到真正推行，"不落夫家"习俗的失落与国家政权对本土世界的介入有着些许关联。

四、婚宴从"真三天"到"假三天"

婚姻亦总是一公开的仪式，它是一件关涉着当事男女之外一群人的社会事件[①]。婚宴中，男女双方的亲戚齐聚，不仅是作为双方亲事的见证，更是两家人情关系的缔结，作为一次公开仪式和社会事件，婚姻反映了复杂的社会关系。平寨村的传统婚宴举行三天，分为迎客、正酒和放客三个仪程。主人家请本寨摩师根据男女双方的生辰八字选定婚宴的日辰，选取的是两个相邻的日子，前一天是女方家办嫁礼，后一天就是男方家举办婚宴的正酒。婚宴的第一天，男方家的迎亲队伍便从女方家将新娘接到男方家，女方家还有由近亲组成的送亲队伍，到下午便会到达男方家，而男方家早已在这天早上就开始做好迎客的准备。送亲客在第一天到达男方家后，并不返回，男方家要给他们安排住宿，每桌人安排两张床，平寨村的传统婚宴是采用方桌，每桌八人，因此四个人住一张床。第二天，就是婚宴的正酒，男女双方要举行拜堂礼仪，同时男方家的亲戚也会如期到达，见证他们的婚事以及男女双方姻亲关系的缔结。宴席过后，亲戚们大多返家，老外婆家和老舅公家则会在此留宿，送亲客也会继续留宿一晚。第三天，送亲客和老外婆家、老舅公家吃过午饭后，便返家，是为放客。2000年左右，这种传统的婚宴发生了极大的转变，直接从原来迎客、正酒、放客三天的仪程简化成了一天，就是正酒的这一天。女方家的送亲客和男方家的迎亲队伍一同将新娘或送或迎至

---

① （英）马林诺夫斯基. 文化论[M]. 费孝通，译. 北京：华夏出版社，2001：29.

男方家，吃过宴席后便各自返家。然而，在之前一天，男方家同样要对婚礼做准备，后一天要对婚宴进行收拾，加起来也是三天，与传统婚宴的三天相对比，平寨村村民将传统婚宴称作"真三天"，而将变迁过后的婚宴称为"假三天"。2010年后，平寨村又开始引进了宴席一条龙服务，主人家只管出钱和原材料，其余皆由一条龙服务承包，这样的变化使得平寨村的婚宴从"假三天"变成了"真一天"，主人家省去了婚宴前的准备和婚宴后的收拾工作，只有在正酒这一天由一条龙服务即可。

婚宴的时间不仅经历了"真假"三天的变化，婚宴上的食物分配也发生了极大的变迁。按平寨村布依族传统婚俗，一次婚宴上每桌要有六斤肉制作成菜品，而今依旧沿袭，其变化之处在于婚宴时间的变化使得筵席的数量减少，六斤肉的分配便从传统的五顿减少至一顿，所以传统婚宴上每顿吃到的肉和现在的一顿相比要少。传统婚宴使用的是方桌，每桌八人，而2000年以后改用了圆桌，每桌十人。随着婚宴上每桌肉的分配数量的增加，每桌人数也随之增加。现在的人们参加婚宴，仅仅只是为了人情往来，有的人在宴席过后便返家，有的更是匆匆送礼过后便离开。在经济、技术逐步发达的今天，人们的时间似乎越来越少。婚宴上从方桌改为圆桌，每桌人数从八人增加到十人，村民们面对这种变化做出了不自觉的调试。

"真三天"时，从第一天女方家送亲客将新娘送至男方家始，直至第三天男方家放客，送亲客与主人家一直在进行着喝酒、对歌、摆白（为当地方言，交谈之意）等。送亲客的主要构成是女方家的本族人和外家，实际上代表的就是女方家族，而主人家这一边则是由男方的叔伯等本家人及外家构成，代表的是男方家族。男女双方家族的代表在喝酒、对歌、摆白等时，实则就是两个家族的互动，在婚宴上突出表现的不仅是男女青年两人的结合，更是两个家族的结合，然而家族的结合似乎占据着更加突出的位置。"假三天"时，送亲客当天将新娘送至男方家，下午男方家便放客归家。此时，送亲客与主人家喝酒、对歌、摆白的互动形式淡化，更加突出了男女青年两人在婚姻缔结中的中心地位。"真三天"到"假三天"的变迁，实则是布依族婚姻中心地位的变迁，由两个家族的缔结转变为更加突出男女青年双方的地位。在布依族传统婚俗中，双方父母都在给自己家寻找合适的新成员与社会关系，首先是亲家是不是好亲戚，其次才是其本人是不是好儿媳或好女婿，至于青年男女的意见并不重要。改革开放以后，这样的情况有了明显的转变，婚宴从"真三天"到"假三天"的变迁就是最好的例证。

第三节 丧 葬

一、丧葬形式从火葬演变至棺木葬

布依族的丧葬习俗，在历史上经历了火葬、棺木葬等不同丧葬形式的变迁。据史籍记载，明至清初，布依族原为火葬，清中叶以后，始行木棺土葬[①]。《黔记·诸夷·仲家》记载："丧，食尚鱼虾，而忌禽兽之肉，葬以伞盖墓，期年而焚之，祭以枯鱼。"（康熙）《贵州通志·蛮僚》载："贵阳、都匀、镇宁、普安……丧，则屠牛召亲友，以大瓮贮酒，执牛角遍饮……主人不食肉，只食鱼虾。习阴阳家言，葬用棺，以伞盖墓上，期年而火之，不上冢。"（道光）《安平县志》亦载："用火葬习俗，三年后，视尸朽烂，举火焚之，以瓦缸检骨灰埋窨。"从这些史料可以得出，从明代至清道光年间，布依族均有行火葬的习俗，而在康熙年间便已有关于布依族行棺木葬的记载，还有另外一条信息是布依族传统葬俗中盛行二次葬的习俗。在平寨村布依族的丧葬习俗中也有如是发现。2015年4月17日，龙窝旧寨摩师陈尚武为本寨村民陈明果家做迁坟仪式，迁坟原因是贵安新区建设的统一规划。坟主是陈明果的曾祖父，据陈尚武的记忆及家谱推算，应该是葬于清末至民国初年。挖掘出的尸骨是用陶罐装的，尸骨有火焚烧的痕迹，呈黑炭状。这应该是当地布依族历史上存在火葬的真实证据，且其存在时间至迟在清末至民国初年还存在。火葬

[①] 中华文化通志编委会. 中华文化通志·民族文化[M]. 上海：上海人民出版社，2010：242.

作为布依族最为古老的丧葬习俗,并不是在某一时段发生一百八十度大转变,由火葬直接转变成为棺木葬,其间必定会有一段是火葬与棺木葬的并行时期。而清末至民国初年极有可能就是其葬俗从火葬演变至棺木葬的过渡时期。

民国时期,平寨村布依族葬俗中已大量开始行棺木葬,传统的火葬被逐步取代。发生这种变化的原因主要是受汉文化的影响。汉文化的传统观念中,对于人死后的躯体要进行清洗、重新穿戴以后再入殓、下葬,而今平寨村布依族仍旧持这种看法,必然是与汉文化的传入和吸收有很大关系。汉文化是从何时传入,并开始影响布依族的丧葬习俗呢?从平寨村布依族各家族的入黔籍贯来看,他们均是明初"调北填南"时从江西迁来的汉族军人或农民,而他们入黔后的第一定居地无从考证,但可以肯定的是当时定居地应属黔中一带。根据当时的民族关系,当地是苗、布依、汉三族杂居,他们虽是应朝廷征召而"名正言顺",但对于黔中地区的世居民族来说,他们始终是"外地人",这样的身份可能会给他们在入黔后的生产生活带来不便。加之,在明朝中期以后,卫所制度已开始瓦解,原本并未得到当地人完全认可的身份已逐渐失去。在这样的历史背景下,他们做出了明智的选择,就是学习当地世居民族布依族和苗族先民,通过这样的方式来获得世居民族的认同。就是在这样的过程中,他们的语言、生活习俗都与世居民族无异,同时不可避免地受世居民族的葬俗影响。而从火葬演变至棺木葬的过程中,人们已经淡忘了葬俗被影响的历史记忆,加之已不存在当时为求生存而迎合当地世居民族的历史背景,以及当时全国范围内汉文化深入影响的现实境况,重新接受汉文化已不可避免。

到2010年,平寨村在政策引导下,开始实行火化,即人故去后的尸体送至火葬场火化过后再运回家中操办仪式,下葬时可装入棺木中下葬。这样的变化实则是推行葬俗改革的第一步,如果一下子完全推行葬俗改革,势必会引起人们的激烈反对。现在所采取的首先实行遗体的火化,允许用棺木葬,然而对于遗体进行火化的让步已经使改革成功了一大半。传统观念中对于人死后的躯体是极为重视的,不允许任何亵渎,更何况是将其火化。这种措施的逐渐推行，给予人们更多的时间来做好心理上的准备。

二、丧仪主持人员构成由单一走向多元

布依族的传统丧葬仪式中，布依族摩师是主要的主持人员。然而，现在我们看到的是摩师、道士、僧人可以在同一个丧葬仪式中同时出现，并各自肩负着不同的使命且可以和谐共处。那么，道士和僧人是在何时加入布依族丧葬仪式中的？通过访问平寨村多位八十岁高龄的摩师得知，自他们记事以来，道士和僧人就已在本地丧葬仪式中出现，且当时的仪式十分隆重，这个时间是在20世纪30至40年代。而在20世纪50年代以后，道士和僧人在布依族丧葬仪式中逐渐淡化。由此可以得知葬俗主持人员构成的大致发展趋势，至迟在民国中后期就已有道士和僧人加入其中，而且在这段时期中一度十分盛行而隆重，并在20世纪50年代以后开始逐步淡化。

道士和僧人加入布依族丧葬仪式中，与汉文化的传入有直接的影响，道士和僧人具有浓厚的汉文化色彩。早在（康熙）《贵州通志·蛮僚》中就有关于布依族葬俗"习阴阳家言"的记载，阴阳家是汉文化领域的职业，布依族葬俗中"习阴阳家言"本身就说明了至迟从康熙年间布依族便已开始学习汉文化中的葬俗形式与内容，至于所"习"的"言"的具体内容史籍中并未见有详细记载，也不能确定布依族的葬俗只是学习阴阳家在丧葬仪式的行为和语言，还是阴阳家本身就已经参与到了布依族的葬俗之中。从现在的布依族葬俗中看，其中已经融入了很多汉文化阴阳家的操作仪程，包括使用罗盘看地理风水等。

三、从割牛耳到割猪耳

砍牛习俗是布依族传统葬俗中较为古老的习俗之一，早在（康熙）《贵州通志·蛮僚》中在描述布依族葬俗时就有如是记载："贵阳、都匀、

镇宁、普安……丧，则屠牛召亲友，以大瓮贮酒，执牛角遍饮。"平寨村大坝寨的葬俗中有类似砍牛的习俗，在二三十年前也就是20世纪70—80年代以前存在，但并非砍牛，只是割牛耳来祭祖，至于更早的时间是否存在砍牛习俗现已无法考证。现在大坝寨最年老的摩师记事以来就已经行割牛耳的习俗，大概是在20世纪30—40年代。以20世纪70—80年代为时间节点，之后割牛耳的习俗便转变成为割猪耳。

在少数民族葬俗中砍牛习俗并不少见，在苗族、布依族等民族中都有这样的习俗。牛对于一个以水田稻作农业为主要生计方式的民族来说，在其生产生活中都具有举足轻重的地位与作用，牛被视作是十分宝贵的财产之一。在丧葬仪式中将牛作为祭品献给祖先，体现了他们对祖先的敬畏及祖先崇拜观念。在献牛的过程中，布依族人民的心理是十分复杂的，一方面想把自己最为珍贵的东西献给祖先，另一方面，在以前生产条件低下的背景下，牛是十分贵重的生产物资，将其宰杀献给祖先的同时，他们也失去了进行稻作农业生产的重要劳力。于是在"不得罪"祖先的同时，也要将牛保留下来，继续作为农业生产劳力。"割牛耳"的习俗便应运而生，这个习俗在两者之间做到了很好的平衡，既满足了祭祀祖先的心理需求，又保留了农业生产劳力的现实需求。

割牛耳到割猪耳习俗的转变，有多方面的原因，其转变的时间大致是在20世纪70—80年代，国家经济发展并深入农村基层，使得物资有了更为精确的价值判断，牛作为食用物资和生产物资都具有很大的价值。同时，农业机械化的逐步推进，使得作为农业生产物资的耕牛的数量已经越来越少，且平寨村普遍使用的水牛的饲养更加挑剔。此时，人们同样经受着牛的价值增加的考验。而在这种条件下，猪的饲养更加普遍，饲养也更加容易。于是，当地人便逐渐采用割猪耳来取代原来割牛耳的习俗。这样的变化体现了劳动人民在客观经济条件的变迁下的智慧。

四、献祭和送礼的变迁

礼物在农村社会的节日活动、婚俗、葬俗中普遍存在，不仅包括亲戚之间的人情往来，在平寨村布依族葬俗中也包括女婿和外甥献给老外公和老舅公的祭品，女婿和外甥献祭的时间是在丧葬中的外祭仪式中。传统葬俗中，献祭对象有亡人性别上的差异，对男性老人献猪羊祭，对女性老人则祭金山银山。猪羊祭就是一头猪和一只羊，猪要在女婿或外甥的家里去毛但不解剖，并在猪背上插一支点燃的烛，请两个年轻男性将其抬到葬礼上；羊不宰杀，直接牵活羊下祭，统称作猪羊下祭。金山银山包括纸扎的两座山，一座为黄色金山，一座为白色银山，还有纸扎的男像为金童，纸扎的女像为玉女，加上一只鸡、一席糖食果饼、一方肉、一桌素席。素席是用淀粉制作成猪、羊、鸡、苹果、葡萄等形状，共八碗。给女性老人献祭在数量上比给男性老人献祭要多很多，但从价值上来说，给男性老人献祭的猪羊要比给女性老人献祭的物品贵重得多，有更加尊重男性老人的意义。从人类发展史来看，献祭上的差异很有可能是父权制社会的遗留。20世纪50年代以后，人们不再用猪羊下祭，而是用钱代替。在变迁初期的20世纪50、60年代，一般是120元和150元，120元叫作瘦羊，150元叫作肥羊。而现在，少则数千元，多则上万元，这些钱又叫作猪羊钱或大钱，再加上一只鸡、一席糖食果饼、一方肉、一桌素席。此后，在女婿或外甥献祭上便再无故去亲人男女性别的差异。

在与故去亲人的亲疏关系上，女婿和外甥为至亲；而在亲人的数量上，其他亲戚则占据了外祭仪式中的绝大多数。他们的礼物也根据亲疏关系的远近而有所不同，同时也根据时代的变化而发生着变迁。传统葬俗中，较为亲近的亲戚送帐合，帐合包括七尺长的白布帐，有两碗扣肉、豆腐、木耳、鸡、盐蛋、猪肠、猪耳等共八碗菜，并附有一张礼单写明献祭人及其与亡人的亲属关系，摩师中有专门的叫礼先生根据礼单叫礼。其他远房亲戚则送些米或谷等自产易得的粮食。20世纪50年代以后，这部分亲戚送礼金的逐渐增多，但关系较近者，依旧保持着送帐合的习俗。20年前，帐合也发生了变迁，帐合中的白布帐是要在下葬时将其烧掉，人们认为这样做浪费，主人家也得不到，便将其改作送毛毯，毛毯不在下葬时烧掉，而是自家留用。

在平寨村葬俗中的献祭和送礼中，总体呈现出以钱代物的趋势，特别是亲戚之间人情往来送的礼，从以前送米或谷到以钱代替尤其明显，而且具有普遍性。而针对亡人进行的献祭，除了猪羊献祭以外，其余的包括素席、八碗菜等都还存在于现在外家献祭的外祭仪式中。而在未来的发展中，素席、八碗菜等也将会逐渐淡化，统一以钱取代之。由此看来，针对亡人进行的献祭经历了以钱取代猪羊祭，保留了素席、八碗菜等，变迁较慢，而与人情往来相关的送礼却是从物直接被钱取代。以钱代物在丧葬中献祭和送礼中具有普遍性，主要是受现代市场经济因素的影响，而在以前并不容易获取货币的时代，人们多以自产的粮食作为人情往来的礼物。这种趋势并不只存在于丧葬仪式中，在彩礼和嫁妆、婚宴及其他需要人情往来的场合都呈现出这种趋势。

第六章　平寨村布依族各家族的互动与次生性民族文化的生成

在平寨村各家族自迁入之初到发展至今的历程中，以各家族的变迁为中心，以生计方式的变迁为基础，平寨村为适应家族及生计方式的变迁而适时改进家规族训及寨规民约，以规范寨民或族人的生产生活行为，节日婚丧等民俗文化同样随之发生了不同形式的变迁。在这些变迁中，各家族之间的互动从未间断，并以此扩展至寨际、族际以及从属于家族的个体之间的互动，其中蕴含着深层的文化关系。

第一节　平寨村布依族各家族的互动

一、寨际和族际的互动

在中国传统农村社会中，由于信息不畅通及各方面条件的限制，村寨之间的交往半径较为狭小，两个村寨之间的距离远近是影响交往、交流的重要因素，寨子之间的距离则成为他们交往、互动的限制条件。平寨村八寨在地理分布上相互之间呈等距离分布。平寨位于八个寨子的中心位置，地形独特，风水先生曰荷叶地，从克酬看平寨，与魁山恰似一寨；从磨盖看，与破塘又似一寨；从马桥看，和大坝如似一寨。从平寨看往龙窝新旧寨则因山坡阻挡了视线，无法在视觉上连成一线，但相互之间的距离也是相等的。这种寨子之间两两等距离分布的格局，为平寨村八寨在地域上形成了一个共同体提供了便利条件。在平寨村的实地调查期间,每每在一个寨子访谈时提起另一个寨子中不管是历史上的名人还是现实中的老人,这个寨子中的人都会对其提出自己的一些看法,可见他们都是有联系的,至少是识得的。这种村寨之间或家族之间的交往,有亲戚关系的则较为紧密,没有的亲戚关系的则只是停留在认识的层面上。亲戚关系中,姻亲是最为紧密的关系,就家族中的个体家庭而言,就是寨民们通常所称的外家,姻亲关系缔结的人数并不多。所以,距离的远近只是给两个村寨的人们提供了一个"近水楼台",成为交往与互动的首要条件,然而真正要进行深层次的互动与交往,还要通过婚姻来缔结最为亲密的姻亲关系。形成这种局面的原因主要有信息的不畅通、交通的不便捷,在以稻作农业为主要生计方式的平寨村,村民们绝大多数的时间都花费在了农业生产中,对于距离较远的村寨或家族,他们没有时间也没有精力去接触,在以前主要靠步行,马作为交通工具较为缺乏的情况下,如果需要花费一天甚至多天的时间来走亲戚,这并不划算。所以,他们在亲戚关系的选择上更倾向于距离较近的村寨。

而平寨村八个寨子两两之间的紧密联系并不具有普遍性,只存在于两者是亲戚关系之中,如果不是亲戚关系,几乎没有任何往来,只是在相遇的时候打招呼。所以,亲戚关系成为平寨村村民之间互动的另一个条件。亲戚关系是中国农村社会互动中最核心的表现形式。在平寨村的亲戚关系中比较特殊的是家族分支到村寨外部重新建寨所形成的互动关系,这种互动关系的距离远近的弹性较大,有的距离较近,如龙窝陈氏与班氏从旧寨迁居至对面山坡重新立寨为龙窝新寨,距离较远的如魁山龙氏分支到贵阳市南明区二戈寨,小河区补苗寨,花溪区龙泉寨、后坝龙井寨、麦乃寨、上水、惠水龙滩河、龙海寨等,形成了一种较为特殊的与村寨外部互动的方式,然而这种互动是通过家族分支来达成的。家族分支到村寨外部,家族宗支与分支的地点以家族血缘为纽带联系起来,并以分支的地点为中心向外扩展,这样也使得村寨与家族的互动范围从分支地点向其周围扩展,从而扩大了村寨与家族的互动范围。

在中国农村社会中最重要的亲属关系就是这种丢石头形成同心圆波纹的性质。亲属关系是根据生育和婚姻事实所发生的社会关系。从生育和婚姻所结成的网络，可以一直推出去包括无穷的人，过去的、现在的、未来的人物[①]。亲属关系是中国农村社会中最核心的互动关系，也最为稳定，通过生育和婚姻事实来缔结。平寨村布依族婚姻的缔结首先是在双方认识的基础上进行，经过双方长辈的认同以及一段时间的交往和了解以后，才能缔结婚姻关系，进而才会有生育。婚姻关系的缔结就标志着双方亲属关系的达成，而婚姻关系的缔结又是以婚宴的举办为标志。平寨村布依族传统婚宴行"真三天"习俗，即是男女双方亲属聚集在一起作为婚姻缔结的见证，实则是双方亲属认亲的过程，"以后大家就是亲戚，是一家人了"。在婚姻关系缔结的过程中，体现的是以男女两人为中心展开的两个家族的互动，而在婚宴上体现得尤为明显。然而，这种互动从说媒时就已经开始了，以酒、肉、糖作为礼物进行互动，只是这样的互动存在于男女双方两个家族之间。

节日活动是寨际和族际互动的另一个重要场域。布依族传统节日"六月六"中，各寨的人或在山坡上，或在寨中一块宽阔的地方，吃着糯米粑，载歌载舞。苗族杨姓和刘姓迁入平寨之后，便加入到了"六月六"活动中，以芦笙表演庆祝"六月六"。而平寨村美丽乡村建设以后，每年各寨的人都集中在平寨村委会前坝子上搭建的舞台，举行"六月六"文艺活动，磨盖苗族仍旧沿袭着芦笙表演。"六月六"如同"四月八"一样，在当地并没有明显的民族界限，而是呈现出区域内各民族欢庆节日的和谐场景。在平寨村区域内，布依族相比苗族人数更多，而布依族文化本身更具包容性，苗族在人数和经济实力上的弱势地位更加促使他们与布依族交往，磨盖杨姓与平寨刘姓到平寨布依族人家做佃农就是很好的例证。布依族、苗族、汉族，共处于同一节日活动中，促进了各寨和各民族之间更加频繁的交往与互动，有助于在地域上形成更加紧密的联系，从而促使更深层次的互动。

[①] 费孝通. 乡土中国[M]. 北京：北京大学出版社，2013：26.

二、寨内和族内的互动

家规族训及寨规民约的制订与修订是村寨内部互动的范畴，家规族训主要适用于村寨内部的家族层面，而寨规民约则对于整个村寨都具有适用性。家规族训与寨规民约制订与修改的主导群体是寨老，由于平寨村各村寨与家族之间关系的特殊性，各村寨都有一个主体家族，他们在人数上占绝对优势，但并未以此形成村寨权力。家规族训与寨规民约的制订与修改是村寨与家族内部就村寨或家族秩序问题所展开的互动，在村寨与家族中具有普遍性，村民和家族成员都可以在寨民大会或家族内部会议上提出自己的想法，以供寨老们和其他村民及家族成员讨论。20世纪80年代，马鞍山一张姓村民到克酬盗伐树木，被村民当场抓获，交由大坝公社处理，最终按克酬寨规民约处罚，赔偿一头猪，由全寨村民"打平伙"，并邀请附近村寨寨老和干部一同参与、见证。虽是由外部因素而引发的互动，但其中更为重要的是寨民共同制订的规约起到了实效，他们也获得了违反者的赔偿，达到了保护村寨共同财产的目的。家规族训与寨规民约在调试族人和寨民生产生活行为的同时，也规范着相互交往的秩序。

寨内层面的互动要分为单一家族一寨和众姓合建两种情况讨论。单一家族一寨的情况，如平寨、大坝、克酬、破塘，由于村寨与家族两个层面的同一性，家族成员是寨民，而寨民亦是同一家族成员，家规族训和寨规民约在适用范围上也是同一的。众姓合建的情况，如魁山、龙窝旧寨、龙窝新寨、磨盖，既有家族内部的互动，也有村寨内部各家族之间的互动。互助是增强家族和村寨凝聚力的另一种重要形式，家族成员之间以血缘为纽带，在某一家族成员的婚礼或葬礼及农业生产中进行互助。特别是在婚礼和葬礼中，互助并不局限于家族内部，而是扩展至全寨，比如磨盖陈炳荣老人的葬礼中就有本寨韦姓和杨姓参与；在家族之外，关系融洽的邻居也会在这些场域中予以互助，这种情况主要出现在众姓合建的四个寨子中。单一家族内部分有房族，婚丧等习俗互助都是自房族内部进行，其他房族更多的变成了寨邻关系。家族性的集体活动仅有清明节这种以家族为单位进行的仪式展演。平寨班王氏每年清明节时，家族成员集资在祖坟杀猪祭祖，就是班王氏家族成员互动的一次聚会，他们的互动是以血缘为纽带，通过全体家族成员共同集资购买祭牲而展开。清明节这种家族性节日对于家族凝聚力的增强有十分重要的作用，同时也满足了家族成员的大家庭理想。

相比清明节这种家族性节日，"四月八"则是全寨人一起过，平寨村八寨都有自己的"四月八坡"，所以寨际之间在"四月八"中并没有频繁的互动。在"四月八坡"上，互动的群体主要是本寨村民，大人和小孩都是其中的主角，大人之间谈论的是农业生产的经验及品评各家的食物，而小孩则是各自放风筝、嬉戏。"四月八坡"被占用以后，"四月八"的节日场域被分化，大人们在家中过节，小孩则在学校组织的活动中集体过"四月八"。平寨小学的学生都来自邻近的村寨，与"四月八坡"上过节的人群相比，又扩大了互动的群体和范围，带来的结果是形成了一种新的互动关系——同学关系。

对于增强家族和村寨的凝聚力，寨老和摩师在其中发挥了极其重要的作用。平寨村的寨老和摩师群体是同一的，都是寨中德高望重且具有相当文化程度的老人，因为年长也懂得更多关于本民族和本家族的事务。摩师存在的主要场合在于丧葬仪式中，平寨村的八个寨子都有本寨的摩师群体，主要负责主持和操办本寨的丧葬仪式。丧葬仪式中的互动程度并不高，大多数时候是摩师与孝家的互动或是摩师一个人的表演，其他家族成员作为一种互助的形式出现在丧仪中，这样的互动仅在于摩师与孝家之间。摩师在丧葬仪式中不仅起着沟通天人两界、送别死者早登极乐的作用，更重要的是在于凝聚家族成员，通过主持丧仪中的各个事项将家族成员聚集在仪式场域内。在僧人、道士等进入平寨村布依族丧仪中后，摩师作为丧仪中主要且单一主持人员的地位下降，形成一种僧人、道士与摩师和谐共处的局面，但摩师仍作为布依族文化的代表与以僧人、道士为代表的汉文化进行博弈，布依族文化不可避免地吸收了一些更为先进的汉文化元素，逐渐生成一种新的布依族丧葬文化。

三、个体之间的互动

个体层面的互动主要是寓于村寨中的家族成员,即个人与个人的互动。传统婚宴"真三天"中主要是男女双方两个家族的互动,到"假三天"时,男方请媒人到女方家说媒的婚姻缔结方式已经发生了变迁,更多的是男女双方通过自由恋爱达成,说媒成为象征性仪式。这个变迁过程是个人地位的逐渐凸显在婚姻中的表现,两个家族之间的互动大大减少,更多的是以男女双方为主导。婚宴"真三天"到"假三天"的变迁,实则是婚姻缔结中处于中心地位群体的变迁,原本是两个家族的互动转变为更加突出男女两人。在丧葬仪式中,主家的想法普遍是"越简单越好",尤其是在实行尸体火化处理后,亡人遗体不用再进行特殊的处理,降低了家族老人在丧仪中的参与度,更多的是亡人儿女的事务,突出表现为个体家庭。结拜关系是一种较为特殊的个体层面的互动形式,并不涉及家族,最多是在两个家庭之间展开联系。结拜关系并没有特定的仪式,只是两人或多人相互之间认为可以作为兄弟结交,便结成没有血缘关系的兄弟。这种互动与亲戚之间的互动类似,互动的场合和方式都基本无异,都在婚丧习俗中进行礼物往来和互助。同学关系也同样凸显的是个体之间的互动,这种互动的层次相比结拜关系更低,只有少部分会参与到婚丧和互助的互动中。清末至民国年间,全国范围内发生动乱,而在乱世之中必有一些特殊的历史人物出现。陈华昌以本寨为据点建立保寨安民的武装势力,同时自己出资大部分召集村民修建村寨性建筑——石塔。陈华昌作为地方武装势力,要养活部下,也对外抢掠,但从不对寨内下手,反而保护寨民不受外界势力的侵害。虽然本寨以外的村民对其并不认同,后来也因他的倒台导致大量村民外迁重新建立龙窝新寨,但在特定时期,他对本寨村民来说确是一把保护伞。

寨内和族内的互动可以分为村寨内部各家族之间和家族内部两个层面,主要体现在节日活动和互助方面,寨际和族际之间的互动都是通过亲属关系来达成的,也有族人、寨民之间以及结拜、朋友、同学等个体之间的互动形式。这三个层面的互动都离不开家族和村寨这两个共同体，这些互动又使得家族和村寨凝聚力得到增强。在婚宴上的互动中，从两个家族的互动为主导到个人中心地位的转变，体现了现代社会更加突出个体主导作用的发展趋势。在三个层面的互动中，总体呈现出以集体形式产生的互动在下降，而逐渐向个体互动转变的趋势。

第二节 次生性民族文化的生成

一、族际平衡及族际平衡条件下的家族差异

族际平衡是指在平寨村八寨之间各种形式的互动中，各个家族的互动处于一种发展均衡的状态，并没有一个家族在其中占据着绝对的主导地位和支配作用，相互之间呈和谐共处的局面。从平寨村各家族史来看，魁山龙氏最早迁入，占据着大量农田并修建了多个水利设施，在经济势力上应该说是占有优势的。结合当地的历史民族状况来看，当地在历史上经历了土司、屯军的交叉管辖，后又处于州县交界地带，中央及地方政府对其并未有直接有效的控制，当地丰富的土地资源也为集中在清康熙至乾隆时期迁入的其余家族提供了生计基础。从平寨村各家族的历史与现实境况来看，魁山龙氏都没有在八寨各家族中占据主导。至民国初年，龙窝旧寨的陈华昌组织了一股地方武装势力，威名远播周边区县，他所属的龙窝旧寨陈氏家族也并未在平寨村范畴上形成势力上的主导与控制，且存在时间较短，对于家族在族际或寨际之间的互动中产生的影响较小。平寨村八寨在地理位置上呈等距离分布的格局，两两寨子之间距离并不远，又因平坦的地势，基本可以两两相望。平寨处于八寨的中心位置，也并未在八寨互动中占据主导，只是因为地理分布上的便利，与其余七寨有着更为频繁的互动。从这个层面上来看，族际平衡又上升到寨际之间的讨论，寨际互动也呈现一种发展均衡的状态。在族际平衡条件下，家族之间呈现出明显的差异。丧葬仪式中，虽然各寨有自己的摩师，在一些具体仪程上具有差异，比如大坝砍牛且以割牛耳或割猪耳

来替代，其他寨子则不兴这种葬俗。但从报丧、家祭、外祭到下葬的仪程以及丧葬经文都具有相似性。

由单一家族构成的平寨、大坝、克酬、破塘，族际互动就是寨际互动，族际平衡实际上又体现出寨际互动的平衡。寨际和族际之间的互动虽最为复杂，但平寨村八个寨子之间几乎呈等距离分布的地理格局，加之政府将这八个寨子划为同一村级行政区划，为这个八个寨子形成一个区域的文化共同体提供了地理位置上的便利和制度保障。这八寨之间不管是由于行政原因引起的互动，还是因为地理上的便利而进行的不自觉的互动，都有利于促进平寨村形成一个地域共同体。寨际和族际之间的互动还通过家族向外分支和姻亲关系的缔结而进行，这种形式超越了平寨村的地域范围，比如魁山龙氏分支至贵阳和惠水、平寨班王氏分支至花溪等地，而龙窝陈氏与班氏向外分支建立龙窝新寨才确定了八寨之间的地域共同体的形成。寨际和族际之间的互动扩大了单一家族和村寨影响的范围，同时在这种家族层面和姻亲关系的互动中更易于两者文化间的相互影响与吸收。

平寨村八寨中没有一个优势家族，呈现一种平衡的发展态势，这是一个基本事实。平寨村所处区域地势平坦、水源充足的田坝多，是有条件形成大地主的，然而在该区域历史上，这种情况并不具有普遍性。历史上，八寨都以稻耕为主体生计方式，其生产过程具有周期性、季节性，且受自然气候条件影响大，这种经济形态并不易于形成某一家族或其他群体的绝对优势。当地在清末至民国以来就处于多个州县的交界地带，且多插花地，魁山和破塘分属于镇宁州和贵筑县管辖，从区划上将其划分开来，土地的界限使得其不能跨越县界去占领、耕种。经济上的稻耕主体生计方式、政治上分属多个州县管辖的状态，两种因素交织影响下，使其并未形成一个绝对的优势家族，而是呈现出家族之间平衡发展的态势。

二、个体的地位渐趋凸显

寨老虽然在村寨社会和家族内部的效力渐趋弱化，但其在平寨村各家族发展与互动中对于凝聚村寨和家族有着不可替代的作用。摩师作为布依族文化精英，受到汉族的丧葬等文化的影响，僧人和道士加入传统丧仪中，体现了布依族文化对汉文化的吸收，摩师无疑在布依族文化与汉文化融合中扮演着急先锋的角色。寨老和摩师在同一寨子中是相同的群体，在村寨管理和习俗仪式中逐渐式微，但在整个历史互动中发挥了极为重要的作用。正是由于各寨寨老在凝聚村寨和家族中的不懈努力，寨老与摩师在村寨管理与习俗仪式中的往来与互动，使得八寨之间的联系更加紧密，有助于八寨之间地域和文化共同体的形成。

在传统婚姻缔结过程中，最主要的是两个家族之间的互动，虽然这种互动是通过男女青年两人展开的，但他们在其中的地位并不突出，这也体现出传统姻亲关系的缔结是以家族和家族利益为主要导向的。之后逐渐转变为以男女双方的意愿为主导，传统婚俗中的说媒已成为象征性仪式。以婚姻缔结为代表的事项中所体现出的个体地位，则是从另一个角度凸显出社会发展趋势对平寨村的影响，它不能脱离社会历史发展的大趋势。纵观平寨村历史，并未出现一个对整片区域形成主导的人物，虽然在民国初年出现了以龙窝寨陈华昌为首的武装力量，凝聚并保卫着龙窝寨，但其存在时间较短且仅限于龙窝一寨，并未凝聚当时其余的六个寨子，也并未在平寨村的层面上形成主导作用。由此可知，在平寨村的历史上个体的作用并不占据主导，也没有形成个人影响力足以主导平寨村整体的历史发展走向。在这八寨历史上，并没有因为哪一个寨子更强大、人数更多而占据主导地位，也没有因为家族力量的强大而对周围村寨形成威胁，就连民国初年拥有武装力量的龙窝寨的陈华昌也没有对周边村寨进行强势统辖，说明个体的作用在平寨村的历史互动中并不占据主导。个体寓于村寨和家族之中，是为寨民和族人。在平寨村各家族互动中，个体的地位渐趋凸显，但个体的作用并不在其中占据主导。

个体地位的凸显，与稻耕主体地位下降及收入来源多元化共同作用下的个体经济独立有着不可分割的联系，同时也使得男女分工发生了极大的转变，男女个体都可以在多元化的经济活动中获得收入来源，成为个体家庭的主体。个体在经济上的独立，使得个体更加具有自主性，个体的地位也得到凸显。

三、大量吸收汉苗文化元素

平寨村是布依族、苗族、汉族杂居区，由于居住环境及生计方式的开放性，民族之间的文化交流和相互影响在所难免。摩师是平寨村布依族丧葬中的传统主持人员，一直承担着布依族丧葬及其他祭祀活动，僧人和道士等汉族丧葬主持人员的加入，说明布依族丧葬文化与汉族丧葬文化的融合。而在摩经文本中除了本地和本民族元素外，还包含着大量汉文化元素，最为直观的就是采用汉字记布依语读音的方式记录成文本。贵州布依族摩经文本《引路幡词》中含有大量隋唐五代以来的汉地买地券文的格式和文字信息，其基本内容与唐宋时期内地汉人的买地券类似，由此可以判定布依族的这种丧葬文书即来源于此，但在布依族长期吸收的过程中，加入了大量的自身文化元素，充分验证了清康熙后《贵州通志》所记载的布依族丧葬"习阴阳家言"之俗由来已久，且有突出的自身文化色彩[①]。摩经及葬俗发展到清朝时，已经具有了十分浓厚的汉文化色彩，"习阴阳家言"、使用罗盘堪舆、采用汉字记音方式记录成摩经文本等，都与汉文化的深入影响及布依族对其进行吸收有很大联系。在当地的节日活动中并没有明显的民族界限，苗族"四月八"、布依族"六月六"的说法对他们并不适用。吃糯米饭是他们过"四月八"的共有习俗，而苗族是为纪念他们的祖先，布依族则以祭牛王、娱乐为主要内容；苗族以芦笙演奏与布依族共过"六月六"等，都体现出当地布依族与苗族，以及后来的汉族，形成一种和谐欢庆的节日场景。在黔中一带，广泛流传着"四月八"纪念"苗王"的传说，形式内容多样，总之"苗王"就是苗族乃至当时该区域其他民族的英雄。而布依族以稻耕为主体生计方式，耕牛对于稻耕的重要意义使得他们非常重视对耕牛的保护，甚至以"四月八"牛王节来祭祀牛王，让耕牛获得一天的休息。虽然"四月

---

① 叶成勇.贵州布依族摩经文本《引路幡词》考论[J].宗教学研究，2015（4）：181.

八"对于平寨村布依族与苗族有着不同的意义,但都在同一天以各自的方式表达各自不同的愿望。布依族在节日和丧葬习俗中大量吸收了汉苗文化元素,体现了与汉文化同样具有的开放性与包容性。

四、多种因素作用下的历史互动

元代以前,贵州主要是少数民族聚居。自元代以后,汉移民日益增加。而在明以前"夷多汉少"的局面使得移入的汉族大都"夷化"。自明以后,特别是明初"调北征南"和"调北填南"的政治军事行动,使得"夷多汉少"的情况发生了根本性的转变,逐渐变成"汉多夷少",汉族对少数民族的影响日益明显,许多民族都不同程度地"汉化"[1]。明初"调北征南"和"调北填南"的政治军事行动,使得原本就是多民族交错杂居的黔中地区,在汉族移入后变得更加复杂,同时在政治上打破了原来金氏土司一家独大的局面。在汉族移入以前,黔中地区主要是布依族、苗族、仡佬族先民杂居,且呈现平衡发展、和谐共处的状况。汉移民的进入并未能打破世居民族之间平衡发展、和谐共处的局面,也没有按照中原汉族的发展模式,普遍形成大姓或地主等封建经济势力。黔中一带原本是金氏的势力范围,在明朝屯军进入时,金氏便与明廷达成妥协,默许金氏向南纵深发展,来换取明廷对黔中通道地带的控制。卫所均分布在由湖广、四川经过贵州通往云南的交通要道上,而且建立在少数民族聚居区,旨在保卫驿道、震慑土司、控制少数民族[2]。其最主要的目的还是控制中原通往云南的通道,黔中地区甚至贵州在明廷的国家战略和边地政策中是作为通道而建的,以便控制云南。在当时特殊的政治军事背景下,并不易于形成大姓和大地主势力。卫所以占领据点、以点连线的方式控制通道,并不连片进行区域控制,在这样的情况下,又造成了在卫所统治地区,土司与屯

---

[1] 侯绍庄,史继忠,翁家烈. 贵州古代民族关系史[M]. 贵阳:贵州民族出版社,1991:346.
[2] 侯绍庄,史继忠,翁家烈. 贵州古代民族关系史[M]. 贵阳:贵州民族出版社,1991:236.

军交错控制的复杂状况，以及汉移民、世居民族民族与土司之间复杂的民族关系。这种复杂的民族关系对于黔中地区历史发展的影响是巨大的，例如行政区划隶属关系及县界划分不明确，插花地现象普遍存在，等等。汉族移入后的分布状况，甚至是带有国家使命的屯军对该区域的控制方式，都不利于他们控制成片的土地。明代以前，当地布依族、苗族、仡佬族等世居民族民族之间本身处于相互制衡、平衡发展的态势，在这种平衡状态下，外来力量的进入是极为不易的，甚至世居民族之间为寻求自身发展的平衡，会联合起来抵抗外来力量，直至"汉多夷少"扭转了原有力量上的悬殊状况。然而，汉族移入后也有特殊的发展模式，在与平寨村相距不远的平坝林卡、平阳一带流传着"八庄地头"的说法，即明朝汉族屯军势力在当地买田置地，许多布依族、苗族、仡佬族都成为佃农，形成八大姓地主势力。内部之间虽有竞争，但在面对强大的世居民族力量时，也会联合起来与世居民族博弈。这种模式就是内地汉族大姓模式在黔中地区的成功案例。

  卫所制度瓦解以后，大量的屯军移民失去了赖以生存的经济和政治基础，使得原本较为封闭的屯军社会逐渐解体，更多地与当地世居民族交往与融合。汉移民与世居民族进行大范围的、直接的交往互动应该是在卫所制度瓦解以后，此时黔中地区真正呈现"汉多夷少"的民族分布格局，汉移民对世居民族的影响越来越明显，许多民族都不同程度地"汉化"。布依族"习阴阳家言"，汉族与世居民族之间通婚，都是汉移民与世居民族之间相互影响和互动的直接体现。"然土人不得任用流官，不准考试，遂使有志向上者，沉沦黑海，罔见天日。"①清廷推行的这种民族政策，使得黔中世居民族民族寻求更好发展的道路受阻，不得不寻求新的途径，当地屯军的历史背景和"江西人"之说的广为流传，为他们提供了合法路径。这也正是在黔中地区广泛流传着"自己是'江西人'，但又自称为世居民族"之说的深刻历史内涵。

---

① 贵州通志·宦迹志[M].贵州省文史研究馆点校.贵阳：贵州人民出版社，2004：304.

本篇结语

改革开放以前，平寨村布依族以家族占据主导，以稻耕的主体生计方式为经济基础，同时并存着国家州县行政体系与家规寨约。家规寨约具有更强的效力，同时围绕着家族成员的生老病死展开了一系列诸如节日、婚姻、丧葬等民俗文化。改革开放以后，特别是贵安新区的设立，平寨村布依族历史文化发生了极大的变迁。个体的地位逐渐占据主导；在市场经济与城镇化的影响下，经济来源多元化，使得稻耕的主体地位下降；乡镇级行政力量愈发强势，家规寨约效力明显下降；而节日婚丧等民俗文化都呈现出仪程渐趋简化、受现代经济观念影响较大的趋势，同时传统民俗中又加入了许多其他民族的文化因素，如与苗族共度"四月八"，丧葬中"习阴阳家言"及僧人和道士在丧仪中以主持人员的身份与摩师共同出现的和谐场景。

在平寨村布依族各家族的互动中，寨际和族际之间的互动最为复杂且形式多样，都是以村寨和家族为出发点展开的，都无外乎受到农业社会中交流半径狭小及在此基础上缔结的亲属关系的影响和制约。在家族的互动变迁中，个体的地位越发突出，越来越强调个体在家庭中的位置，这是社会历史发展的趋势，然而在平寨村历史上并未有一个权威性、占据主导的人物凝聚七个或八个寨子，影响各寨的历史发展走向，所以个体的历史作用在这个地方并不占据主导。平寨村进入家族再迁入时段以后，便在村寨内部开始了以家族为中心的不同程度的、长时段的互动变迁，其中突出反映的就是人——家族或个体的人的中心地位的变迁。平寨村其余家族的再迁入，打破了以往各寨单一家族聚居的局面，形成了众族杂居、共建的村寨聚落形式，从而使得以往家族层面的东西更多地转化、上升到了寨民的层面，诸如地戏以及一些对全寨人有着共同约束力的家规族训等都上升到了村寨的层面。不管是以往的家族，还是再迁入以后的各家族，稻作农业都是他们共同的生计来源，共同的生计方式提供了形成村寨共同体的经济基础。中华人民共和国成立后八个寨子划入同一行政区划，逐渐形成平寨村地域共同体，并在此地域共同体的基础上，平寨村布依族逐渐生成一种次生性民族文化：即族际平衡条件下家族差异明显，族内个体地位渐趋凸显，并在互动中大量吸收汉苗文化元素，及在世居民族、土司与屯军等多种因素作用下进行历史互动。族际平衡条件下，平寨村布依族各家族之间存在差异，这种次生性民族文化又易于吸收汉、苗等民族文化元素，特别是市场经济、城镇化等现代因素的介入，个体的地位逐渐凸显，使得这种次生性民族文化呈现出不稳定性。

　　从清乾隆时期平寨村家族的再迁入起，平寨村村寨共同体性质的次生性民族文化便开始生成，清乾隆至民国时期由家族再迁入而带来的变迁与发展加速了它的生成。在这长时段的变迁中，其中心都是人，这里的人可能是家族，可能是寨民，也可能是作为个体的寨民或家族成员，其中突出反映的就是从家族或寨民群体向个人中心地位变迁的轨迹。人是一切活动的中心，生计是这一切活动得以进行的基础，而家规族训及寨规民约围绕着人和生计方式的变迁做出适时的改变并规范着人的生产生活行为，节日、婚姻、丧葬等民俗文化也随着作为中心的人和生计的基础的变迁而变迁。在变迁中，逐渐生成一种在地域共同体上的次生性民族文化。这种平寨村地域上的村寨共同体性质的次生性民族文化发展至今，并不是它的终点，而将随着社会变迁发展的趋势增添新的元素，呈现出不稳定性。

下篇 平寨村历史文化叙录

第七章 村落与家族

平寨村位于贵安新区马场镇的南部,东连新村,南接川心村,西至普贡村,北抵嘉禾村,面积9.2平方千米。辖八个自然村落,即魁山、平寨、大坝、克酬、龙窝旧寨、龙窝新寨、磨盖、破塘(见图7-1)。

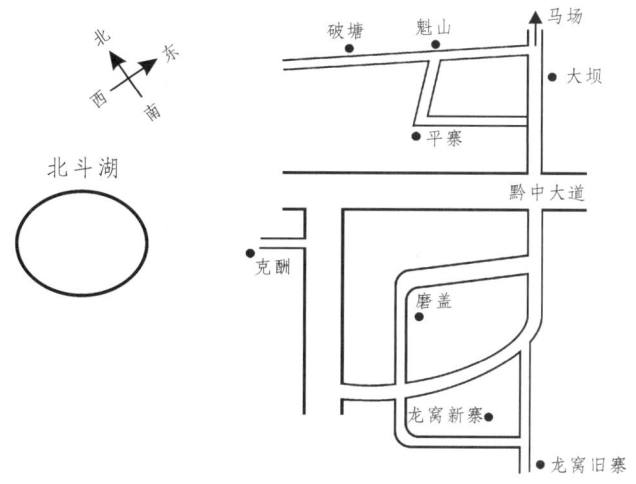

图 7-1 平寨村寨分布图

第一节 魁山龙韦两氏与地戏

魁山建寨于明万历年间,是平寨八个寨子中最早建立的寨子。魁山,布依语叫"ban a shao",原名"魁门",相传四世祖龙国用见一亮光坠入寨前小山,认为是魁星降世,遂带怀孕的妻子跪拜,其子出生后取名"君榜",而后果真金榜题名,官至儒林郎,遂改寨名为"魁山"。全寨共123户,603人,有龙、韦、徐三姓,龙姓占多数,其中龙、韦二姓系布依族,徐姓系汉族。

一、魁山龙氏

1. 源流

魁山龙氏始祖龙大明、龙大荣两兄弟,系江西吉安府庐陵县人。明万历年间,二人受朝廷派遣,带兵征南入黔。因作战有功,受封征南大将,并赏赐平原地千余亩,作练兵之要地,命名"魁门"。

为防当地民众反叛,二人在此留守种地,定居生产,繁衍后代。魁门三面环山,森林茂密,但水源不足。龙氏寨中有一头母猪,经常带着一身稀泥回寨,于是有人在其身上拴一个漏糠袋,并沿着糠迹一路追寻,最终发现离寨三千米处有一条河流,两岸翠竹丛生,河水清澈,鱼虾成群,河边还有一座小山,风景优美,人们遂将寨子搬迁至此,繁衍至今。

相传,四世祖龙国用某夜突见天空中有一束亮光坠入山前,认为有魁星降世,就带着怀孕的妻子到山前叩拜,孩子出世后取名"君榜",意为金榜题名,后果然官至儒林郎。遂改寨名为"魁山"。现今,因寨旁一座小山形似乌龟,又因"魁"与"龟"音近,又有人称其为"龟山",实为误读,还有坤山、昆山的称呼,都为误称。"魁山"才是其传统的寨名。

2. 世系及分支

始祖龙大明,明授指挥使,征南大将,落业于安顺府镇宁州属枝魁山寨;龙大荣,大明之弟,奉命征南入黔,落业于安顺府镇宁州魁山寨。魁山龙氏家族后世人丁兴旺,家族繁衍,分居各地(见表7-1)。

表 7-1 魁山龙氏家族迁居表

世 系	姓 名	迁居地	迁居原因
二世祖	龙在发	贵阳二戈寨	
三世祖	龙应来	花溪麦乃寨	
三世祖	龙应爱	外乡	
四世祖	龙国全	花溪龙泉寨	
四世祖	龙国兴	马岭后坝	
四世祖	龙国荣	外乡	
四世祖	龙国辅	惠水上皇	
四世祖	龙国良	惠水龙海寨	
四世祖	龙国灵	花溪麦乃寨	

续表

世 系	姓 名	迁居地	迁居原因
四世祖	龙国明	外地	
四世祖	龙朝相	花溪区上水寨	随母迁出
四世祖	龙朝贵	花溪区中曹补苗寨	随母迁出
六世祖	龙世昌	分居破塘	
六世祖	龙世治	迁居破塘	
六世祖	龙世德	分居破塘	
九世祖	龙绍刚	清镇县慈菇塘	
九世祖	龙绍周	迁居小白岩	
十二世祖	龙未发	高峰九甲乡九家堡	随母迁居
十二世祖	龙兴家	迁往马场	

据表7-1，魁山龙氏家族人丁兴旺发展，迁居外地，各成支系。二世祖龙在发迁居贵阳二戈寨，三世祖龙应来迁居花溪麦乃，四世祖龙国全迁居花溪龙泉寨，四世祖龙国兴迁居后坝，四世祖龙国辅迁惠水上皇，四世祖龙国良迁居惠水龙海寨。繁衍至四世而大规模外迁，据《魁山龙氏族谱》记载以及访问家族中人得知，四世祖时期迁居外地频繁主因是避乱而迁，同时也与族内争吵和村寨之间的械斗有很大的关系。其他时期的迁居，有的是随母而迁，有的是为生计。

3．字辈

字辈是各姓氏家族中十分重要的内容，字辈谱就是家族中血缘传承的世系次第关系及基本称谓。并以其独有的寓意，表明先辈对后人的悉心期盼。

据《魁山龙氏族谱》载：魁山龙氏有老排行和新排行，新排行为2004年续修谱时新编的。

老字派谱字辈排行如下：

大在应国，君世文腾，绍兴步云，超海显相，

光增华发，秀致承恩，锦舒彩焕，沛泽天庭。

从老字派的字面看，不缺金、木、水、火、土五行。

2004年续修谱新编字派谱辈排行：

时逢昌盛，树振家声，传继宗祖，诗赞伟铭，

福康裕厚，俊杰宏英，科献辉煌，万颂乾坤。

参照新、老字辈排行，通过对家族成员的访谈中了解到，新续字辈不仅保持了与老谱所排字辈在风格上的一致性，而且保持了与老谱所排字辈在寓意上的继承性，表明了先辈对后人的期盼。结合字谱字辈和族人访谈，魁山龙氏繁衍至今已十八代，有近500年历史，大约是在明万历年间入黔。

4．家族人物

魁山龙氏名人见表7-2。

表7-2 魁山龙氏名人表

序号	姓 名	事迹或活动
1	龙君魁	清朝儒林郎
2	龙绍诗	清朝进士，魁山寨上地戏唱书编撰人
3	龙绍宗	清朝进士
4	龙兴治	镇宁州任教，任魁山总甲长
5	龙腾氛	咸丰年间在贵定高校任教，父母碑文出于其手
6	龙腾蛟	1894年，在龙里县任职（职务与今县长同组）
7	龙步踞	任贵阳保安司令部部长，营级官员
8	龙云峰	秀才
9	龙云其	秀才
10	龙云程	教师
11	龙云从	教师
12	龙云祥	民国时期任魁山学校校长
13	龙兴雨	曾到长顺接受宗教的培养班职，魁山宗教创始人，清镇任教，地师
14	龙登景	1947年到台湾工作，处级官员
15	龙兴模	医师
16	龙超祥	空军驻云南省某团机要参谋，转业至昆明铁路局任劳资室主任

《魁山龙氏族谱》中统计，1949年前，受过教育的族人有70人，其中男性61人，女性9人，并且其中不乏进士、秀才。1949年后，受过教育人数增至204人，其中男性114人，女性90人，还有本科生、专科生。家族中历史以来的文化底蕴深厚，诸如龙君榜、龙绍诗、龙绍忠等家族名人，对整个家族的文化教育影响深远。

5．碑刻

（a）魁山始祖龙大明墓

人後啟佑

山明水秀兰桂腾芳萬古興

明故始祖龙公讳大明之墓

时逢昌盛树振家声 传继宗祖诗赞伟铭福康裕厚俊杰宏英科献辉煌万颂乾坤
新字辈排行

大在应国君世文腾绍兴步云超海显相光增华发秀致承恩锦舒彩焕沛泽天庭
老字辈排行

二世祖在吉　三世祖应来　四世祖国全良　第十三世崇祀
　发　苗春　祥荣
　奇衡　用辅
　爱　让明　兴录　一　二　四　五

公元 二零零四年 岁次 甲申 正月十九日 立

本始祖系江西吉安府庐陵县人明朝时期奉命带兵入黔平服南蛮屡建战功被朝廷封为征南大将军赏赐曾住所平原地千余亩作练兵之要地谨防南蛮反叛留守要地建寨魁山子孙发达方居各地道泰安寨宗族兴旺望其曾祖之愿望其后人莫忘祖矣此碑以表尊宗敬祖之愿望其后人莫忘祖矣

吉地佳城後奋錦延千秋富

（b）龙大明墓碑内容

（c）魁山始祖龙大荣墓

芳流代百

明故始祖龍 公讳大榮 母王太君 之墓

公元二零零四年岁次甲申年正月十九　重立

碑文

本始祖系江西籍吉安府庐陵县人明朝时期奉命征南入黔服南蛮作战有功朝廷授予征南大将并赏赐曾住所平原千余亩作练兵之要地谨防南蛮反叛留守要地建寨魁山子孙发达方居各地道泰安寨宗族兴旺重立此碑以表尊宗敬祖之愿望其后人莫忘祖矣

祖在湖世祖应华祖相

二世至世
三明峯世朝国
宇四贵相世泰臣
衡五十十
世至世一至世五 衆族人奉祀

（d）龙大荣墓碑内容

(e)龙明宇墓

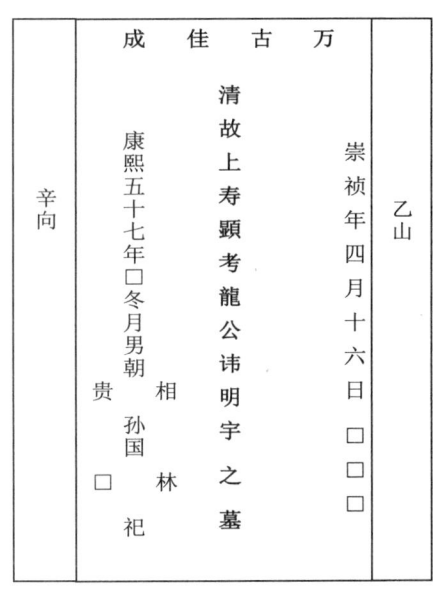

```
                    万 古 佳 成
                崇  清
                祯  故
         乙     年  上
         山     四  寿
                月  显
                十  考
                六  龍
辛              日  公
向               □  讳
  康             □  明
  熙             □  宇
  五             之
  七         相   墓
  年     朝  林
  □     孙
  冬  贵 国
  月  □
  男     祀
```

(f)龙明宇墓碑内容

(g)龙腾蛟墓

```
                      光
              伯      绪
              考      己
              龍      亥
              騰      年
              蛟      季
              墓      春
                      吉
    姪 统          瑶   日
  姪 紹   姪 瑛     □   立
  堂 璽   孫 瑗
      姪 興 瑜
      □ 玟
      琪        崇
               祀
```

(h)龙腾蛟墓碑内容

(i) 龙金榜墓

佑啓後人

皇清待贈儒林郎顯考龍公金榜之墓

辛向

男世全孫文祿富曾孫騰霄蛟輝明禮舉申海全祀

嘉慶十三年歲在戊辰三月初九□旦立

乙山讳

(j) 龙金榜墓碑内容

(k) 龙国用墓

萬古佳城

清故上寿顯考龍國用之墓

孝男龍君榜
龍君賢

康熙拾陸年四月初□□□
雍正九年四月□□□

(l) 龙国用墓碑内容

图 7-2 魁山龙氏碑刻及碑文

二、魁山徐氏

1．源流

据魁山徐家族人口述，其始祖为明朝开朝功臣徐达，入黔始祖为二世祖徐思奉。徐思奉奉命开辟贵州，督工修建省城，遂家于黔。入黔至十一世，各自迁居，卿伯公因救黔有功，祠祀贵阳。纯公支移居镇宁州华楚枝平寨（即沙坝平阳，也称平寨）。卿奕与卿季迁居沙坝，聚族而居，迄今二十余世，至十四世徐体时，迁居平坝，后又迁至嘉禾村大陇头。后因国家战略需要，在嘉禾村大陇头修建弹药库、油库，用以供应磊庄机场，居所被占，其中一支迁居魁山。

2．字辈

魁山徐氏家族排行为：

洪德世登（永），家国以振，朝元克绍，光明正启。

三、魁山韦氏

1．源流

魁山韦氏与普贡韦氏属同宗，祖籍江西吉安府杨柳大湾，明朝"调北填南"时经广西入黔，首先落户到紫云，后迁至普贡。普贡韦氏家道殷实，买土置田，看守家族墓地的人也能分得一块田坝（即水田）。魁山韦氏属普贡韦淳一支，是幺房，八世祖韦时彦留有三子，幺房锺恺生玉颖，遂派韦玉颖到魁山管理所属田坝，后定居魁山，至今繁衍了玉、山、明、继、俊五辈人。

2．字辈

魁山韦氏家族排行有新、旧之分，新排行为1998年续修谱拟定。

老字辈：

普朝廷正国，水锦时钟玉，山明继俊英，培元光祖德，克善振家声。

新字辈：

文武尚贤智，诗书述世珍，承辉枝永茂，宏达贵有恒，敦厚万代兴。

四、魁山地戏

1. 历史源流

魁山地戏诞生于乾隆年间，距今已有200多年，创始人龙金榜、龙金魁。道光年间，龙绍诗等老学究将古典小说《北宋演义》《杨家将》改编为地戏七字唱书，分上下两卷。1974年8月，村寨遭受火灾，大部分的面具及乐器均被焚毁。又因为特殊的历史原因，残余的唱书、脸子、戏服又被没收，在普贡公社烧毁了，至今难以恢复。1982年，当地又重新雕刻面具，恢复了地戏。1984年，又因存放唱书、脸子的人家遭火灾而再一次被毁掉，之后再难组织。2013年，借着贵安新区开发建设的东风，由龙超进、韦明炳等人发起，政府和地戏队共同出资重新组织起了地戏队伍，跳了新世纪的第一场地戏。

2. 道具和唱本

魁山地戏道具主要有脸子（见图7-3）、戏服、武器、扇子和帕子组成。脸子：即跳戏时演员所戴面具，手工雕刻而成，表现唱书故事中所载人物。戏服：包括对襟上衣、裙子和背板、背旗（五面），鞋子并没有特定的要求。武器：木质，唱书中记载的人物所用的武器。扇子和帕子：即日常生活中用的扇子和毛巾，在非打戏的环节使用。

唱本分为唱书（见图7-4）和地戏谱。唱书：记录地戏唱词的书籍，现在流传下的为《北宋演义杨家将》上下两卷，为后世的抄录本。地戏谱：即跳地戏时常用的贺词。

图 7-3　地戏脸子

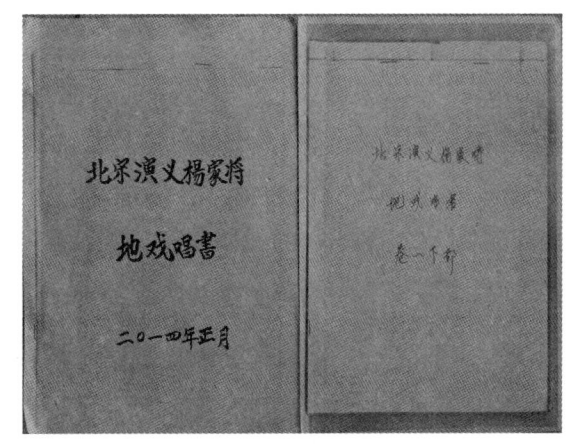
图 7-4　地戏唱书

3．唱本内容及特色

（1）唱本内容。

魁山地戏唱本《北宋演义杨家将》现本是 2014 年村民根据记忆写作出来的，从宋太宗欲到五台山还愿开始，讲述杨家众将护卫太宗到五台山还愿，后与潘仁美结下杀子之仇。潘仁美怀恨在心，设计欲谋害杨家父子，因此出现杨家众将幽州救主一役。在此役中，杨家三子战死，杨四郎为北番所俘；太宗安全回朝后，杨五郎替主到五台山出家，杨家七郎仅余下杨六郎和杨七郎。而潘仁美仍不满意，在进攻北番的过程中，他多番设计欲除杨家将，导致杨令公被困于陈家谷。六郎、七郎救父心切，杀入谷中，因此被困。后七郎先突出重围，求救于潘仁美，却不料正中潘仁美的下怀，潘仁美借机在宴会上使用毒酒迷昏杨七郎，将其捆缚在柱上，并乱箭射死。后六郎再出重围求救。唱书内容至此结束。可能因为年久遗失的缘故，魁山地戏唱书并未完整记述杨家将的故事。

魁山地戏唱书为七字唱书，七字一句，注重格律，句子前后对仗，语句工整；在重点情节上辅以十字语段，突出人物的情感状态。全文贯穿仙神观念，如杨六郎为"天空降下白虎星"、杨七郎是"天空降下黑杀星"等。同时在唱本中存在使用"地方字"和"以音代字"的情况，突出反映了地方文学特色。

(2)地戏唱本。

魁山地戏唱本(见图7-5)除《杨家将》外,主要记载的是庆贺类的内容,由贺桥梁、贺五显、贺祠堂、贺石虎、贺水碾、贺财神、贺古树、贺围子和甲耳等部分组成,也是七字一句,主要的功能是用于祭祀和祝贺。

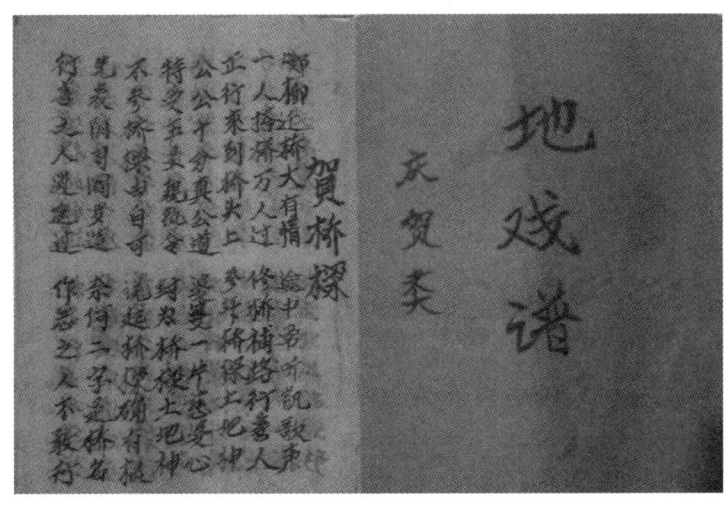

图 7-5 地戏谱

贺桥梁

掷柳迁桥大有情　　途中常听讯歌声　　一人搭桥万人过　　修桥补路行善人

正行来到桥头上　　参拜桥梁土地神　　公公十分真公道　　婆婆一片慈婆心

特受玉皇亲执令　　封为桥梁土地神　　不参桥梁自由可　　说起桥梁确有根

先表阴司阎罗造　　奈何二字是桥名　　行善之人逍遥过　　作恶之人不敢行

若尘渡得此桥过　　就是轮回再超生　　汉表天河桥一座　　喜鹊填成渡双星

年年七夕牛交会　　家家台上又穿针　　又表列国桥两座　　从杜
与梁孟子云
　　恐怕恐有人难过　　造此桥梁齐万民　　又有雪阳长坂事　　先祖
仁慈劈万民
　　子龙单骑去求主　　张飞哈断桥八轮　　至宋又有康王事　　北海
现出碛洞形
　　本是一朝真命主　　天公不绝半路人　　自古桥梁表不尽　　又将
此桥鸣一明
　　贵府多有修善事　　不望金来不望银　　但愿幽人心坦坦　　维愿
王道路长行
　　自愿出金元数万　　修此桥梁便往行　　士农工商沾其德　　军民
人等欲其恩
　　凡事往来桥上过　　谁人不念行善人　　大道堂堂通天下　　有功
有德又有名
　　两个小童表不尽　　提起锣鼓往前行

贺五显

　　地戏乐趣在新春　　正月十五贺神灵　　不贺神灵自由可　　贺起
神灵有根生
　　神灵原自西蜀昭　　城都省内显威灵　　五显华光封大帝　　当年
显化四川城
　　无事来说而不应　　有事万听而万灵　　曾马后主之耳目　　凡事
依仗大帝身
　　忠言逆耳全不听　　维信大帝来下神　　因此多立川祖庙　　各州
府县塑金身
　　求财求子无不愿　　问生问难无不明　　贵府多庙来供养　　保佑
人物多安宁
　　田源五谷多茂盛　　仓库丰盈享太平

贺祠堂

戏子心愰来得忙	来到贵府贺祠堂	不贺祠堂自由可	贺起
祠堂根生长			
祠堂乃是宗庙礼	祭祀不外用礼房	天子方伯来祭祀	宗庙
家庙显其光			
大夫以下来祭祀	各造祠寺家佛堂	春祭秋常士庶祭	冬祭
蒸常是皇王			
一室宗祖齐在内	昭祖鼻祖居中堂	高曾祖考皆君下	左昭
右穆列西傍			
四时入祠而祭祀	玖斋敬斋理宜将	骏遴有戬皆可进	主祭
助祭莫列纲			
松桷有社是断度	路寝程孔硕之祥	松桷有延是断迁	寝程
有孔安之尤			
凡事入祠而用事	沐沧斋戒莫慌怆	入喜神欢当孔固	几孙
世代用流芳			
一年四季无有涸	不舍昼夜流干泉	贵人饮之增福禄	老舍
饮之盎寿延			
合村之人共饮伊	平安清吉子孙贤	灌养良田千百亩	仓库
丰盈万万千			

贺石虎

今日来到贵府门	来到贵府贺虎神	不贺虎神自由可	贺起
虎神有报生			
龙为蛇长自古道	虎乃兽王自古闻	其视自身其欲逐	其尾
莫复圣人云			
方雅召吧牛之气	临敌余蒙马之成	时而笑也风则生	时而
怒也趋而迎			

抓之假也可亦威	政之猛也可亦形	虎踞龙盘可鲸吞	虎逼
狎击过谁承			
世人不皆为贫困	谁敢与虎来争能	虎王原系岩石座	为何
坐在贵府门			
因为对面召恶兽	时时侵害贵府村	故尔修成此石虎	敌住
对面恶岁神			
护佑众寨多清吉	护佑人口永康宁		

贺水碾

地戏原来莫认真	本非光大显门庭	不过时遇新春景	大家
玩耍过新春			
今日行来过贵碾	理宜参贺水府神	水府三官把住水	决东
决西继可行			
古来自米用人舂	如今只用水碾成	不是人心多奸巧	如何
造出此碾㴲			
一时碾得一槽米	人力如何舂得成	大槽碾得一石二	小槽
碾得八十斤			
贵府备成此水碾	积得金来积得银	碾得白米千百石	卡米
卡得百石零			
用天之道分地利	借水冲车收白银	日后积得千万两	买庄
治地以儿孙			
两个小童贺不尽	多谢烟茶赶路程		

贺财神

地戏大闹在新春	逢场吉日贺财神	不贺财神由自可	贺起
财神要表明			
财神原是赵元帅	黑虎玄坛赵公明	兄妹四人生殷士	正遇
神仙犯界神			

兄妹道术皆通晓　　神通广大宝和珍　　或用混元二金斗　　或用
金蛟玉剪贞
　　无人斗得兄妹过　　因他宝器变化精　　无奈犯了神仙界　　封神
榜上列召名
　　之教养定封神榜　　封公做个财帛星　　因此天下处处敬　　各州
府县观其形
　　凡是乡场亦奉养　　固此贵场修庙门　　供养财神一座庙　　保佑
众场财万兴

贺古树

　　上舌前朝且不表　　单表三代立社文　　夏后氏家以松树　　殷人
以柏古来闻
　　周人以粟来立社　　三王立社到如今　　自此王朝以候国　　大夫
官府以公卿
　　上院立来保社稷　　中院立来保功名　　下院立来保人畜　　各树
其木保安宁
　　贵府先人知此意　　立此古树在寨门　　上生几枝朝北斗　　下发
几枝保寨邻
　　头上乌鸦不敢站　　脚下蛇虫不敢缠　　盘古独立千岁老　　真是
大树将军神

贺围子和甲耳

　　演戏新景在新春　　今日来到贵府门　　一对围子甲耳当面立　　理宜
参贺表功勋
　　三代以前望道德　　楚项以后望功名　　唐朝有个宗太祖　　开科
取士送才能
　　为国求民安天下　　满朝文武继承承　　功名就是由此定　　科甲
亦是自此生

科甲联登立围子	唐朝制下到如今	贵府先生才学好	预先入泮跳龙门
后遇秋围去应试	进入围场超了群	工场文字房宫荐	祖考取了神头名
龙虎榜上表名字	鹿鸣宴上享皇恩	领了金银十八两	赐立围子显声名
又赐荣魁祀祖先	掺花结彩天下闻	惊动神仙忙下界	张良鲁班下凡尘
上仙果然神通大	甲耳围杆其造成	良辰吉日来立起	头对门就是在寨门
真是荣宗并跃祖	果然显亲又扬名	自从今日贺过后	斗上加斗点翰林
出身就是做知府	禄位高升管万民	一品当朝为宰相	辅佐君王佐龙廷

4．表演形式

依传统，过完正月初一，就要选个好日子开脸子，一般是在初二或初三，正月十五后也要选个好日子封脸子，即将脸子放入箱内，并贴上封条。封了脸子后就不能打开，要等到下一年正月间即初一过后重新选个好日子再开脸子。现在为适应当地旅游开发的需要，到正月十五只是将脸子收起来存放，并不封脸子，也就无所谓开脸子了，需要表演时才能随时拿出来表演（见图7-6）。

春节期间，寨子中许多人家都要开彩门，赢个好彩头，请地戏队去跳地戏。新房未开过大门的，需要先由鲁班师傅去开了大门，才能由地戏队去开彩门跳戏。开彩门时，走在路上，随着乐器节奏，左手扬扇，右手甩帕子。跳的过程中，唱一段吉词恭贺主人家，边唱边跳。唱段也很多，每家唱的都不一样，主要依据主家的家庭情况而定，其中一段为"主家房子起的高，起在龙头坐龙腰，起在龙头生贵子，坐在龙腰出贵人，大哥云南做知府，二哥北京做总兵，只有三哥年纪小，留在家中读书文，读得诗书知礼义,一家大小好功名"。每家跳完后要放一串炮仗,给地戏队一个红包。红包最低为36元,往上就随主家自己的心意。寨中住户全部走完后,地戏队就将所得的红包用来一起聚餐。

图7-6　正在进行中的地戏表演

第二节　平寨与班王氏

平寨建寨于清康熙年间,是平寨社区两委所在地,地处八个寨子的中心,北距马场镇政府3千米。平寨,布依语称"ban ping",其地形曰荷叶地,从克酬看平寨,与魁山恰似一寨;从磨盖看,与破塘又似一寨;从马桥看,和大坝如似一寨。

1．源流

平寨全寨姓王,系布依族,来源于不同支系,一是葬于田坝间的班经纶支(图7-7),现寨中王氏80%都属其后代;二是葬于土地庙的班啓先支,寨中属此支系的王氏占20%。

据光绪元年(1875)由本家族中的秀才主持修撰《班王氏家谱》(见图7-8)记载:平寨班王氏系江西省吉安府泰和县杨柳湾班家巷(见图7-9)。洪武十四年(1381),太祖命颍川侯傅友德、永昌侯蓝玉、西平侯沐英,率师征云南。季子伦公从征焉,来黔之始祖也(见图7-10)。寨中班王氏族人王辉忠口述:平寨班王氏是东汉名家班固的后代,世居扶风,迁洛阳,后徙居江西省吉安府泰和县杨柳塘班家巷。明初,滇黔出现反叛,朱元璋下令出兵平乱,平寨班王氏先祖跟随大军到云南,后入黔开垦良田,定居贵州,繁衍子孙。后代迁居各地,其中一支落户烂泥沟(今金竹镇),班经纶则是从烂泥沟迁居平寨。较晚迁入平寨的班启先支系,由于家谱和族人记忆中均无始祖名讳的明确记载,由族人商议决定取名班启先,"班启先"并不是其本名,"启先"即开始之意。虽属于不同支系,但因班启先支系无宗单记录先辈情况而只好随用班经纶支系家谱(见图7-11)。

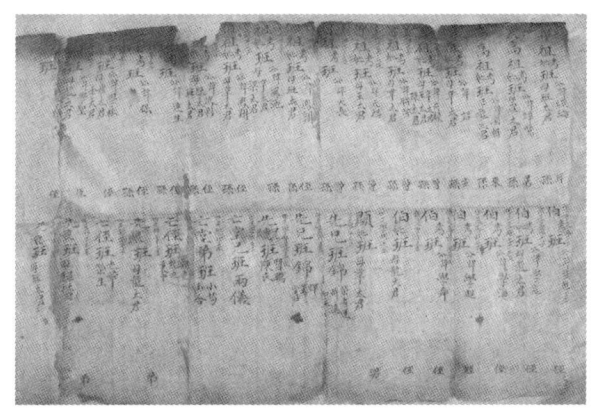

图7-7 班经纶支系

 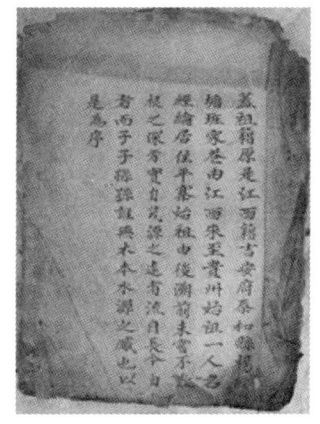

图7-8 班王氏家谱其一　　　图7-9 班王氏家谱其一

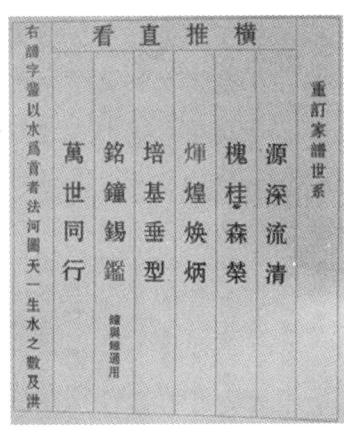

图 7-10　班王氏家谱其三　　图 7-11　班王氏家谱字辈

据《班王氏家谱》，班王氏迁居平寨繁衍了十五世，今寨中最小字辈为"桂"。从家谱字辈和繁衍代数推测，班王氏入平寨三百多年，入寨时间可能在清康熙年间。

2．字辈

班王氏的排行有新、旧之分，老排行是经纶公落户平寨时就使用的，新排行则是七世祖王学伊于清光绪元年（1875）拟定。

老字辈：

经谭国言天，凤学锦文全，
龙腾魁相殿，联步克超贤。

光绪元年新编字辈：

万　铭　培　辉　槐　源
世　钟　基　煌　桂　深
同　锡　垂　焕　森　流
行　鉴　型　炳　荣　清

光绪元年新编字辈以五行相生原理推衍，每一列都与五行相同或全水，或全火，排行按横，记时按竖，竖读横用，从右至左。如"源"字辈后应是"槐"，至"铭"后应是"深"如此循环，待字辈全部用完后商议重拟。"万世同行"四字不作为排行使用,它是先辈希冀后代子孙万世同行。两次修谱的字辈是通用,老字辈今已弃用而改用新字辈,新编字辈的"源"对应老字辈的"文","槐"对应"全"。

3．取名

班王氏运用阴阳五行排列字辈,同时也将五行融入新生儿的取名中。给新生儿取名有一定讲究,认为取名关乎婴儿的一生,因此格外注重。取名时需将天格、地格、人格三者融合,从婴儿出生的时辰即生辰八字推算出命中缺五行中的什么,而在其名字中补充,若推算出缺多种也只能补其一。命中缺什么,可在取名中得到补充,但有年龄限制,只能在12岁之前,认为在12岁时已经注定再改无用。字辈与名之间不存在相克迹象,如"辉"字辈若缺水则只需取一带有"水"的字即可,无须顾忌相克。班王氏的女性也按照字辈取名,有小名,无字号。

4．碑刻

（a）班经纶墓

大清光绪十五年姑洗月吉日 重立

瓜瓞弥蒂

源深流清 槐桂枝荣
排 辉煌焕炳 培基垂型
铭鍾锡鑑 万世同行
行

明故始祖班公讳经纶 窀穸
母王太君

林五
七世孙学 彪未深 崇祀
贤超彬
法尧

（b）班经纶墓碑内容

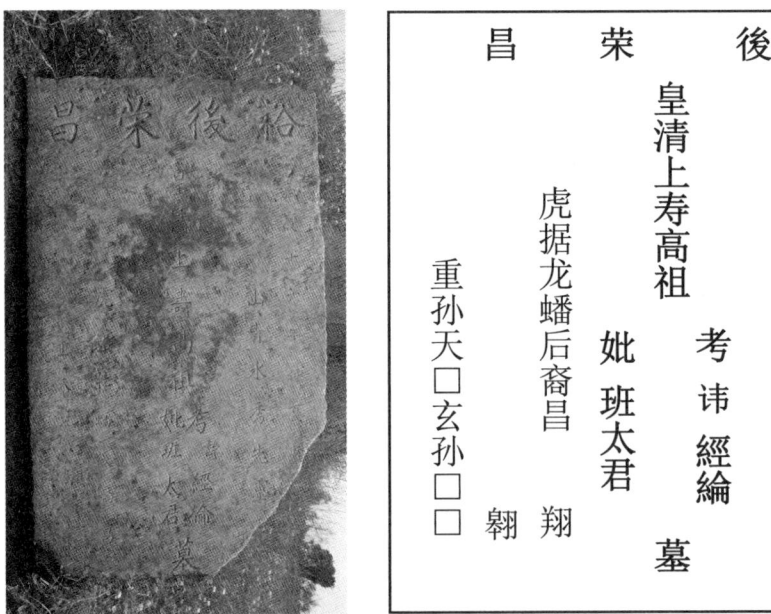

裕後荣昌

嘉庆十六年仲夏月
上青水秀先靈

皇清上寿高祖 考讳經綸
妣班太君 墓
虎据龙蟠后裔昌翔
重孙天□玄孙□翱

（c）班经纶老墓及墓碑内容

（d）班启先墓

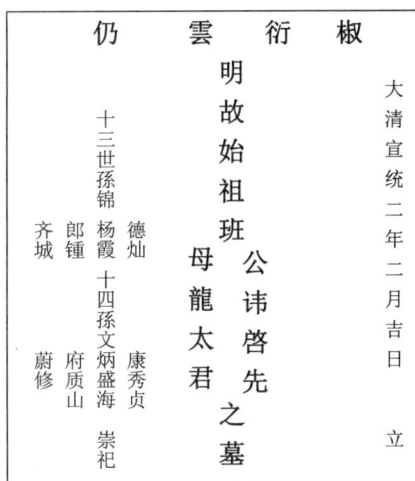

（e）班启先墓碑内容

椒衍云仍
明故始祖班公讳启先之墓
母龙太君
十三世孙锦郎钟 齐城
杨霞 府质山
十四孙文炳盛海 崇祀
德灿 康秀贞 蔚修
大清宣统二年二月吉日 立

（f）班凤翔墓

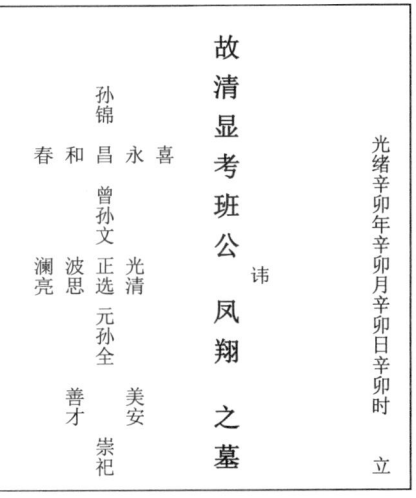

（g）班凤翔墓碑内容

故清显考班公讳凤翔之墓
孙锦昌 曾孙文正选 元孙全波思 澜亮
喜 永和 春 光清 美安 善才 崇祀
光绪辛卯年辛卯月辛卯日辛卯时 立

（h）班锦熺墓

毓秀钟灵

班公讳锦熺墓

席帽仓库狮莲凤

锦房玉带鱼印龟

男文光 美彝修
孙全哀 崇祀
善图玉

光绪丁未年丁未月乙卯日丁卯时

生于道光□乙年一月初旦辰时
卒于光绪丁未年二月廿九日□时

乙山葬课 丁未甲辰
卒向 丁酉丁未

（i）班锦熺墓碑内容

（j）班母韦氏墓

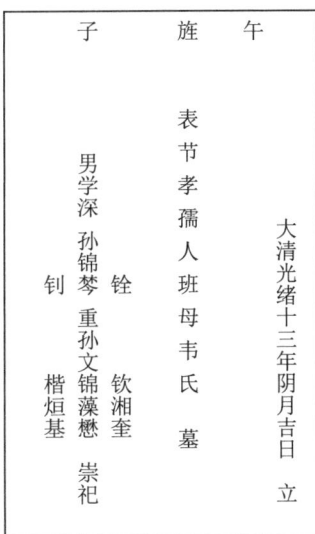

（k）班母韦氏墓碑内容

大清光绪十三年阴月吉日 立

午旌

子表节孝孺人班母韦氏墓

　　铨　钦湘奎　崇祀
男学深　孙锦琴　重孙文锦藻懋
钊　　　　　　　　楷烜基

（l）班学彬墓

民国五年岁次丙辰七月吉日 立

乾

巽

皇清例赠儒林郎显考班公 讳 学彬之墓

男焜 孙 重孙
锦鋼 十一人 三十人祀
濡

（m）班学彬墓碑内容

图 7-12　平寨班王氏碑刻及碑文

第三节　大坝王氏与地戏

大坝位于平寨社区东面，其东面和北面分别与川心堡和新村相连，面积约 1.8 平方千米。因其地势平坦，田坝宽广，土壤肥沃，故名曰"大坝"，布依语叫"ban da luo"，意为"广阔的田野"。全寨绝大部分姓王，另有几户陈姓和罗姓，均系布依族。

一、大坝王氏

1. 源流

王氏系江西吉安府洙泗巷杨柳街人，因年代久远，始祖姓名无从考证。据《王氏宗单》载：二世祖为安发公，有二子：怀宙、怀宇。

王氏自洪武年间迁居贵州，具体年份不详。因何入黔，有两种说法。一说，过去当地民族为仡佬族，因反朝廷而被杀，为填补此地的空乏，只得将江西人迁移至此地，俗称"填潮"。另一种说法是，由于当地匪患猖獗，大多民众被杀，人烟稀少，朝廷只好从江西调人填补此地。对于这两种说法暂无史料证明其可信度，但在王氏家族记忆中，当地的人口空白却是肯定的。

据《王氏宗单》载：王氏从"安"字辈上一辈入黔，今最小字辈为"显"字辈，入黔繁衍十六代人，约有 400 年的历史，其入黔时间可追至明朝末年。而在田野调查时，发现了三世祖王怀宙的墓葬，并有墓碑为记，所以迁居大坝至迟可以推至怀字辈，已繁衍十四代人，约有 300 年历史，可追至清康熙年间。

入黔后，王氏经历了从贵阳三棵树——花溪磊庄——川心寨的迁居历程。迁居川心寨后，又与当时的大坝寨人易寨而居。落户大坝时，大概有二十多户。至"文"字辈开始分支，"文"辈祖生四子，此时平寨班姓一户迁入大坝。民国年间，当地土匪猖獗，大坝常遭土匪劫掠，部分族人向外迁居。

在王卓相主修的《王氏宗谱》中记载：王氏本姓马，后改班，再改王。针对改姓这一现象,王氏族人认为马姓不好,则改姓班,又因"天无二王、地无二将"而由班姓改王姓。平寨迁入大坝的班姓改王姓,除"天无二王,地无二将"这一原因外,还有另一种说法是班氏入大坝时,当地以王姓为主,为了向王姓族人靠拢而改姓王。从家谱的记载看,大坝王氏也与非本支系的王姓通婚。

2. 字辈

根据《大坝王氏宗谱》载:其字辈为:

> 安怀朝仕,文尚修德,
> 廷绍作佳,名臣显烈,
> 支衍宗繁,功昭纪则,
> 万世流型,一统纲克。

因入黔始祖姓名不详,故未使用该排行辈分。七世祖"尚"字辈,在碑记上写作"上"字;八世祖"修"字辈,祖上认为"修"字不妥,故该字辈碑记上没有体现。王氏家族取名字时,排行放在中间。

3. 碑刻

 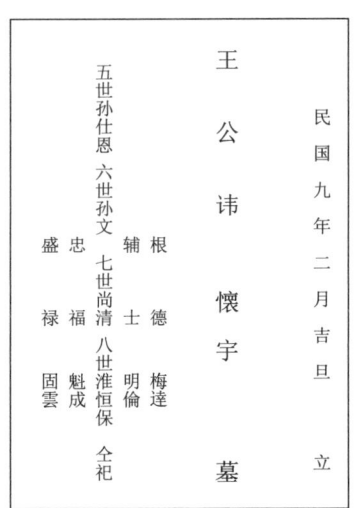

(a) 王怀宇墓　　　　　　　　(b) 王怀宇墓碑内容

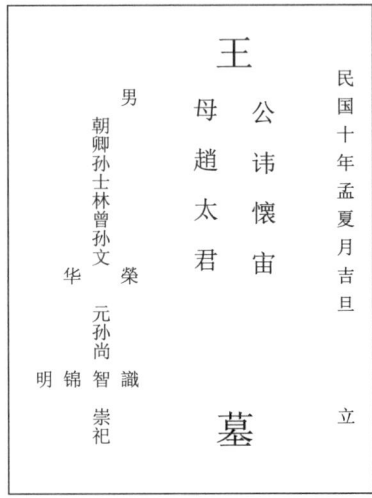

（c）王怀宙及赵太君墓　　　　（d）王怀宙及赵太君墓碑内容

（e）大坝王氏字辈碑　　　　　（f）字辈碑文

图 7-13　大坝王氏碑刻及碑文

二、大坝地戏

1. 历史源流

大坝地戏大约诞生于大坝王氏怀字辈，时间约在康熙年间，至今约有 300 年。创始人因年代久远，记载不详。

大坝地戏主要有脸谱和戏服。脸谱原是由戏班轮流保管,地戏班成员一家保管一年,后在保管的过程中损失部分,就收回统一放置在寨中组长家,而戏服则是由戏班组成人员自己存放。地戏戏服是由寨老将违反寨规的村民所交物资换钱以后购买。脸谱原有48面,后被火焚毁部分。1983年,全寨集资请安顺雕刻师父根据地戏队的描述重新雕刻了脸谱。1990年后,跳地戏中断,脸谱一直存放于寨中王卓平家。2013年,脸谱被盗,2014年由警方追回部分,仅余下30多面脸子,鼓、锣、镲等破损,又因杨六郎等主要的角色脸子丢失,无法完整地完成一场地戏。此后,大坝地戏中断至今。

2．唱本内容及特色

(1) 唱本内容。

地戏班所演的曲目及唱本都是老祖宗流传下来的,主要为《杨家将》(见图7-14),现今看到的唱书是由寨中老人从老本誊抄而来,有《开场》《初下河东》《二下河东》《三下河东》《十二寡妇征西》《下地烈》(见图7-15),此外还有各类参贺唱本。

图7-14　大坝地戏曲唱书1

图 7-15　大坝地戏唱书 2

  大坝的《杨家将》主要是杨六郎挂帅征河东的故事。讲述北宋真宗时，左阁丞相上奏真宗说："河东地区已经三年未进宝、九年未进贡，希望皇上下旨催其前来进贡。"真宗听完后便拟旨，由朝臣张但送往河东。张但将圣旨送至河东后，河东刘王十分着急，只因河东为边陲之地，无法完成进贡任务，其手下臣子张彤进言不上贡，被说道："东京赵王是皇帝，我主也是皇帝，难道皇帝害怕皇帝不成，长他王志气，灭我王威风，有甚宝物去进贡他。"张但在外等得着急，不见刘王来迎接，便入朝堂中责问刘王，张彤怒极，便出手杀死张但，由此结下不解之怨。张彤又写下反表两封，一封骂杨六郎畜生，另一封骂真宗是昏君，并派家将张千、张万送与杨六郎。

  杨六郎看后觉得为难，正思考之时，手下二将焦赞、孟良正好打猎回营，反表被二将看到后其火冒三丈，将张千张万鼻子、耳朵割下，戳瞎其双眼，并砍下其双手送回河东。在焦、孟二将的劝说下，杨六郎将反表交予真宗。真宗看后便下令兵征河东，焦、孟二将当即自荐负圣命出征，随即真宗询问杨六郎出征所需人马和粮草，当即下旨命杨六郎带兵出征河东。后来，杨六郎所领军队经过一番苦战，与河东军队进行一系列的斗智斗勇，最终平定河东。

（2）唱本内容。

大坝唱本内容丰富，主要以参贺类内容为主：

开　场

锣鸣鼓响敬天地	一对小童来开场	金锣漫打四十棒	擂鼓一阵扫开场
扫开场来扫开场	扫开场来等吾王	上扫天上无烟雾	下扫地下无灰尘
三扫前面好走马	四扫前面好行兵	五方扫场兵马进	天将下凡盘古兵
月光出来星宿虚	莫笑同年穿破衣	也有同年穿缎段	也有同年穿破衣
也有同年人扶事	也有同年事扶人	也有同年骑上马	也有同年马下行
也有同年识万字	也有同年并不通	月亮出来照九州	几人欢喜几人愁
几人有饭无人吃	几人有米喝清汤	十个指头有长短	山林树木有高低
一对小军齐来到	请来众将作善人	修阴作福来生寿	请动神分下凡尘
男人舍财德官做	女人舍财做夫人	老人施舍添福寿	少年施舍子孙兴
读书之人并施舍	连升三级一品臣	千般万业表不尽	锣鼓催动往前行

参　庙

先参天地与日月	上参玉皇大帝君	中参皇王万岁主	下参地府十阎君

财神菩萨常感应	八大金刚把住门	手执金鞭常进宝	足登
黑虎广招财			
读书之人敬奉你	连升三级一品臣	贸易之人敬奉你	一本
万利转回程			
农工之人敬奉你	五谷丰登满门庭	众姓之人敬奉你	是非
口舌入地门			
自从元帅参过后	保佑众姓得安宁	千般万业表不尽	锣鼓
催动往前行			

参土地

贱乡来到贵乡村	来到贵乡参土神	土地公公土地婆	土地
听我表言音			
土地公公车家子	土地婆婆李家人	初生一年来订礼	初生
二年结成亲			
成亲三年六个月	正月十五福寿生	一母生下七哥弟	都是
铜头铁面人			
大哥取名和三弟	二哥取名福三神	三哥取名福三广	四哥
取名花上林			
五哥取名福禄寿	六哥取名叫婆珍	只有七弟年纪小	随娘
叫作叫苗珍			
只有大哥神通大	奉委天门土地神	叫的风来风就到	叫的
雨来雨就临			
领了玉皇亲勒令	天门土地到如今	只有二哥神通大	奉委
地狱土地神			
手拿阎王生死簿	善恶之人我知闻	领了玉皇亲勒令	地狱
土地到如今			
只有三哥神通大	奉委桥梁土地神	凡间世上无儿女	来我
面前施金银			

男人施财生贵子　　女人舍财生贵人　　龙王涌水桥边过　　不敢
惊动半毫分
　　领了玉皇亲勒令　　桥梁土地到如今　　只有四哥神通大　　奉委
秧苗土地神
　　上等之人敬奉你　　雄鸡一支酒一瓶　　中等之人敬奉你　　红烛
一双酒一瓶
　　下等之人敬奉你　　五谷丰登满门庭　　领了玉皇亲勒令　　秧苗
土地到如今
　　只有五哥神通大　　奉委寨门土地神　　寨中之人敬奉你　　一年
四季保安宁
　　众姓百姓敬奉你　　是非口舌入地门　　领了玉皇亲勒令　　寨门
土地到如今
　　只有六哥神通大　　奉委家堂土地神　　一日烧香两三炷　　一家
大小得安宁
　　领了玉皇亲勒令　　家堂土地到如今　　还有七弟神通大　　奉委
山门土地神
　　山中高卧数千载　　看牛男女立庙门　　看牛男女来祭奠　　拾落
牛羊遍山寻
　　一找不到问我要　　二找不到找招程　　领了玉皇亲勒令　　山门
土地到如今
　　自从元帅参过后　　保佑全民得安宁

参土地五首

　　土地神来土地神　　说起土地有言因　　玉皇见你神通大　　神通
广大显神灵
　　玉皇便把名来取　　取名叫作那长生　　领了玉皇亲勒令　　镇守
家门土地神
　　家堂老人敬奉你　　保他延年活千春　　读书之人敬奉你　　青云
得中入朝廷

农工之人敬奉你	五谷丰登满门庭	生意之人敬奉你	一本万利进家庭
合家财帛敬奉你	一年四季福满门	自从今天参过后	富贵荣华万万春

又 曰

贱乡来到贵乡村	来到贵乡土地神	不说土地自由可	说起土地有根生
土地原来车家子	随娘带到马家门	一母生下七哥弟	都是铜头铁面人
大哥取名福寿宝	二哥取名福寿生	三哥取名叫有义	四哥取名叫有仁
只有五哥年纪小	取名长寿守寨门	六哥取名叫长生	七弟取名叫长德
万古流传到如今	自从元帅参过后	护佑众寨一村清	

又 曰

贱乡来到贵乡村	来到贵乡参王神	土地公公车家子	土地婆婆李家人
庚戌一年来定礼	庚戌二年结成亲	成亲三年六个月	正月十五福降生
一母所生七哥弟	都是铜头铁面人	兄弟七人安了位	玉皇勅旨保凡民
一来要保人安乐	二来要保寨安宁	三来要保田禾茂	四来要保五谷登
五保寨内攻书子	六保虫入得安宁	七保瘟瘴不乱动	八保火灾不乱侵

九保六畜多兴旺　　十保众寨得安宁　　自从今日参过后　　人丁
发财在寨庭

又 曰

借动锣来借动鼓　　借动锣鼓有言因　　根生原是张三李　　账上
李四是娘生

不参土地自由可　　说起土地有根生　　土地公公车家子　　土地
婆婆李家人

一母所生七哥弟　　都是铜头铁门人　　大哥取名叫元保　　二哥
取名叫元生

三哥取名叫有义　　四哥取名叫有仁　　五哥取名叫长寿　　六哥
取名叫长生

七弟取名叫长德　　万古流传到如今　　弟兄六人且不表　　单表
长寿显威灵

只有五哥神通大　　奉委寨门土地神　　领了玉皇亲勒令　　寨门
土地到如今

行兵行将来到此　　参拜乡土地神贵　　千般万业表不尽　　锣鼓
催动往前行

转回乡参土地

本乡回到本乡村　　参拜土地说原因　　元帅领兵出村去　　征剿
河东转回程

绿水青山元宵节　　不觉来到自家门　　来到寨门拜土地　　保佑
众寨得安宁

参大佛庙

贱乡来到贵乡村　　来到贵乡参佛神　　说起佛神跟由事　　百世
修成太子身

云山修仙成正果　　丈六金身作逍遥　　三尊大佛当堂坐　　十八罗汉两边分

　　十二元帅都朝贺　　窝罗家将左右排　　行兵行将来到此　　参拜贵地正佛神

　　今日元帅参拜后　　护佑众僧大吉祥　　千言万语表不尽　　锣鼓催动往前行

参五显庙

　　贱乡来到贵乡村　　参拜五显锁佛神　　正神忠心如坚铁　　南游显应镇八方

　　后来身在天神国　　今传园内立朝堂　　领了玉帝亲勅令　　镇住寨中保良民

　　老来之人敬奉你　　寿如彭祖八百春　　攻书之人敬奉你　　连升三级一品臣

　　农工之人敬奉你　　五谷丰登满门庭　　贸易之人敬奉你　　一本万利进家门

　　寨中之人敬奉你　　是非口舌入地门　　行兵行将来到此　　参拜五显五帝君

　　今日元帅参拜后　　护佑贵府得安宁

参观音庙

　　贱乡来到贵乡村　　来到贵乡大士门　　说起观音根由事　　庙庄玉女作善人

　　一母所生三姊妹　　赛过昭君玉女人　　大姐修身招驸马　　二姐修身做皇恩

　　只有三姐多行善　　白雀寺内去修行　　后来身在南海上　　万道金光坐莲台

　　会尧远达三十二　　仙手掌住日月星　　佛法广大无敌量　　慈善救苦度众生

行兵行将来到此　　参拜观音大士身　　自从元帅参过后　　保佑
合众得安宁

参关圣庙

　　贱乡来到贵乡村　　来到关圣大天尊　　天尊原来在满洲　　救苦
扶危立大功
　　一片忠心如铁石　　单刀千里去寻君　　过了五关斩六将　　过了
黄河斩秦琪
　　兄弟古城齐相会　　擂鼓三通斩蔡阳　　忠心感动天和地　　玉皇
传旨把职封
　　敕封佛魔尊大帝　　玉泉山上立庙门　　行兵行将来到此　　参拜
佛魔大天尊
　　今日元帅参拜后　　保佑贵府得安宁

参财神庙

　　贱乡来到贵乡村　　来到贵乡参财神　　参拜财神赵元帅　　黑虎
玄坛显威灵
　　左边戬郎来进宝　　右边姆女献金银　　自从今日参拜后　　合户
村寨保安宁

参龙王庙

　　贱乡来到贵乡村　　参拜禹王水府神　　不说龙王根由事　　四海
龙王得知闻
　　天门土地撑雨薄　　圣泽滂沱雨淋淋　　承蒙龙王下大雨　　五谷
丰登贺太平
　　行兵行将来到此　　风调雨顺保安宁

参祠堂

贱乡来到贵乡村	来到贵乡祠堂门	行兵行将来到此	祠堂
风景少见闻			
×氏百世先灵验	敬宗敬祖启后人	贡献一张金樟子	蜡烛
生花起雾云			
号为九霄龙凤烛	供养先祖满堂神	左昭右穆分为坐	烧香
童子吐青云			
宝鼎金炉香烟绕	珍珠碧玉巧妆成	每日清香烧几炷	从早
不断到黄昏			
家家门内金光现	红绫彩色亮铮铮	池内鸳鸯来戏水	祠堂
飞燕好迎风			
行兵行将来到此	子子孙孙管万民		

参桅杆甲耳

贱乡来到贵乡村	来到贵乡参古文	不说桅杆由自可	说起
甲耳众人听			
鲁班祖师造甲耳	张良先师造桅杆	桅杆立在寨门首	贵府
重文又重武			
桅杆高达四丈五	连升三级斗加斗	等到来年科举到	贵府
贤郎进北京			
八月中秋进科场	纸墨笔砚在身傍	高官不用黄金买	诗清
文顺雨三行			
珠笔写上龙虎榜	状元及第贵府郎	四月立夏文书转	布政
三司管万民			
行兵行将参过后	贵府代代做高官		

参神树

  不参神树由自可　　说起木王有根生　　寅卯元年初生超　　寅卯
二年长成林
  寅卯三年长成大　　镇寨风水到如今　　上生七枝朝北斗　　下有
九根入地门
  左生几枝摇钱树　　右生几根万户安　　五行之中你为木　　八卦
之中木为尊
  路过贤人仔细看　　却是桫椤树一根　　驱邪逐妖是古树　　护佑
贵府得安宁

其二　参花树

  天地混沌初开辟　　山河社稷木为尊　　五行金木水火土　　山林
木树各分明
  神树一棵生在此　　护佑合寨大吉祥　　乌鸦枝上飞凤舞　　古树
枝桠万年青
  唐王皇帝来栽起　　万古流传到如今　　行兵行将参拜后　　驱邪
逐妖保安宁
  样样吉祥表不尽　　锣鼓催动往前行

参古藤

  古藤一棵生在存　　千根万叶绿荫荫　　上映天星来拱照　　下映
地脉发子孙
  人杰地灵家家盛　　子贵孙贤户户春　　千年万载时常茂　　住宅
贵府永长兴
  行兵行将参拜后　　子孙世代出贤人

参石虎

虎王神来虎王神　　虎王听我说原因　　虎王玉帝亲生子　　降下
凡间护良民

寅卯元年天干旱　　寅卯二年并水淹　　寅卯三年谏生你　　生你
在世到如今

未满三日吃生肉　　未满三朝吃生浆　　深山老林长成大　　不愿
凡间吃饭汤

喝酒还要生肉下　　只保凡民得安康　　正押百邪驱逐秧　　牛瘟
马瘟不乱行

惹火灭火莫乱起　　火标火鸭莫乱生　　人病猪瘟莫乱动　　驱邪
瘟癀外乡行

行兵行将参过后　　保佑众寨得安宁

参石碑

石碑新来石碑新　　石碑立起高入云　　说起石碑根由事　　楚汉
相争你为尊

鲁班祖师来造起　　张良留下到如今　　记载千万年古事　　万古
流传到如今

留贤民功绩得在　　传兴子孙作善人　　行兵行将参拜后　　贵府
发达万万春

参字库

贱乡来到贵乡村　　来到贵乡参库神　　不说库神由自可　　说起
库神有根生

唐王开科来取士　　方立宝库立字人　　烧钱燃香藏增内　　库中
敬习武圣人

善世万语表不尽　　锣鼓催动往前行

参虾蟆

云淡风轻近午天　　春雷鼓乐闹喧天　　贵府门前多景致　　龙虎
啸吟鱼跃玩
三汊浪中龙伸爪　　九霄云内独占先　　贵府虾蟆撞地脉　　山环
水绕映吉祥

参沟河

贱乡来到贵乡村　　来到贵乡说沟河　　此水源头来得远　　东洋
大海到此程
三湾九曲流清水　　美味甜来恩意香　　男女吃了煞星改　　老人
吃了寿延长
有德吃了活千岁　　少的吃了免灾星

参　井

龙公龙母亭上坐　　龙子龙孙戏龙床　　巡河夜叉如狼虎　　把门
神将是周仓
淌流出外清泉水　　味道甜来味道香　　千年万载流不尽　　哺养
众生万年长
老的吃了寿百岁　　少的吃去保安康　　牛马得吃如龙虎　　跳井
跳坎自壮强
猪羊吃了多肥壮　　不养自肥得安康　　鸡牲鹅鸭得吃了　　家家
丰盈谷满仓
丰衣足皆有食开　　逍遥快乐度年华　　行兵行将参拜后　　井水
甜来养民良

参　桥

贱乡来到贵乡村　　走到桥边说言音　　不说桥梁由自可　　说起
桥梁有根生

太上李春来造起　　造起桥梁到如今　　桥头造起狮子样　　桥尾
造作八金刚
　　金刚将来压灾难　　狮子将来压灾星　　龙王涌水桥边过　　不敢
惊动半毫分
　　行兵行将参拜后　　护佑贵府得安宁

参龙船

　　此船老君茅山造　　留下水手及艄公　　五月五日来涌水　　水涨
龙鱼散精神
　　门前路往水中去　　寨内行船五谷登　　行兵行将参拜后　　早岁
乃收有大年

参　鼓

　　此鼓原是何人造　　又是何人做鼓声　　此鼓原来高几尺　　细钉
原有多少根
　　大鼓原来有几块　　小鼓原来几尺宽　　此鼓原来有几面　　发往
何处去安身

答　曰

　　张良先师来造起　　鲁班先师做鼓声　　大鼓原是三尺高　　小鼓
原是二尺零
　　此鼓原来有三面　　发往三处去安身　　一面发往朝中去　　朝中
聚集武共文
　　一面发往庙中去　　僧人擂鼓念经文　　一面发往寨中去　　弟子
留下唱古文

参　锣

　　甚何年间来出世　　甚何年间广出身　　又是何人来造起　　又是
何人造鼓声

此锣原来有几面　　发往何处去安身

答曰

　　同治元年来出世　　同治三年广出身　　老君爷爷来造起　　李明
匠人取锣声

　　此锣原来有三面　　发往三处去安身　　一面发往官府去　　街坊
人民听锣声

　　一面发往佛家去　　道士留下念古经　　一面发往民间去　　弟子
留下唱古文

参扇子问曰

　　扇子出在何州县　　扇子出在何州城　　又是何人挑来卖　　谁人
卖在何州城

　　又是何人来买起　　哪平摇来哪手扇

答曰

　　扇子出在苏州地　　扇子出在苏州城　　都是客人挑来卖　　客人
卖到贵阳城

　　弟子将钱来收买　　左手摇来右手扇

参阳宅　其一

　　阳宅气象真大地　　千里来龙到此存　　山明水秀来拥护　　瓜瓞
连绵积善人

　　白虎山高生贵子　　青龙山秀出贤人　　朱雀山青生官职　　玄武
山明出秀才

　　重重叠叠来关销　　二龙抢宝在中央　　屋后广栽珊瑚树　　五色
祥云上面生

　　贵府阳宅龙翻滚　　盖世今朝富豪村

参阳宅　其二

愿望贵乡似京州	琉璃瓦屋映红猷	贵府公子身及第	魁科
状元入京朝			
五里池塘栽先树	千里闻来花也香	池塘上面三棵柳	鸳鸯
树上闹瀼瀼			
清风翠柏真优雅	垂杨绿柳照平洋	把门一道金狮子	水阁
楼台在中央			
门前有股清泉水	千秋万载绿茵茵	龙门高上书大字	×氏
府衙在此存			
一重龙门一道區	重重步步入官门	上面挂起漫花帐	下面
地毡铺地平			
八山风水方方应	两边香案喷鼻熏	贱乡来到贵门首	望见
桅杆似丛林			
老幼男女千百个	将军卦印满堂红	庭前八仙水墨画	王维
巧笔书完成			
金铃玉佩叮当响	尽稀奇宝共是珍	游尽天涯真稀罕	贵府
将来闹沉沉			
弟子今日参贺后	贵府荣华万万春		

参财门　其一

旧年去了新年来	初一十五广招财	今日童子二人到	说起
财门有根生			
青龙白虎现其身	朱雀玄武周围转	却是金銮宝殿门	请得
鲁班师傅到			
香茶美酒二三巡	龙吟虎啸真奇妙	造起梭罗两扇门	天朝
只要甲辰日			
钉门只要甲辰时	甲辰开门进金子	天官赐福降来临	甲辰
关门增富贵			

荣华富贵万代春

参财门　其二

　　一开财门独占魁　　二开二字八桃园　　三开三星齐拱照　　四开四季大发财

　　五开五福临门早　　六开六子六高升　　七开七子结团圆　　八开八卦八仙班

　　九开九子登科早　　十开狀元转回程　　自从今日开过后　　富贵荣华万代兴

参财门　其三

　　此木原来沉香木　　原是檀香木一根　　峨眉山上长成大　　峨眉山上长成林

　　顺良过路不敢砍　　李郎过路不敢行　　只有鲁班神通大　　砍了沉香木一根

　　长方改得千千块　　来造金银两扇门　　鲁班造门三尺三　　白日开来夜晚关

　　白日开来进金子　　夜晚关来凤凰临　　自从今日开过后　　富贵荣华万万春

参财门　其四

　　远望华堂一座州　　凤凰名山在此如　　贵府坐在真龙地　　世世代代出贤人

　　坐在龙头龙献宝　　坐在虎腰虎现身　　山环水绕来就局　　千里来龙戏宝珍

　　贵府为官清如水　　手执珠笔管万民　　布政三司官职重　　利市仙官送宝来

　　贵府门前排香案　　一对桅杆两边分　　东书院对西书院　　南龙

门对北龙门

高楼大厦三滴水　　霞光万道紫雾腾　　民间富豪数贵府　　盖世
今朝无此能

自从今天贺过后　　贵府发达万年兴

参财门　　其五

贵府坐在九重高　　万水千山路条条　　坐在龙头生贵子　　坐在
龙腰出贵人

坐在龙尾出宰相　　坐在龙脚出富豪　　青龙山高出兵马　　白虎
山高出贤人

玄武山高状元职　　朱雀山高进士绅　　重重叠叠来关锁　　九龙
戏珠正中心

远望青山如刻画　　高山流水是生存　　此处活龙来就居　　常出
状元及第人

探花榜眼无其数　　翰林学士在此存　　门前种植珊瑚树　　五色
祥云上面生

贵府阳宅龙翻滚　　盖世今朝富豪村　　自从今日恭贺后　　子子
孙孙管万民

又　　曰

门是天上梭罗树　　鲁班师傅来钉门　　天赐金瓜并钱斧　　牢牢
钉住两扇门

年月日时开大利　　金銮宝殿钉金门　　玉皇大帝亲敕令　　财帛
金银下凡尘

康宁福寿从天降　　富贵功名各户迎　　赐送金银千万两　　并赐
白银万万斤

荣华富贵都受用　　谢天谢地谢皇恩　　自从今日贺过后　　富贵
荣华万万春

又 曰

贱乡来到贵乡村	来到贵乡贺新村	不贺新村由自可	贺起新村有来音
择居仁里何为贵	善与人同德有因	堪舆先生来指桌	堪舆即是杨救贫
救贫先生指桌后	青龙头上主为居	此龙圹大坡脉起	穿田度过到此程
尖坡原来为少祖	毛犁平地过陕情	踊跃层层来到此	侧体飞凤现真形
青龙白虎来拱护	井静鱼跃是生存	朱雀玄武皆踊跃	山环水绕出贤人
文笔锋高来朝贺	金相玉印面前存	清水流源至乾上	百万田庄贵豪村
八方流水来八库	明堂宽阔水常清	坤方天马堂当站	啸天狮子锁住门
贵府真阳宅罕有	世世代代出公卿	自从今日贺过后	三元及第冠群英

（3）唱本特色。

大坝地戏唱本是七言唱本，唱书中唱词语句整齐、流畅，叙述部分详细、文字精练，恰到好处地穿插在唱词中，使得整个唱书叙述的故事细节精致、内容丰满。地戏谱深植扎根在乡土，在参贺的文字中讲述了许多的民间传说故事，展现出浓浓的农民的朴质气息和对美好生活的向往。与魁山地戏唱本一样，大坝地戏的唱书和地戏谱中也存在使用"地方用字"和"以音代字"的现象。

3．表演形式

大坝地戏是在正月初二到十五期间跳，以开脸子开始到封脸子结束。

（1）开脸子。

① 选日子。

开脸子先要选日子，由戏班子在腊月二十以后到正月初这个时间段中选一个相对较好且地戏班成员都比较闲的日子。

② 开脸子。

在选定的日子当天，地戏班子全体成员到保管地戏脸子的成员家中，先在院坝中将门板摆放好，再把脸子从箱子取出，以清水将脸子上灰尘洗净，成排挂列晾干。同时，还要举行祭脸谱仪式，把脸谱摆在桌子上，烧香点烛，炒几盘菜，倒上酒水，还要燃放一串鞭炮，供奉仪式才算完成。供奉后，地戏队员取主要角色的脸谱跳上一小段，然后将脸谱放回原处，开脸仪式结束。此后直到封脸子之前都可随意取脸子跳戏。同时，地戏班子所有成员会在开脸子当天聚餐，以示庆贺。

（2）地戏展演形式。

跳戏人数并无严格规定，可8人、6人、4人、2人。对打人数不定，但必须是一红一黑（脸谱颜色）。若去古老祠堂跳场，除对打外，后需跟随有小兵小将。地戏乐器主要为鼓、锣、镲，由3人负责，跳时敲打乐器，对打之人唱，小兵喝。在此过程中，跳的人一手拿武器，一手拿绣好的帕子随着乐器敲打的节奏挥舞。

本寨寨民会争相邀请地戏班到家中跳戏，以祈求在新的一年中顺顺利利。如果没有人邀请，地戏班也会在寨子中较大的空地上跳戏，娱乐全寨的寨民。若有人邀请，也会到其他寨子跳戏。到其他寨子跳戏时，地戏班离开寨子前先要到寨门土地庙前跳上一小段，然后才可以离寨；在他寨跳戏完成后，回到寨子时也必须先到土地庙前先跳一小段方可进寨，以示对土地神的尊敬。

不论是在本寨还是他寨，跳戏的场地都是主人家大门外的坝子，跳戏持续的时间由主人家来决定，少则一天，多则数天。跳戏的内容随时间的长短变化而变化，如果跳戏时间较短，地戏班会选择表演唱书中精彩的情节；如果时间较长，地戏班则会将唱书记载的所有内容完整地表现出来。在外寨跳戏时，所去寨子中的寨民有时候还会考验地戏班的能力,故意设置"障碍",如:寨民会在大树处插一炷香,并烧一小堆纸钱,并在大树处拦住地戏班。这时候地戏班就必须在此处停住,跳一段参贺的戏目,使寨民满意后方能进入寨中。

在酬劳方面,邀请地戏班的主人家首先需要负责地戏班的吃住,在主人家跳戏完成后,主人家都会给一个红包,作为跳戏的报酬,红包内的金额没有定数,由主人家自定数字。所得的红包首先用于修补地戏所用道具,剩余的部分用于地戏班成员聚餐。

(3)地戏展演仪式之扫寨。

正月十五,地戏班会在自己的寨中进行"扫寨"活动,为扫尽豺狼虎豹,祛除寨中灾邪。在进行扫寨仪式之前,先扎一个轿子,画一个菩萨置于轿中,再将一只公鸡置于轿中;青年上山割一些茅草,抬回寨中,并用其与竹子削成的篾丝扎成船的样式。在扎好轿子和船后,由寨老准备好符水,印好纹章,每家需派一个人带上杯子,到寨老处领一小点符水和一个纹章。还要砍一颗桃树,制作出五块桃木牌,在上面分别书写东方青帝、西方白帝、南方赤帝、北方黑帝和中央黄帝,五块桃木牌分别置于寨子东南西北中五个方位,处理(除)中央牌位外,其他四方都需要超过正方向上最后一户人家的范围,以示寨子的范围;在完成以上工作就准备扫寨。

扫寨时,地戏班中两人抬船走在最前,小孩当小兵戴上豺狼虎豹脸壳紧随其后,随后由2人抬轿子,而地戏队的则在队伍最后。整个队伍呈现出船——虎豹——轿子——地戏班的情形。先来到土地面前跳一段地戏,祭祀土地神,然后按照既定的路线开始扫寨。

进入人家时,先打开大门,有两个人到大门前,一人将事先准备好的糨糊刷于对联横批之上,另一人则将门前板凳上的纹章贴在刷糨糊处,然后地戏班进入坝内跳一段戏,边跳边喊"豺狼……"而户主人就需将板凳上杯中水泼至"豺狼虎豹"身上,赶出自己大门,意为已扫除豺狼,来年六畜兴旺。在跳戏的时候,还有另外两个人负责收拾板凳上其他的物品,其中一人将破碗、灰和柴收入所扎船中,象征着把脏东西、不吉利的东西统统扫出去,将吉利的事物统统带进来;另外一个人负责用一个好的袋子将稻谷收走,在扫寨结束后,用来作为到寨中酿米酒的人家换酒的物资。

扫寨需沿寨子四方牌位绕寨一圈,途中行至每一家每一户,最后出寨门,象征着"豺狼"已被赶出寨中。出寨门后,地戏队伍即赶回寨子,其间不能回头看;抬轿子和船的人则继续往前走,直到离寨较远的河边,将轿子之中的公鸡头砍下置于轿中,然后将轿子和船一同投入河中,任河水将其冲走,预示不好的事物已随河水冲走。

（4）封脸子。

至正月十五扫寨完成后,就要准备"封脸子"。需将脸谱擦净,胡须梳好,放入箱中,并在箱子上贴上"四季平安"的封条,燃放一串鞭炮。后将箱子抬去存放处,只待来年开箱跳戏。

将全部事宜打理好后,寨中全部民众聚在一起吃饭,次日就开始新一年的忙活,称"吃了十五饭,人人找事干"。

第四节　克酬与王氏

克酬建寨于清乾隆年间,布依语称"ban ga zhao",意为"好客的寨子"。相传寨人热情好客,恐因家贫而怠慢客人,常举全寨之力招待客人。寨子坐落在北斗湖畔,东邻磨盖,西连马鞍山,占地面积约 1.2 平方千米。全寨有 65 户,共 256 人,系布依族,绝大部分姓王,另有几户陈姓和罗姓。

一、源流

王氏祖籍系江西吉安府吉水县杨柳井大树脚赵家街,因祖上犯事,被贬入黔。其后定居克酬,入黔始祖不详。克酬王氏在江西时原姓"赵",入黔后,隐姓埋名,将"赵"改为"王",称"赵王"。

婚配上,克酬王氏可以与平寨、大坝王氏通婚,因为平寨王氏是班改王,大坝王氏是马改王,而克酬是赵改王,三者之间并无血缘关系。

二、字辈

克酬王氏族谱老谱失于火灾,至今尚未新修族谱。从访谈得知其字辈为:

文连育仕秀,清光德茂先,

修仁成大雅,吉(积)尚(善)永为贤。

此字辈自定居克酬后便开始使用,现已传至"修"字辈,至今繁衍了十一代,约270年历史,可推至清乾隆年间。

第五节 龙窝与陈班韩三氏

关于"龙窝"的寨名来历有两种说法,一说是"龙窝"意为龙的巢穴,因背靠山形如龙,山中水源不断,寨前是一片宽阔的田坝,地形犹如"龙窝"而得名。另一说是寨中水井出水量大且水声响亮,周边泉眼众多,当地人认为是龙居其地下的缘故,响亮的水声是龙的鼾声,故名"龙窝"。龙窝有旧寨和新寨两个自然村落,现在分别称为龙窝旧寨和龙窝新寨。旧寨原名新寨,因民国年间本寨人迁居河对岸而称龙窝旧寨,新立寨子则称龙窝新寨。在当地布依语中,没有龙窝旧寨和龙窝新寨的说法,统一称作龙窝寨,即"ban long wo"。

一、龙窝陈氏

1. 源流

据《陈氏家谱》及族人口述,陈氏入黔始祖陈妫公系江西省吉水县杨柳塘大石板陈家巷人氏。因洪武十年(1377)朱元璋下令平定滇黔与两广一带而入黔。陈妫公官居把总马粮台,负责筹措马匹、军粮,入罗斛大龙司一带为兵备道。平叛后常驻兵备道,定居大龙司。二世祖陈宦途(阿谟)镇守蔡家关等地,之后在凯龙寨平丑,再任广兴把总,后退居今马场镇场边寨,时值贵州府台开辟马场,则在此养场。后因时迁年远，而携家眷迁居落业龙窝，是为龙窝寨立寨始祖。

至民国年间有陈德欧、陈有才、陈德赞、陈春玉四户陆续搬至河对岸，是为龙窝新寨，原龙窝寨成为龙窝旧寨。

据龙窝旧寨陈氏家谱的世系记载，二世祖陈宦途迁居龙窝，旧字辈是由四世祖陈季正算起，加上陈宦途、陈良龙两代人，已繁衍十四代人，距今约有300年历史，可追至清康熙年间。

2．字辈

龙窝陈氏字辈有新、旧之分，2003年重修陈氏家谱，拟定了新的排行，共30个字，但现在没有使用新的排行，仍旧采用老字辈。

老字辈：

    季世朝（正）文（应）绍（登），永春德尚明，
    光昌荣万古，发达愈山英。

老字辈共有20字，按照以前的风俗习惯拟定，由能代表正气的字构成，体现先辈希望子孙后代繁荣昌盛、万古常青的愿望。

新字辈：

    中华布尔什，善政立新邦，
    圣才集锦堂，治国贵有方，
    厚恩培五岳，开发四海祥。

3．家族人物

表7-3　龙窝陈氏名人表

编号	姓名	学历或资历	事迹或活动
1	陈登榜	贵阳学文书院毕业	文秀才
2	陈华昌	黄埔军校贵州分校第二期	国民党军25军二团团长
3	陈德光	贵州讲武学堂毕业	国民党军二团一营营长
4	陈尚云	贵州省训练团毕业	国民党军二团二中队长
5	陈明轩	贵州农学院毕业	夏云农场总会记

续表

编号	姓　名	学历或资历	事迹或活动
6	陈明书	退役军人	安顺水泥厂车队队长
7	陈尚芝	中学文化	威宁林业局副局长
8	陈尚清	退役军人	镇宁林业局副局长
9	陈明领	安顺师专毕业	
10	陈继龙	贵州民族学院毕业	安顺民师讲师
11	陈光勇	高中毕业	安顺电厂
12	陈光强	高中毕业	夏云农场
13	陈光满	高中毕业	夏云小学教师
14	陈光顺	高中毕业	安顺水泥厂驾驶员
15	陈光利	高中毕业	安顺水泥厂驾驶员
16	陈光梅	镇宁民师毕业	活龙中学教师
17	陈光林	大学毕业	贵阳轮胎厂
18	陈明荣	高中毕业	威宁邮电局
19	陈明江	高中毕业	威宁林业局
20	陈德汉	中学毕业	乡政府秘书
21	陈德祥	中学毕业	新艺机械厂
22	陈德沛	抗美援朝转业军人	中队长、平寨小学校长
23	陈明清	中学毕业	平坝电力公司
24	陈尚金	中学文化	克酬水管所
25	陈德林	退役军人	克酬水管所
26	陈茶果	中学文化	武汉铁路局
27	陈明青	退役军人	某部队连长
28	陈明书	中学文化	马场镇秘书
29	陈明华	技校毕业	有机化工厂火车司机
30	陈明钢	贵州省林业学校毕业	镇宁募役乡林业站站长
31	陈明珍	镇宁民师毕业	镇宁大山连山小学教师
32	陈尚辉	退役军人	红枫湖发电站
33	陈明发	退役军人	村委会

二、龙窝班氏

1. 源流

据《平坝马场支系班氏族谱序》载：龙窝班氏家族原由贵州省惠水县七格田迁居到杨武落郎坝。因为水利有犯班氏祖坟，祖辈就从杨武迁至平坝县马场镇平寨龙窝落户。

2. 字辈

班氏从杨武迁至龙窝定居后，分支谱以及字辈从"腾"字辈开始，五世祖班德保口传为：腾、聘、向、永、尚。后来因为失火谱书被烧，后人无文继存，第八代班华英制定排行，即：

尚举德锦银，松柏万代青，
光乐和耀祖，发积进朝庭。

龙窝班氏家族现已发展到"万"字辈，在此定居十二世，按每世25年计，可推班氏迁居龙窝约300年，迁徙时间为清乾隆年间。

三、龙窝韩氏

1. 源流

据《黔地韩幹支系韩氏族谱》（2007年2月修成）记载，龙窝韩氏系江西省吉安府芦陵县杨柳大树湾，入黔始祖为韩幹。族谱记载，关于韩幹入黔有两种说法：一是为躲避战乱和沉重的赋役，韩氏七兄弟带着始祖韩幹的骨灰由赣入黔。二是始祖韩幹明末清初进入贵州落脚盐井（今贵阳市花溪区马铃乡盐井寨），以种地为生，共生有七子（长子德佑、次子德廷、三子德代、四子阿广、五子阿鸣、六子德英、七子德念），尔后故于盐井，七子为谋生而各奔东西（见图7-16）。龙窝旧寨韩氏系始祖韩幹次子德廷公支（场边支系），四世祖韩文武由场边迁至龙窝旧寨落户。据世系推算，自四世祖韩文武迁居龙窝，现已传至"家"字辈，已繁衍八辈人，其迁居龙窝约是在清同治年间。

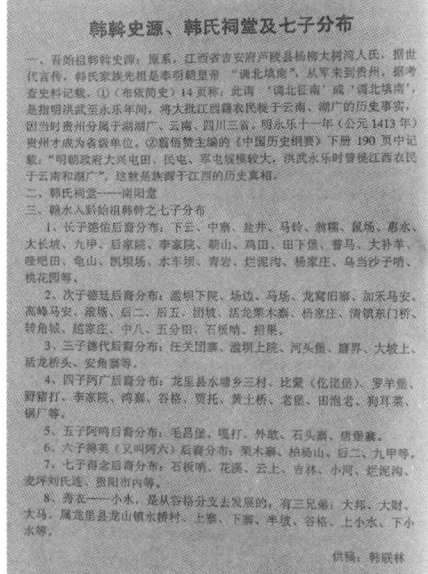
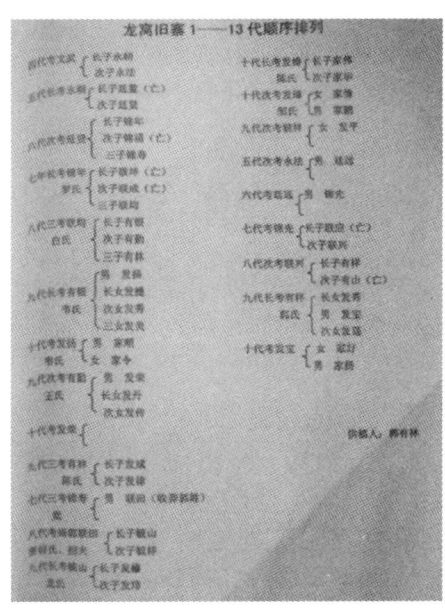

图 7-16　龙窝韩氏史源及世序

2．字辈

据《黔地韩干支系韩氏族谱》世系推算，以及对当地韩氏族人的访问，得知龙窝旧寨韩氏的字辈曾有：

一士登文永，延锦联有发，
家书应小光，立心敦尚善，
德大定荣晶。

2007 年韩氏家谱重修完成，统一了排行：

正国世朝启，延锦联山发，
家书映水星，德道定荣昌，
承先续宇耀，立志显华章，
英武良策秀，豪俊毓瑾芳。

此次字辈排行，是在各大支系原有字辈的基础上重新修正拟定的。各大支系原有排行不统一，致使世系混乱，为了昭穆序、明世系，韩氏家族才统一了排行。新编的字辈不仅继承了老字辈的风格，而且警示子孙要有志气、存正气，希冀韩氏家族繁荣昌盛，万古流芳。

第六节　磨盖与罗韦杨三氏

磨盖建寨于清乾隆年间。磨盖，布依语叫"ban bo shuo"，原名"墓界"，传说祖先迁居此地时周围皆是坟墓，以墓为界建寨，遂名墓界。后因当地方言"墓"与"磨"、"界"与"盖"同音，而逐渐演变为"磨盖"。另一说是磨盖是石磨的上扇，必须不停地转动，也象征着家族的不断繁衍发展。磨盖居住着罗、韦、杨、唐四姓。韦氏家族分布在寨子东面，原称永和寨；罗氏所居之地成为中院，也是磨盖的建寨家族，繁衍至今人口也最多；北面居住着杨、唐二姓，称为头院或苗院，系苗族。

一、磨盖罗氏

1. 源流

据《岩孔罗氏家谱》记载，磨盖罗氏自始祖入黔至今，已逾400年。入黔始祖为罗腾禄，系江西吉安府吉水县杨柳大湾豆芽街猪市巷人氏。1573年，万历皇帝朱翊钧继位，为加强中央集权统治，于万历十五年（1587）推行"改土归流"，由朝廷委派官员到地方任职。在这个政治背景下，始祖罗腾禄授命入黔，后因年迈告老，退居于广顺州核子寨。

罗腾禄有子三人：宗祥、宗迈、宗腰。二世谱，宗祥公后裔居安顺东屯；宗迈公，博览群书，善学杨公地学，分居于安顺府平坝县招果寨，有子：朝相、朝栋、朝美；宗腰公，分居于笋子山，有子：朝永。三世谱，朝相公由招果迁居岩孔大寨，有子：桂台、沙台、彦台、香台；朝栋公，由招果迁居岩孔小寨，后又迁居普马；朝美公留居招果；朝永公，居笋子山。四世谱，桂台公居岩孔大寨，有子：仲书、仲学、仲义；沙台公移居沙锅寨，无子嗣；彦台公移居沙锅寨，有子：长子启秀，次子、三子名讳及生卒年均不详；香台公移居锅寨，子嗣不详。其后五世谱至二十二世谱均不详。

由上述可知，始祖罗腾禄入黔后因年老定居广顺核子寨，二世谱时即开始分支繁衍。有移居安顺东屯、平坝招果寨、笋子山；三世谱朝相公由招果迁居岩孔大寨，朝栋公由招果迁居岩孔小寨，朝美公留居招果，朝永公居笋子山。磨盖罗氏家族即是从高峰镇活龙村岩孔大寨迁来，当属同宗。

罗家自玉字辈时从高峰镇活龙村岩孔大寨分支到马场镇平寨村，最开始是在克酬落业，但在克酬家族一直不发迹，人丁也不兴旺。恰好本族中有人会看风水，就去周围看地选取新寨址，选中了现在所住的磨盖。自玉字辈时来到磨盖，现至普字辈，至今已有十辈人，其迁居磨盖的时间约在清乾隆年间。

2．字辈

据家谱记载，磨盖罗氏字辈为：

朝台秀正玉，上锦德时明，宏才方普济，国士起连城。

3．碑刻

（a）磨盖罗氏鼻祖罗孺人墓	（b）罗孺人墓碑内容

（c）罗恒墓

奠 咸豐七年三月吉日 立

厥 清故上上寿羅公恒之墓 讳

攸 排朝台秀正玉
上錦德时明
男上卿孙錦昌重孙德顕崇祀
彰

居 行宏才方普济
国士起连城
裕

（d）罗恒墓碑内容

图 7-17 磨盖罗氏碑刻及碑文

二、磨盖韦氏

1. 源流

磨盖韦氏与普贡韦氏属同宗，祖籍江西吉安府杨柳大湾，明朝"调北填南"时经广西入黔，首先落户到紫云，后迁至普贡。八世祖韦时杰时，因到磨盖看管家族田庄而迁居，现已至俊字辈，已繁衍七代人（见图7-18）。

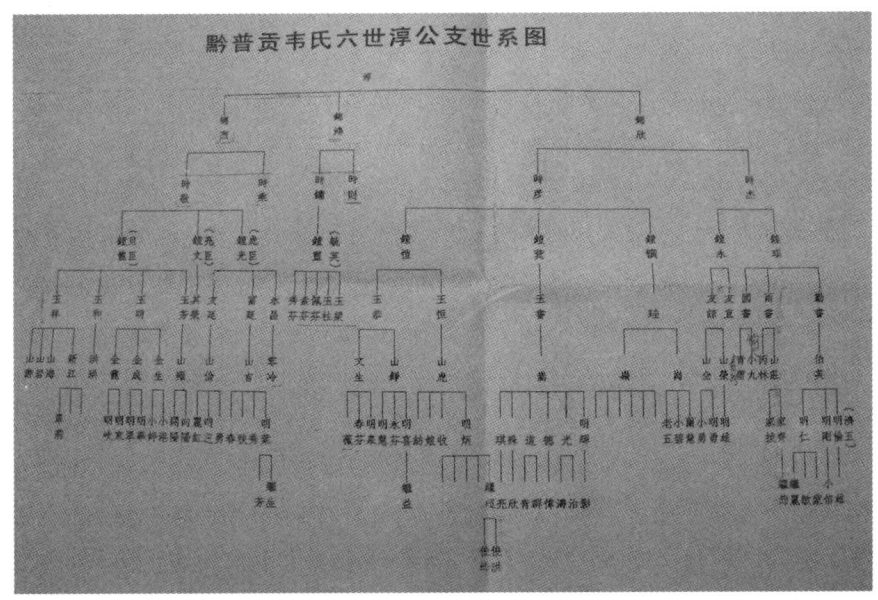

图7-18 普贡韦氏支系

2. 字辈

磨盖韦氏与魁山韦氏属同宗，1998年重新拟定了新排行。

老字辈：

普朝廷正国，水锦时钟玉，山明继俊英，培元光祖德，克善振家声。

新字辈：

文武尚贤智，诗书述世珍，承辉枝永茂，宏达贵有恒，敦厚万代兴。

三、磨盖杨氏

1. 源流

磨盖杨氏祖籍江西，入黔到凯掌岩下寨（今马场镇凯掌村岩下寨），后分支到磨盖。

岩下寨杨氏家族十分贫困，为讨生活，磨盖杨氏老祖四兄弟一起到平寨王家做帮工，杨氏兄弟与王家人相处十分融洽，逢年过节相互送东西。后来王家就送一块田坝给杨氏兄弟管理，因田坝在磨盖附近，为了管理田坝，杨家在此定居下来，成为磨盖杨氏的祖先，系苗族，属青苗支。

2. 字辈

杨家因分支众多，排行不一，世系混乱。磨盖杨氏在杨琼学等人的组织下，于20世纪80年代重新排行了字辈：

少、茂、琼、友、德、志、昌、正、元、荣、发、华

磨盖杨氏不立墓碑，究其原因为大宋名将杨业撞碑而亡，磨盖杨氏视杨业为先祖，为了纪念、缅怀杨业，杨氏就规定后世子孙不能立墓碑。

第七节　破塘与龙氏

破塘，布依语称"ban dong zong"，意为"破了的水塘"，传说寨后有一个六七米宽、十余米深的水塘，常年水流注入却不积水，就像破了一样，故名"破塘"。

1. 源流

破塘龙氏入黔始祖龙旻宇，系江西省南昌府丰城县人氏。少年时读书用功，在建文帝年间通过科举考试，中了秀才，后入朝为官。后随建文帝入黔，在白云山修建庙宇，看见高峰山人杰地灵，环境优美，遂在山脚嘉禾寨定居，至四世祖龙起德时迁居破塘立寨。

始祖龙旻宇生龙应全、龙应魁、龙应明、龙应美。葬在嘉禾当头，现有碑记落款是嘉庆己卯年季冬月。

一世祖龙应明，生龙朝升、龙朝元、龙朝辅。

二世祖龙朝升，生龙正。

三世祖龙正，生龙起德（妻王氏）；龙正崇、龙正邦均系清朝应诰文林郎，龙正崇葬在水塘坝口，龙正邦葬在桃子陇，均系嘉庆己卯年季冬月立。

四世祖龙起德，生龙文朝（妻姜氏）、龙文雄。双墓葬在破塘寨当头坐南向北，为破塘立村始祖。

五世祖龙文朝，生龙上甲（妻郭氏）、龙上云、龙上禄（豆）。

六世祖龙上甲，生龙方坤（妻王氏），龙方禄（下河苗族起反捉得用火烧）。

七世祖龙方坤，生龙兴帮（妻韦氏）、龙兴国（妻韦氏）。

八世祖龙兴帮，生龙步周、龙步春、龙步云（妻王清蓉、王登秀）。

九世祖龙步云，生龙云阶，龙云江；龙步周，青年已故；龙步春，生龙云财、龙云荣。

十世祖龙云荣。

破塘龙氏家族是破塘最早的居民，从龙氏家族历史入手即可推算出破塘建寨的大致年代。破塘龙氏家族现已传承至显字辈，即第十四代，自龙旻宇入黔至今已有十四代，按每代25年计，约有350年的时间，即为明末清初入黔。破塘立寨则是四世祖龙起德从嘉禾寨搬来此地，开始建寨，繁衍子孙，现已传至显字辈，已有十代，其迁居时间约在清乾隆年间。

2. 字辈

据访谈当地老人得知，破塘龙氏家族的字辈为：

应朝正起，文上方兴，步云起海，显甲敷霖，
光增华发，秀致承恩，锦舒彩焕，沛泽天廷。

第八章　农耕与生计

平寨村布依族生活在地势平坦的黔中坝子地区，依山傍水，居住条件优越；水源丰沛，土壤肥沃，以砂质红壤为主，田畴广阔。这些自然条件决定了水稻是当地最主要的粮食作物，也是最重要的生计来源。清代以来，水库、沟渠和堤坝等水利设施的修筑，使得粮食产量稳步增产。丰沛的水源及稻作生计方式，也使得捕捞鱼虾、养殖六畜成为当地人重要的收入来源。此外，当地人还种植玉米、油菜、烤烟、红薯、瓜、豆、葵花等作物，增加收入的同时也使得生活更加富足。

第一节　作物种植

一、水稻

平寨地势平坦，土壤肥沃，种植出来的水稻都是优良品种，品种主要是粘米（见图 8-1），糯米很少，只是种植较少一部分为过年做准备。平寨的水稻有产量高、米质好的优点，按米和糠的比例，把米分为上等米（72%）、中等米（68%）和下等米（65%）。

过去，平寨对于留种有一套自己的方法，选择生长得好且颗粒饱满的一小片稻田，抽出茅稗后单独收割，作为来年的种子。而现在，当地均种植杂交水稻。

育种有一套比较系统的程序。首先是泡谷种，需用冷水浸泡两天两夜，之后将沥干水分的谷种放置于缸中，用谷草覆盖，再用薄膜封闭保温，每天早晚各浇一次水，等待谷种发芽，大概需要 3~5 天即长成谷芽子。将谷芽子撒入成块的水田中，两天之后放掉水田中的水，使谷芽子在水田的土壤中定根，长成秧苗。等待 40 天左右，秧苗长成，则进行二道育秧——插秧。栽秧时男女各有分工,男子负责犁田、挑秧,女子负责扯秧、栽秧。

图 8-1　稻禾成片

平整秧田需要"三犁三耙",即犁三次、耙三次。第一次犁田是稻谷收割之后,可抑制杂草丛生,同时可以储存一部分水,之后再耙田。第二次犁田是开春之后,是为储存雨水,为栽秧做准备工作,之后再耙田。第三次犁田是栽秧前两天,翻转泥土,此次耙田则是在栽秧当天,可使秧苗更加容易在水田中站立并生长。犁具和耙具见图8-2。

(a)犁具

(b) 手耙

图 8-2　犁具和耙具

　　出穗前的除虫，有两种方法。一种是使用特制的工具——一头套有八根竹篾编织成笼状的竹竿，在秧虫较多的清晨，到秧田中在秧苗尖部迅速扫过，然后将装满秧虫的竹笼浸入水中，能够最大限度地消除秧虫。第二种方法也是使用一种特制工具——围绕竹竿编制三米长的竹笼，留有等长的缝隙，使用时秧虫从缝隙钻入，以此去除秧虫。现在，当地均使用农药除虫，有一次杀虫，也有二次杀虫。由于平寨地势平坦，秧田连片，农药药效有期限。除虫时，各家均在前后几天喷洒农药，则只需一次即可有效去除秧虫。

　　收割稻谷的主要工具是镰刀和灌斗（见图 8-3）。收回之后即需晒干，以便存放。过去，寨中大多是泥地，村民则用牛粪加水搅拌均匀之后用扫把铺地，地面干燥后即可晾晒稻谷。竹刮（见图 8-4）用来捞除杂草，翻晒稻谷。晒干后，由于牛粪质量比稻谷轻，利用风簸即可去除牛粪。稻谷晒干之后储存在木楼板房的小楼上，专门在小楼的某个角落建一个粮仓，粮仓与楼板之间需要用柱子撑起大约 20 厘米的距离，既防潮又防鼠。取穗之后的谷草可作牛饲料、燃料等。

　　竹刮，平寨王辉义提供，用绵竹或金竹制作，长 1.76 米。用途是晾晒谷物或菜籽时，用来捞取掺杂其中的杂草，优点是有弹性，收缩自如，用起来得心应手，不易刮伤地面。如果保护得好，不被雨淋暴晒，可以保存 20 年。

图 8-3　灌斗

图 8-4　竹刮

二、玉米

和水稻相比,玉米的种植规模较小。由于地处特殊的坝子地形,地势平坦,水源丰富,水田占据了平寨村耕地面积的大部分,使得玉米种植的旱地受到压缩。加之，旱地大多分布在距离寨子较远的山坡上，仅在寨子附近留存小块种植蔬菜瓜果满足日常生活所需。玉米多是用来喂养家禽、家畜，由于种植面积较少，产量不多，决定了以往家禽、家畜的喂养均为自给自足，在家庭经济收入中占比极小。

过去，人们收获时特意选取一些个头较大、颗粒饱满的玉米，去掉玉米的两头，留取中间部分作为来年的种子。现在，均是到市场上购买杂交玉米种。

玉米种植采用点种。用耕牛犁好土后，掏成沟，放入玉米种后，淋上一瓢猪粪，翻土覆盖即可。种植老品种玉米时，由于间距较小会促使玉米秆长得偏高，影响玉米个头和颗粒的生长，所以间距较宽，约50厘米；种植杂交玉米则间距较密，约30厘米。点种时，为防地鼠挖出种子偷食，村民会放入煤油与种子混合再栽种，地鼠则不敢靠近。

玉米地往往采用套种的方式，每一窝玉米处栽一株四季豆，行距处点种黄豆，四周边界还会种上向日葵。

种植一季玉米需两次追肥，使用的均是尿素。第一次追肥是在播种后30天，第二次则在第一次追肥后40天，玉米即将挂红，可增加土壤养分，让个头长得更大。施肥后，翻土覆盖，既可固本培根，又可保持肥料养分。

这个时候追肥就是把营养施加给玉米，让玉米个头长得更大。两次追肥不仅仅只是撒尿素就行，还需要给玉米堆土，即用泥土把玉米根围一圈，这样做有两个作用，一是固本培根，二是防止刚刚撒下的肥料流失。

秋天收获时，村民将玉米苞整个收回，在家中将玉米棒和玉米壳剥离分别晾晒。玉米壳可作牛饲料。玉米脱粒有专用工具（见图8-5），脱粒后再次晒干后储存至仓库。玉米打理完后，玉米地里的秸秆也被晒干，村民将秸秆砍伐后成捆堆放，翻整土地后归家时顺路带回，当作燃料。刚收获后的玉米地较为疏松，容易翻整。如果等到来年开春再翻整，玉米地就会承受整个冬日放养牛群的踩踏，土地翻整就会变得困难、费力。

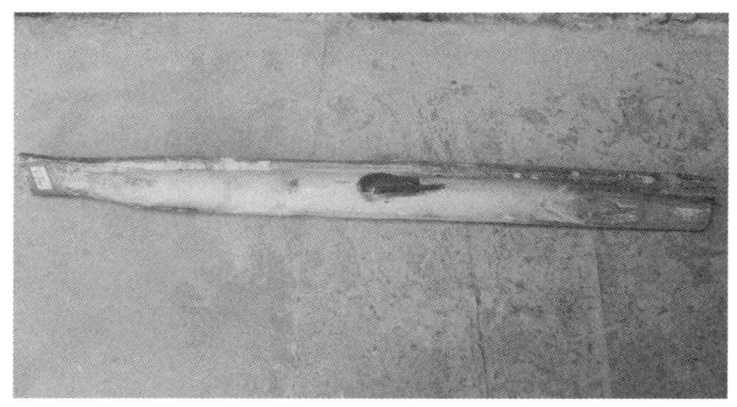

图 8-5　玉米脱粒工具

需要特别提及的是，磨盖布依族人家中耕种玉米前，若家中有人过世，种植玉米时则要围出一个角落单独种植，秋收时一同收获。这一习俗表示这块玉米地是专门为过世的老人所栽种，意为人死后仍能满足生活所需，表达的是在世人对亡人的追思以及当地的孝道文化。

三、其他作物

平寨除了种植水稻和玉米之外，还种植其他作物，如油菜籽（见图8-6）、烤烟（见图8-7）等，这些都是当地人民的经济来源。

图 8-6　收割油菜

图 8-7 种植烤烟

油菜种植是在水稻和玉米收获之后。为便于油菜种植,水田一般在稻穗出齐后将水放干,收获之后,再将土地翻整,播撒油菜种子,中途施加农家肥或尿素等化肥,等待来年春天收割。油菜品种分本地菜籽和杂交菜籽,1 升田的产量本地菜籽为 60 斤、杂交菜籽为 80 斤,杂交菜籽产量略高,成熟期则比本地菜籽晚 20 天,但出油量均在 30%~40%。菜籽留出自家食用量之外,则拿到市场出售,增加家庭收入。

烤烟种植主要是龙窝旧寨,由于规模化种植,龙窝旧寨村民大多通过种植烤烟明显改善了家庭条件。

四、农　谚

农谚的内容包含着人与自然、自然与作物之间的关系,布依族人民在长期的生产和生活中,总结出了一些生产实践的经验。如:

"清明下早种,谷雨撒迟秧。"

"芒种打田不坐水,夏至栽秧少一腿。"

"白露不出,寒露不熟。"

"一日扬花遍不全,十日扬花不过镰。"

"月亮打伞,冲断田坎;太阳打伞,晒断田坎。"

"清明断雪,谷雨断霜。"

"清明要明,谷雨要灵;清明不明烂早种,谷雨不灵烂早秧。"

"一九二九,怀中插手;三九四九,冻死猪狗;五九六九,沿河看柳;七九六十三,行人把衣单;九九八十一,老农把田犁。"

农事歌

正月里来是新春,大雪纷飞在眼前,但得立春晴得好,农家不愁水耕田。
惊蛰春分二月间,春分有雨不愁穿,月中但得逢三卯,预兆稻谷长在先。
三月里来是清明,清明要明谷雨灵,庄稼之人早准备,赢得今年好收成。
四月立夏早栽秧,时晴时雨秧苗长,赶紧施肥禾苗壮,免有蝗虫侵稻秧。
五月端阳有大雨,芒种闻雷个个喜,农夫之家忙耕种,家家大小清早起。
六月三伏酷暑热,五谷田中把籽结,此时不见虫灾害,定是三冬多雨雷。
七月立秋常小雨,准备丰收来堆起,处暑若还天不变,谷子沟头人人喜。
八月秋分白云多,处处欢唱好收割,只怕此时雷电闪,谷掉田中没奈何。
九月飞雪真害人,庄稼遭遇活不成,月中火色人多病,但愿有雨又有晴。
十月立冬下大雪,犁田过冬才要得,田中蝗虫多杀害,来年庄稼绿颜色。
冬月冬至刮大风,老牛老马怕倒冬,麻痹大意出了事,来年定是一场空。
腊月里来又一年,一家大小不得闲,但愿此时天气好,家家欢乐过新年。

五、克酬土地分配情况

1982年,土地承包到户政策推行至克酬一组,全组土地划分承包到全组13户人家,表8-1是当时田土分配的情况(资料来源:克酬王德超)。

表 8-1 克酬田、土承包表

户 主	承包田			承包土		
	地 名	块 数	面积（亩）	地 名	块 数	面积（亩）
王光荣	门口秧田	2	0.54	喊天关	4	0.36
	沟坎下	2	0.54	对门坡顶	1	0.08
	寨当头	1	0.44	益洪道	1	0.14
	对门坡脚	1	0.37			
	胡坝田	2	0.54			
	次冲	8	2.15			
	圹冲田	1	0.37			
黄有才	大田坎上	5	2.90	喊天关	4	0.48
	四油树	2	0.27	对门坡背后	2	0.29
	寨当头	1	0.38			
	圹冲田	2	0.76			
	度朝	1	0.43			
	母猪冲	4	1.52			
王德贤	胡坝田	4	1.52	喊天关	3	0.18
	四油树	1	0.47	对门坡背后	2	0.12
	田坝中间	1	0.46	坝脚	3	0.18
	益洪道	1	0.38	四油树	1	0.07
	门口秧田	3	1.04			
	塔边	1	0.38			

续表

户　主	承包田			承包土		
王德户	寨门口秧田	2	0.52	喊天关	4	0.48
	河坝上	1	0.26	对门坡背后	2	0.29
	黄泥田	1	0.26			
	大田	1	0.27			
	胡坝田	4	1.04			
	圹冲田	4	1.04			
	坝脚	3	0.78			
	度朝	1	0.26			
	次冲	8	2.08			
王德培	云盘坡	4	1.36	喊天关	3	0.39
	水库上	2	0.68	对门坡背后	2	0.27
	圹冲田	1	0.34			
	胡坝	5	1.84			
	田坝中间	1	0.34			
	河坝边	1	0.34			
	大门口秧田	2	0.68			
王德荣	毛栗坡	1	0.42	喊天关	4	0.44
	胡坝田	3	1.26	对门坡背后	1	0.10
	对门坡脚	1	0.42	四油树	1	0.12
	大田	5	2.22			
	度朝脚	1	0.42			
	新寨门口	1	0.42			
	塔边	1	0.42			

续表

户 主	承包田			承包土		
杨后英	大门口	1	0.38	喊天关	2	0.26
	大田	3	1.14	对门坡背后	2	0.29
	胡坝	2	0.76			
	圹冲田	2	0.82			
	坝脚	2	0.70			
	新寨门口	2	0.85			
王益海	寨门口	2	0.66	喊天关	3	0.24
	沟坎下	1	0.43	对门坡背后	2	0.24
	毛栗坡	1	0.33			
	圹冲田	1	0.44			
	塔边	2	0.76			
	大田	1	0.48			
	胡坝	3	0.99			
陈洪超	门口秧田	2	0.70	喊天关	3	0.51
	田坝中间	2	0.70	四油树	2	0.37
	杨柳坝	2	0.70			
	胡坝田	13	4.55			
	益洪道	2	0.70			
王友妹	黄泥当	1	0.31	喊天关	1	0.10
	门口秧田	1	0.25			
	对门坡脚	1	0.37			

续表

户　主	承包田			承包土		
王光全	云盘坡	4	1.26	喊天关	3	0.33
	水库上	1	0.37	对门坡背后	2	0.22
	寨当头	1	0.37	四油树	1	0.14
	大门口	2	0.54			
	小门口	1	0.27			
	大田河坝边	1	0.27			
	高省	2	0.54			
	圹冲田	3	0.81			
	胡坝	3	0.81			
	四油树	1	0.24			
	杨柳坝	1	0.37			
陈洪兴	黄泥田	1	0.46	喊天关	2	0.14
	度朝	1	0.46	对门坡背后	1	0.08
	四油树	1	0.48			
	胡坝	1	0.46			
王德超	大门口秧田	1	0.40	喊天关	1	0.20
	栗木山秧田	1	0.34	新寨门口	1	0.24
	黄泥田秧田	1	0.30	对门坡背后	2	0.44
	田坝中间	1	1.50			
	杨柳坝	1	1.50			
	毛栗坡	1	2.00			
	胡坝田	3	0.80			
	圹冲田	2	0.60			

1984年，克酬一组所属山林也实行了承包制，分配情况如表8-2所示。

表8-2 克酬自留地、山林承包表

户 名	自留地			承包山林			
	地名	块数	亩数	地名	幅数	亩数	种类
王光荣	大园子	2	0.38	对门坡	1	0.23	松
	背后山	3	0.57	甲马沟	1	0.31	松
	瓦窑坡	1	0.29	高云坡	1	0.20	松
	对门坡脚	1	0.26	云盘坡	1	0.26	松
	四油树	1	0.29	次冲	1	0.20	松
黄有才	云盘坡	4	1.40	甲马沟	2	0.40	松
	瓦窑坡	1	0.35	荒土坡	2	0.40	松
	房背后	1	0.35	云盘坡	1	0.20	松
				蜂塘冲顶	1	0.40	松
王德贤	背后山	2	0.24	甲马沟	1	0.16	松
	寨当头	1	0.38	鲤鱼塘老寨	1	0.16	松
	瓦窑坡	1	0.31	荒土坡	2	0.32	松
	园子	3	0.69	杉树坡	1	0.16	松
				云盘坡	1	0.24	松
				蜂塘冲	1	0.16	松
王德户	院脚	1	0.23	甲马沟	2	0.50	松
	对门坡	3	0.69	荒土坡	2	0.50	松
	沟坎边	2	0.46	云盘坡	1	0.25	松
	瓦窑坡	1	0.23	次冲关口	1	0.25	松
	背后山	1	0.23				
	门口园子	1	0.26				

续表

户　名	自留地			承包山林			
王德培	背后山	5	1.10	甲马沟	2	0.32	松
	寨当头	1	0.26	高云坡	1	0.16	松
	门口	2	0.44	云盘坡	1	0.24	松
				云盘坡前面	1	0.16	松
				蜂塘冲	1	0.16	松
				喊天关	1	0.16	松
王德荣	对门坡	1	0.45	甲马沟	2	0.40	松
	四月八坡脚	1	0.45	杉树坡	1	0.20	松
	四油树	2	0.90	荒土坡	1	0.20	松
				云盘坡	1	0.20	松
				蜂塘冲	1	0.20	松
杨后英	大园子	1	0.20	次冲	1	0.13	松
	对门坡	1	0.40	云盘坡	1	0.15	松
	房当头园子	1	0.35	甲马沟	2	0.24	松
	瓦窑坡	1	0.25	杉树坡	1	0.13	松
	寨当头园子	1	0.30	荒土坡	1	0.13	松
王益海	沟坎边	1	0.41	甲马沟	1	0.14	松
	四油树	1	0.45	鲤鱼塘老寨	1	0.14	松
	背后山	1	0.37	荒土坡	2	0.28	松
				蜂塘冲	1	0.14	松
				云盘坡	1	0.28	松

续表

户 名	自留地			承包山林			
陈洪超	背后山	2	0.80	甲马沟	2	0.40	松
	小坟山	1	0.40	云盘坡	1	0.20	松
	栗木山	2	0.80	小坟山	1	0.20	松
	云盘坡	1	0.40	高云坡	1	0.20	松
				小坡	1	0.40	松
				喊天关	1	0.20	松
王友妹	遍土	1	0.17				
	对门坡	1	0.13				
王光全	房当头	1	0.21	甲马沟	2	0.40	松
	背后山	3	0.63	高云坡	1	0.20	松
	瓦窑坡	2	0.42	小坡	1	0.20	松
	四月八坡	2	0.42	喊天关	1	0.20	松
	对门坡脚	1	0.21	云盘坡尾	3	0.60	松
陈洪兴	栗木山	2	0.30	甲马沟	1	0.10	松
	遍土	1	0.15	荒土坡	1	0.10	松
	对门坡	1	0.15	云盘坡	1	0.07	松
				矿井坝	2	0.13	松
王德超	房子门口	1	0.20	甲马沟	2	0.40	松
	大园子	1	0.20	高云坡头	2	0.40	松
	背后山	3	0.60	云盘坡脚	1	0.45	松
	寨当头	2	0.40	云盘坡尾	1	0.20	松
	瓦窑坡	2	0.40	云盘坡顶	1	0.20	松
	河坝边	2	0.30	小坡关上	1	0.75	松
	益洪道	1	0.30				
	益洪道	1	1.5				

承包田：为了保证公平，克酬一组采取划等级抽签的方式承包田地，即把公共田地划分为一等、二等、三等田地之后抽签决定各户最后承包的范围。划分等级田地的标准为：能够使用沟渠灌溉的为一等田；能够使用龙骨车灌溉的为二等田；靠天下雨蓄水的为三等田。因为按照等级的方式承包田，所以每户在各个地方都有田地，且人均承包田的面积约为九分三厘。

承包土：克酬一组土的总面积要少于田的总面积，因此人均承包土也少于人均承包田。此次划分人均承包土的面积约为一分一厘。

承包山林：全村十三户共同商议把山林分为林中心和林四周，林中心的树木高大且直，砍伐时较为困难；林边的树木相对细小，但在砍伐时比较容易。所以需要用林木修建房屋的人家采取抽签的方式承包林中心，其余人家抽签承包林四周。

自留地则是1982年承包到户之前，村民家中的自有土地。

第二节 水利设施及灌溉工具

一、水库与水渠

平寨村有两个水库，一个是克酬水库（见图8-8），1958年由国家拨款修建，是克酬和磨盖两个寨子的饮用水源，其更为重要的功能是农田灌溉。与水库同时修建了水渠，连接周边田坝和水库，宽0.43米，深0.45米，分为东干渠和西干渠。东干渠经克酬、平寨、磨盖、川心、大坝、魁山、新村、谢家寨、青松，最后到大松山水库；西干渠经克酬、平寨、破塘，至上坝水库。同时，为保证水库水源安全和库区森林防火，水库管理处制定了管理规定（见图8-9）并严格执行。

另一个是位于龙窝旧寨的茨菇坝水库（见图8-10），是一座灌溉水源水库，因水库四周遍布茨菇而得名。其水源来自杨柳哨的一口水井，近两年遭遇干旱，水库的水已不够用。

图 8-8　克酬水库（局部）

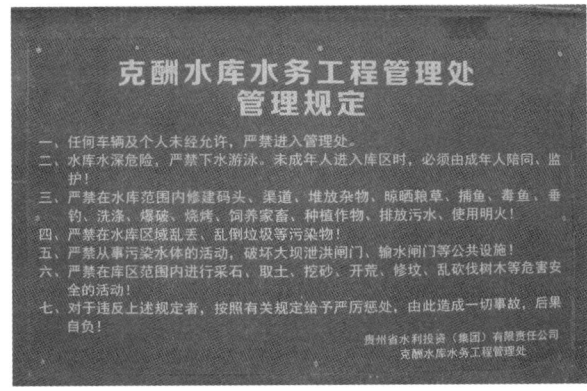

图 8-9　水库管理规定

图 8-10　茨菇坝水库（局部）及水渠（局部）

二、灌溉工具

龙骨车（图 8-11）由车龙头、车桶、车手、扬提（构成扬提的小方木板叫水板）组成的车肠共同构成。主要用途是灌溉高于水源的田坝，使用时将水车斜靠在田坎上，左右两边同时沿顺时针方向拉动，转动车肠，把水输送到较高的一块田地。

图 8-11　龙骨车

图 8-12 中的龙骨车是平寨王辉忠提供，车身长 4.27 米，车头宽 0.23 米、高 0.34 米，车尾宽 0.19 米、高 0.3 米，车手长 1 米，水板是边长为 0.1 米的正方形木板，水板之间的距离为 0.13～0.14 米。制作龙骨车大概需要一个星期，而在 20 世纪 80 年代，购买龙骨车也需花费 300 元。

图 8-12　当地人示范龙骨车用法

第三节　家禽和家畜养殖

一、家禽

平寨村饲养的家禽主要有鸡、鸭、鹅，但各个寨子之间又存在差异。

养鸡较为普遍，均是家庭散养，除食用外，鸡在特定的民俗事项中有特定的功能，比如家中添丁时用来到外家报喜，在丧葬和修建房屋等民俗活动中的特定仪式中也有着其独特的功用，分别称为"占龙鸡"和"跳梁鸡"，家中没有钟表时还作打鸣报时之用。

养鹅并不是为了食用鹅肉，而是为了下蛋，因为鹅蛋比鸡蛋、鸭蛋的价格更高，所获取的收益也越高。鹅在所有家禽中警惕性最高，可以防盗，也可防鼠和蛇。

关于养鸭，最为特别的是平寨和克酬两个寨子，分别持有禁止养鸭和热衷养鸭的不同观念。平寨禁止养鸭是村民们认为鸭掌有毒，人到鸭子游过的田坝中会引起皮肤过敏甚至中毒，连牛踩入其中也不能幸免，甚至还会影响水稻的收成。而在克酬村民看来，养鸭是增加家庭收入的重要方式之一，人们在长期的养鸭实践中形成了一套系统的饲养经验。

二、家畜

中华人民共和国成立前，平寨村饲养的家畜主要有马、牛、猪。

由于平寨村的水稻米质好、产量高，远近闻名，马主要作为稻米的运输工具，运送到贵阳出售，中途经过的石板哨就是专供过往商人和马匹休息的驿站。至今，只有龙窝旧寨有两户人家养马，只作运输和耕作之用。

稻耕的主体生计方式决定了牛在平寨村家畜养殖中的重要地位，只用于田地耕作，运输都由马来完成。在20世纪90年代以前，平均每户人家养牛数量约为两头半，有些人家除了喂养一头公牛用作耕地外，还会专门饲养一头母牛用于繁殖，幼牛价格较高，也成为村民增收的重要来源。

饲养猪主要用作食用，平寨村有杀年猪、熏腊肉的习俗，由于猪的主要喂养饲料——玉米种植较少，直接影响了猪的饲养量，每户每年约养猪2~3头。

贵安新区设立以后，尤其是随着平寨村"美丽乡村"建设的推进，各寨的家禽、家畜养殖走向了个别规模化。平寨作为"美丽乡村"——平寨村的门户，家畜的养殖几乎绝迹，养殖家禽都是圈养。

第四节 酿酒与水产

一、酿酒

在平寨村，酿酒较为普遍，绝大多数人家都会酿酒，主要是米酒、苞谷酒、高粱酒、红苕酒。由于当地稻谷种植广泛、产量较高，所以主要是酿制米酒，而因糯米的产量较低，主要使用粘米作为酿酒原料。

烤酒的时节一般以每年8、9、10三个月为最佳，气候适宜、温湿度适中，酿的酒品质较高。夏天天气太热，发酵不易掌握，稍有不慎就会变酸；冬天气温太低，无法充分发酵，酿不出酒。

酿酒的工具包括大锅一口、双层陶制酒缸一个、锅盖一顶。锅盖呈圆形，古时多为木制，今以铝为主。

酿酒的工序较为烦琐。首先是煮米，按照一斤米一斤水的比例煮熟，将米饭放置在簸箕中冷却至30度左右，加入酒曲。以前酒曲为自家制作，用麦子和青藤香、野狼豆、板蓝香等草药混合制成粉末，而现在都是在市场上购买。酒曲和米饭拌匀冷却后，倒入陶制酒缸中发酵半个月，呈甜酒状。发酵好的酒糟倒入酒甑放入锅中，盖上酒罩，用米糠密封，小火加热。酒罩顶与盛有冷水的双层酒缸连接，酒蒸汽遇冷液化成酒，用陶制酒坛盛装（见图8-13、图8-14）。

图 8-13 蒸酒　　　　　　　图 8-14 酒蒸汽经冷水缸
　　　　　　　　　　　　　　　　冷凝滴入酒坛

出酒量上，100 斤粘米可以酿出 70~80 斤酒，酒精度在 30~50 度之间，45 度左右为最佳。白酒的售价一般为 6~8 元/斤，酒精度越高价格越高。也有人家在酒中加入鸡拐枣和冰糖泡制，有治咳嗽的功效，售价可至 11 或 12 元一斤。

二、水产

平寨村的水产较为丰富，种类多样。据当地人口述，水产的来源有两个：一是人为引进，二是与地理位置有关。流经平寨村的马场河属红枫湖水系，湖中的鱼虾沿水流繁殖而来，甚至沿着水渠流入田坝。

水产的捕捉有专门的工具，有专门捕鱼的壕子（见图 8-15）、专抓黄鳝的黄鳝夹（见图 8-16）。而现在，人们大多使用市场上购买的网兜（见图 8-17），网兜是呢绒材质，共有二十节，每节长约 40 厘米，单价 120 元。

平寨村的水产种类包括鳌虾（见图 8-18）、鱼、黄鳝、泥鳅（见图 8-19）、螺丝、扇贝（见图 8-20）等。由于鳌虾的繁殖周期较短，所以产量也最多，其次是泥鳅。

图 8-15　壕子

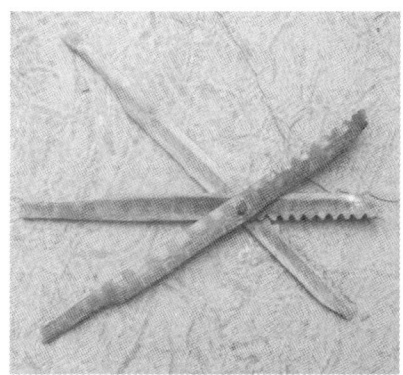

图 8-16　黄鳝夹

图 8-17　使用网兜捕捉水产

图 8-18　螯虾

图 8-19　泥鳅

图 8-20　扇贝

水产的丰产期主要集中在夏秋季节，黄鳝的单价在 50~70 元之间，螯虾的单价在 8~18 元之间，螺丝的单价则维持在 3~5 元之间。网兜捕捉到的大多是小鱼虾，且野生河鱼难以人工养殖，村民们将这些水产晒干作干货出售，既美味，又便于储存。

第五节　生产生活器具

一、生产工具

为适应地理环境和气候条件，平寨村的生产工具十分独特。传统的生产工具均为木质，技术难度较高的需要请村中的木匠制作，其他技术难度较低的可自家制作。

马车（见图 8-21）主要用作生产运输工具，负责运送农家肥和农作物，也参与建筑材料的运送。马车主要包括马鞍阔、马鞍（见图 8-22）、马笼头、马肩包、马铃铛（见图 8-23）。调查组在龙窝旧寨韦金银家中发现一驾马车。

图 8-21　马车

 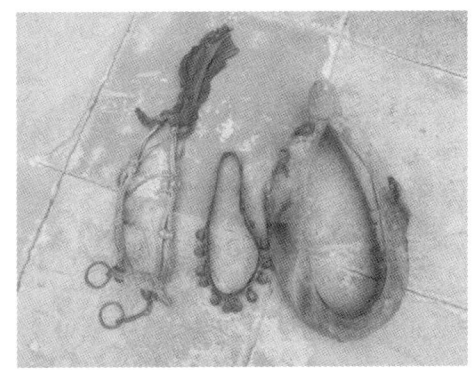

图 8-22　马鞍阔（下）和马鞍（上）　　图 8-23　马笼头、马铃铛、马肩包

马鞍阔（下）在大坝陈荣礼家发现，上宽 0.27 米，下宽 0.63 米，高 0.39 米；马鞍（上）是在平寨王辉忠家发现，上宽 0.36 米，下宽 0.7 米，高 0.6 米。

鸡公车（见图 8-24），在平寨王佳华家发现，车身为木制，车轮直径 0.5 米，是重要的运输工具之一，可以在田埂中穿梭。

图 8-24　鸡公车

秧锄（见图 8-25），在龙窝新寨朱德文家发现，是清除稻田杂草的工具，由锄身、锄头两部分组成，锄身长 1.1 米，锄头长 0.3 米。锄身由普通的木棒构成，锄头用铁制成，形如弹弓。

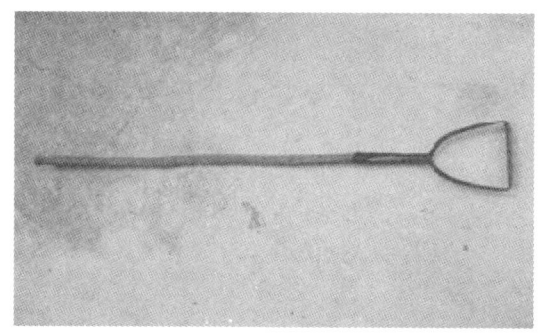

图 8-25　秧锄

铡刀（见图 8-26），于龙窝新寨朱德文家中发现，由刀身、刀瓣、刀架、支架组成。刀身、刀架为铁制，刀瓣的材料用铁、木皆可，支架由一块结实的木板构成。主要用来将猪草及其他草料切割后饲养猪、牛等家畜。

图 8-26　铡刀

扬叉（见图 8-27），于大坝王卓相家中发现，作挑柴用。选取 Y 字形树杈制成，在树杈下方掏空钉入一根木棒，作为肩部的着力点。挑柴时，扬叉根部着地即可站立休息。

踩锹（见图 8-28），在平寨王辉义家发现，是一种翻土工具，分为手柄和铁铲两部分。木手柄长 1.2 米，铁铲长 0.27 米。使用时，用脚用力踩手柄下方梯子处，可以深耕土地。

图 8-27 扬叉

图 8-28 踩锹

扁挑与扁担（见图 8-29），平寨王辉义提供，竹篓用于挑谷子或农家粪，木桶用于挑水。

图 8-29 扁挑与扁担

连盖（见图 8-30），平寨王辉彩提供，两根长短不一的木棍之间用绳子连接而成。手握较长一根木棍，前后逆时针转动，作黄豆、菜籽等作物晒干之后脱粒之用。

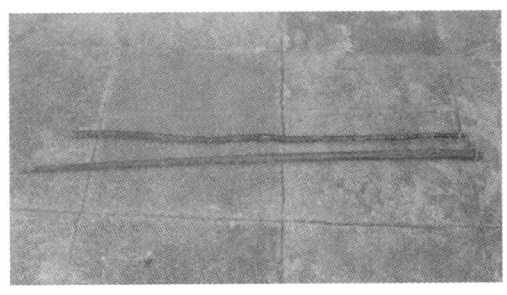
图 8-30 连盖

二、生活用具

滤子（见图 8-31），大坝王作洪提供，是传统的稻谷脱离工具，用青杠木制作，外形呈圆柱状，直径 0.6 米，高 0.85 米，分为滤身和滤盖两部分。滤身是用木条横竖对应固定，利用木条之间的缝隙与稻谷摩擦脱壳，脱壳率可达 75% 以上，之后再使用石碓舂打，即可将谷壳全部去除。

石碓（见图 8-32）整套工具包含了石碓和碓棒，碓身高 0.5 米，碓棒长 2.1 米，碓棒十字交叉处用石头设置一个支点，踩踏碓棒末端的踏板，使碓棒头部在石碓中击打，主要用于舂米。

图 8-31　滤子

图 8-32　石碓

石磨（见图 8-33），平寨王辉忠提供，分为磨架、磨担钩、磨子三部分。主要是用于将玉米、黄豆等磨粉或磨浆，也是磨豆腐的重要工具。磨架和磨担钩为木制，磨子为石制。使用时，手推磨担钩转动上磨盘，在上下磨盘的转动中将谷物磨成粉或浆。

风簸（见图 8-34），平寨王辉忠提供，木制结构，由盛物仓、风箱、阀门和三个出风口组成，主要功能是去除玉米、稻谷等粮食作物中的杂

图 8-33　石磨

图 8-34　风簸

质和残次品。使用时，将谷物倒入顶部的盛物仓中，摇动风箱，慢慢放开阀门，在风速和风力的控制下，谷物从第一个出风口流出，残次品则从第二个出风口流出，灰尘等较轻的杂质则从尾部的第三个出风口被风吹出。

官斗（见图 8-35），平寨王培卫提供，是民国以前官方制定的一种重要的度量器具，遂称"官斗"，1 斗约等于 30 斤。中华人民共和国成立后的四五十年中，民间仍延续使用。由木板镶砌而成，呈梯形状，上宽 0.41 米，下宽 0.35 米，高 0.18 米，中部有一手提把手。

斗当（见图 8-36），平寨王辉忠提供，是官斗的配套工具，主要用于公平度量，官斗盛装粮食后，用斗当沿官斗上沿平行刮动，最大限度保证度量的准确度。

图 8-35　官斗　　　　　　　　　　图 8-36　斗当

撮斗（见图 8-37），平寨王辉双提供，木质，由手柄和斗身组成，手柄长 0.09 米，斗身长 0.22 米。

竹蚊刷（见图 8-38），于魁山龙超书家中发现，用于驱赶蚊虫。利用苦竹的棉质特性，用木棒捶打成丝状而成。

图 8-37　撮斗　　　　　　　　　　图 8-38　竹蚊刷

陶制酒缸（见图 8-39），主要用于发酵酒糟。由泥陶烧制而成，经久耐用，现在许多人家的陶制酒缸都已使用多年。

甑子（见图 8-40），由甑身和甑盖组成，主要用于蒸煮饭食。

图 8-39　陶制酒缸　　　　　　图 8-40　甑子

小石碓（见图 8-41），由碓身和碓棒组成。用于捣碎食材，如舂辣椒面、花椒粉等。

木制婴儿车（见图 8-42），主要是为了安置孩童。在家中和田地里均可使用，大大减轻了农忙时节照看孩童的负担。

图 8-41　小石碓　　　　　　　图 8-42　木制婴儿车

豆腐包箱（见图 8-43），平寨王培卫提供，长 0.42 米，宽 0.14 米，高 0.57 米。主要用于去除豆腐中多余的水分。

烤火笼（见图 8-44），平寨王辉彩提供，由竹篾编制而成，在竹笼底部放置一个土碗，土碗中放入炭火取暖。是以往上学时重要的取暖工具。

图 8-43 豆腐包箱

图 8-44 烤火笼

火盆架（见图 8-45），平寨王辉坤提供，呈四方形，边长 0.63 米，高 0.2 米。使用时在架子上放置铁盆，即可烧火取暖。

木盆（见图 8-46），平寨王辉双提供，上沿直径为 0.55 米，底部直径为 0.48 米，高 0.18 米。主要用于盛水。

图 8-45 火盆架

图 8-46 木盆

脸盆架（见图 8-47）：（左）平寨王辉龙提供，木质，三脚支架，由方形木条黏合而成。最上面横着的一根木条长 0.7 米，中间和最下面横着的木条长 0.37 米，前面竖着的两根木条长 0.8 米，后面竖着的木条长 1.37 米，肥皂盒长 0.14 米，宽 0.1 米。（右）平寨王辉义提供，木质，四脚支架，高0.57米，宽0.37米。脸盆架与洗脸木盆配合使用。

图8-47　脸盆架

洗脸木盆（见图8-48）：平寨王辉义提供，上沿直径0.37米，底部直径0.32米，高0.14米。

鱼桶（见图8-49），平寨王辉彩提供，捕捉鱼虾时的盛具。

图8-48　洗脸木盆　　　　　　图8-49　鱼桶

木锤（见图8-50），大坝陈荣礼提供，主要作打糍粑之用。

木锯（见图8-51）、推刨（见图8-52）和墨线盒（见图8-53），都是主要的木工工具。

图 8-50　木锤　　　　　　　　　图 8-51　木锯

图 8-52　推刨　　　　　　　　　图 8-53　墨线盒

竹酒提子（见图 8-54）和葫芦酒提子（见图 8-55），破塘龙云斌提供，是从酒缸中取酒的工具，葫芦酒提子可以保证滴酒不漏。

 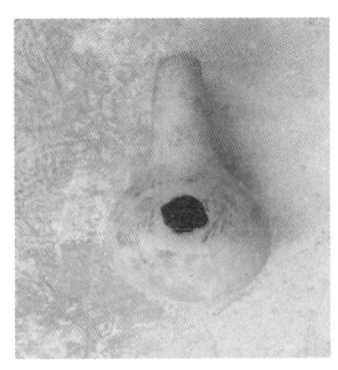

图 8-54　竹酒提子　　　　　　　图 8-55　墨线盒

簸箕（见图8-56）和筛子（见图8-57），均为竹篾编制而成，呈圆形，在当地十分普遍且用途广泛。筛子的孔比簸箕大，可以用来筛除粮食作物中较大的渣滓。

图8-56　簸箕

图8-57　筛子

老长凳（见图8-58）、太师椅（见图8-59）、茶几（见图8-60）皆是必需的生活用具，由木制成。在太师椅、长凳、茶几上可雕刻花纹、动物作为装饰，使其更加美观。

图8-58　老长凳

图8-59　太师椅

老式椅子（见图8-61），在刘双成家发现。这把椅子是从其老祖公王道渊时传下，原有四把，王道渊逝世后传给他的四个儿子王槐琪、王槐瑜、王槐璞、王槐瑾。

图 8-60　老式双层茶几　　　　　　图 8-61　老式椅子

木柜（见图 8-62），平寨王辉忠提供，用来储存物品。长 0.82 米，宽 0.56 米，高 0.76 米。

老式桌椅（见图 8-63），平寨王辉忠提供，有一张桌子和四个小长凳，以往作为家中的餐桌或待客之用。

图 8-62　木柜　　　　　　　　　图 8-63　老式桌椅

棕叶编织品（见图 8-64），主要是用棕叶编织各种动物。编织方法是先用细铁丝做出动物的骨架，再进行编织。

油篓（见图 8-65），大坝陈荣礼提供，主要用于盛装菜油。其制作工序是先将绵竹篾或金竹篾编制成缸状，之后先在内侧刷上桐油，一个星期后再在外部刷上桐油，从内外两侧将竹篓密封，保证不漏油。

图 8-64　动物编织

图 8-65　油箩

　　木猫（见图 8-66），平寨王腾署提供，又称耗子夹，是当地人的防鼠利器。

　　草鞋马（见图 8-67），平寨王辉光提供，是当地人编织草鞋的工具。以往，草鞋是当地人重要的鞋类，一般可以穿一个月，所以草鞋马在当地较为普遍。现在，日常生活中已经不再穿草鞋，仅在丧葬仪式中孝子穿戴。

图 8-66　木猫

图 8-67　草鞋马

　　木锁（见图 8-68），大坝王作喜提供，是当地的传统锁具。

　　土碗碟（见图 8-69），在大坝王卓相家发现。在陶瓷盛行前，每家每户均使用土碗碟，其经久耐用，不易摔裂。

图 8-68 木锁

图 8-69 土碗碟

第九章　规约制度

规约制度在中国基层社会组织中有着十分丰富的内涵，并且形式多样。平寨村的规约制度包含了寨规民约、家规家训、契约文书等，是地方自治体系的重要组成部分。

寨规民约是中国基层社会组织中社会成员共同制定并遵守的一种社会行为规范。在《周礼》中就有乡里敬老、睦邻的约定性习俗。明、清两朝在地方上正式推行"乡规""社约"。它通过自下而上与自上而下相结合的方式制定，具有广泛的群众性，以教育引导为主，有奖有罚，是地方上除了法律外最主要的约束条例。

契约是双方或多方共同协议订立的有关买卖、抵押、租赁等关系的文书。地契是契约的一种，是土地买卖、抵押、租赁的凭证。

家规家训是中国传统文化的重要组成部分，也是家谱中的重要组成部分，同时在稳定社会秩序方面发挥着重要作用。家规是治家教子的重要手段；家训是为了维持家族承续，合族议定的约束家族中人的行为规范。

规约制度包含寨规民约、家规、契约和其他约定俗成的制度等，是维护民间生产生活秩序的重要力量。在个体方面，家规家训规束着个人的道德品质；在村寨层面上，寨规民约又约束着村民的行为，家规家训和寨规民约为契约的订立和施行提供了强有力的保障，而且，在新问题出现时及时修订以弥补原有制度的不足，使得规约制度的生命力和约束力都得到了延续，在国家力量难以触及的封建社会下层，民间规约制度起到了联系法律、维系地方稳定发展的效力。

第一节 寨规民约

一、魁山

魁山一直以来都有制定寨规民约的制度，在历史上也曾多次制订寨规民约。但由于历史原因，旧时的寨规民约文书和相关的制订细则已无法考证，只有现代的寨规民约制定方式及内容可考证。

魁山现在的规约制度主要由村民委员会成员协商制定，然后召开村民大会，当场宣布相关条例，然后按章执行。寨规民约涉及多方面的内容，例如：魁山于1997年制定的寨规民约制度，内容如下：

民　约

（一）村民公约

1. 积极维护国家和集体的利益，保护公民合法财产所有权，坚决同一切坏人坏事和一切损公利己行为作斗争。

2. 全面落实生产责任制，维护正常的生产秩序，鼓励村民勤劳致富，反对投机倒把、高利盘剥、欺压诈骗等一切非法的经济活动。

3. 实行计划生育，提倡晚婚晚育，反对超生、躲生行为，尊重和保护生养女婴的妇女，反对重男轻女的封建思想。

4. 积极开展健康有益的文化娱乐活动，坚决反对庸俗、下流的娱乐活动；严禁反动淫秽书刊流行，严禁制作、播放、收看淫秽录像。

5. 严禁偷扒抢劫和赌博卖淫嫖娼行为。

6. 反对买卖婚姻，抵制包办婚姻。

7. 提倡艰苦朴素，反对铺张浪费。一切喜事和丧事从简，不搞迷信活动。

8. 树立尊老爱幼、尊婆爱媳、邻里和睦、安定团结的新风尚。反对打架斗殴、聚众闹事、虐待老人、破坏团结的活动。

以上公约业经村民大会讨论通过，全体人民必须遵守，切勿违反。

（二）卫生公约

1. 积极扑灭苍蝇、蚊子、老鼠、臭虫、跳蚤，消灭蚊蝇滋生场所。

2. 提倡圈养家禽家畜，不在村前屋后放牧牛羊。发现家禽、家畜粪便及时清扫干净。

3. 保护饮用水井、河流，不让脏物、污水入内。注意饮食卫生、不喝生水、不吃腐烂变质食物。

4. 室内室外经常打扫。门窗通风，衣服被褥经常清洗。

5. 认真做好疾病防治和预报工作。有病及时治疗，发现流行性传染病立即向卫生部门报告，采取措施，避免传染。

6. 建立卫生检查制度，由村组卫生员组织检查队伍，挨家挨户进行检查，对清洁户、清洁村进行表扬奖励，挂清洁牌匾。对不清洁户、不清洁村挂黄牌警告，限期改变不卫生情况。

以上公约望各家各户遵照执行。

（三）护鱼公约

1. 本村河流上下游（狗坡下来一带至苗坝一带长约2千米）均属养鱼场所，属于集体和个人所有的财产，受到法律保护，任何人不得侵犯。

2. 各种鱼类包括草、鲭、鲢、鳜、鳙、鲤、鳊、才、鳅、鳝和龟、鳖、螺、蚌、虾、蟹等，均在保护之列，未经承包户许可，任何人不得捕捞摸捉。

3. 凡来本村组钓鱼者，应事先与承包户取得联系，进行登记、缴纳登记费，领取《准钓证》，按指定地点下钓。

4. 严禁炸鱼、毒鱼和破坏河流、坝坎及养鱼设施。

5. 凡是违反本公约者，除没收捕钓工具外，还要赔偿损失。对情节严重者，要报告政府和上诉法院，依法处理。

（四）护林公约

1. 保护、培育森林，是合理利用森林资源、加快国土绿化、发挥森林蓄水保土、调节气候、改善环境、提供更多更好的林业产品、适应社会主义建设和人民生活的需要。

2. 森林、林木、林地的所有者和使用者的合法利益受法律保护，任何单位和个人不得侵犯。

3. 未经批准，禁止在林区野外用火。上坟扫墓者，不准在林区内烧纸、燃烛、放鞭炮。在林区作业吸烟者，必须将烟头完全熄灭。

4. 禁止毁林开垦和毁林采石、采砂、取土以及其他毁林行为。

5. 禁止在幼林地带和特殊用途林内砍柴、放牧。

6. 禁止在林区内猎捕受国家保护的野生动物。

7. 凡采伐本林区的树木，必须申请领到《采伐许可证》，并按许可证的规定进行采伐，限期完成更新造林任务。

8. 违反本公约者，情节轻微的要负责赔偿损失，处以三至十倍的罚款；情节严重的将扭送政法机关，依照《中华人民共和国刑法》的相关规定，追究刑事责任。

（五）环境公约

1. 依照《中华人民共和国宪法》关于"国家保护和改善生活环境和生态环境，防治污染和其他公害"的规定，结合我地的实际情况，制定如下公约：

2. 凡我村民以及外地来村者必须明确环境保护是化害为利，创造清洁适宜的生活与劳动环境，保护民众健康，促进经济发展，造福子孙后代的大事，共同努力，为环境保护做出贡献。

3. 为改良土壤，增加植被，防止土壤侵蚀、板结和水土流失，不准在我组所属之山岭、坡地、岸堤、田、塘干以及空坪余地铲草挖土，严禁乱挖乱采。

4. 倡导四季造林，绿化山地，绿化村庄。各家各户之宅旁、路旁、水旁以及一切零散空地均应植树、种果、栽花，实现大地园林化。

5. 保护发展，合理利用野生动物和野生植物资源，乃是国家明文规定，因此，不准打鸟、猎兽，不准掏蛋毁窝，不准采伐野生植物，特别是珍贵和稀有的野生植物。

6. 不准向河流、塘坝等水域倾倒垃圾、废渣。严禁在水库、塘、坝、河流水域中洗涤农药器具、农药空瓶，必须深埋土内。

对执行本公约，保护环境有显著贡献者，给予表扬和奖励。对违反本公约、肆意破坏环境者，予以批评、警告、罚款；情节恶劣者要报送政府和政法机关，追究行政责任或刑事责任。

1997 年 2 月 6 日

二、平寨

平寨的寨规民约有一套较为完成的制定程序。中华人民共和国成立前，寨规民约制定以后，一般每两到三年修订一次，于正月初到正月十五之间的农闲时节进行。由寨老召集寨中其他老人共十人左右，一同商议，商议期间的伙食由参加商议的人员集体集资在寨老家中统一就餐。商定之后的条款要抄写在纸上，然后召开寨民大会逐条宣读，寨民如有异议，可当即发表意见，并现场修订。全体无异议之后，全寨寨民均在新修订的寨规民约上按上手印，便即生效。

寨规民约涉及的范围广泛，包括尊老爱幼（如在路上遇上老人需止步让老人先行）、农作物（如牛马不可在稻田附近放养）、祖坟（如牛不能在坟碑处磨角）、私有财产的保护以及违反寨规民约的处罚办法等多方面的内容，涵盖了村民生产生活的方方面面。处罚方式以罚金为主。有村民违反时，必须先请寨老对违反寨规民约的行为进行认定，然后按规定执行处罚。

随着历史的推移，老的寨规民约的制定体系已不适应新的历史形势。中华人民共和国成立后，由国家新的基层组织——村民委员会为主导、全体村民参与共同制定的方式进行。平寨现行的"平寨村规十条"就是在这样的组织下制定并施行的。

平寨村规十条

为提高全体居民自我管理、自我教育、自我约束的能力，促进全社区的安定团结和物质、精神文明建设，根据法律、法规和国家有关政策规定，制定本社区十条居民公约。

一、保护耕地，严禁荒废，对荒废耕地者，除责令限期复耕种外，报镇人民政府依法收取抛荒费。服从规划，严禁乱搭乱建，积极参与合法土地流转，对阻碍公益事业建设的处 500~1000 元罚金，暂缓两年的村福利待遇。

二、实行诚信计生，促进人口发展，提倡晚婚晚育，少生优生，男女平等，严禁性别歧视、重男轻女。对不履行计划生育承诺的不给予办理相关证明并处 1000～3000 元罚金。

三、依法让子女享受受教育的权利，严禁父母不让子女就学享受"9＋3"义务教育，对于不让子女就学的由社区给予 1000 元罚款并接受社区大会批评。如本社区子女考取本科学校（含二本）可奖励 1000～2000 元。

四、一人入伍，全家光荣。适龄青年应征入伍，反对逃避服兵役，对逃避服兵役（包括不参加初检、复检和体检合格拒绝服兵役）的居民，有优先优惠政策时不予安排考虑。

五、尊老爱幼，赡养父母，有效监护成年子女、继子女、养子女及其配偶，对基本丧失劳动能力或无生活来源的父母、继父母、养父母必须履行赡养义务，不赡养父母的由社区居民大会通报批评，并写出悔过书和赡养责任书。父母必须做到有效监护，如监护不到位，通报批评，写出书面保证。社区发生赡养纠纷时，由社区调解委员会进行调解，经核实无理取闹方将被罚款 200～600 元。调解不成的，社区委员会支持被赡养人依法向人民法院提起诉讼。

六、遵纪守法，参与维护社会治安秩序。任何人不得以任何借口煽动群众到机关、学校、企业、社区调解委员会办公地、他人住宅起哄搞乱、闹事、制造事端，不得寻衅滋事，扰乱社会治安秩序，要积极主动参与维护正常秩序，如有违者，轻者社区大会批评并罚款 1000 元，重者移送公安机关处理。

七、维护国家、集体公共财产，树立良好形象，不偷拿国家、集体、他人财物，不在公路、水域航道上设置障碍，不损毁、移动指示标志，不损毁机耕道路、排灌渠道、耕作机械等集体公共设施，不乱砍伐树立，除恢复外，社区将处罚 2 倍同等价罚金。

八、爱护环境卫生，营造清新空间。各居民户义务参与水井及周边卫生保洁，积极参与社区公共卫生大扫除，爱护公共卫生，房前屋后不得堆放杂物，保持室内整洁靓丽，不乱挂乱放物品，不乱丢垃圾，垃圾归箱，对优级卫生户将发放 600～2000 元奖励或同等物质奖励，并授予

"美丽家庭"表扬牌，如有违反，自觉向社区缴纳1000元罚金，随地吐痰的罚款60元，随地大小便者罚款200元。

九、提倡勤俭节约，反对婚嫁、丧葬大操大办，积极推行殡葬管理。如有违反，自觉向社区缴纳1000元罚款并接受社区大会批评。

十、提倡精神文明，享受健康生活，严禁吸毒，严禁传播淫秽物品，严禁卖淫嫖娼，严禁赌博和小偷小摸，反对迷信活动，严禁利用迷信活动造谣惑众，骗取财物，参与吸毒，参与邪教的，一经发现，给予举报者600元奖励，并上报备案。

三、大坝

大坝寨规民约自建寨以来便有，每年腊月初八到腊月三十之间修订一次，由寨子中辈分最老的寨老召集其他德高望重的老人先行商定具体条规，参加人的范围是与寨老同辈的人，辈分较小但在寨中具有一定威望的老人也可参与商定，但没有决定权。

寨老们商定条规后，即形成文字，然后召集寨民大会，当众宣布新的寨规民约，之后寨民要在寨约文书上盖上手印，张贴在寨中人流聚集处，即生效。寨约订立当日，全寨共同出资聚餐。如在过去一年中有犯偷盗等大罪者，则负责支付聚餐费用，如无现金支付，则由寨老组织寨民到其家中收取等价的粮食或禽畜抵付。其他小犯者，由寨老召集寨民大会，当众理清所犯条规，宣布处理决定并执行。如若是外寨之人触犯寨约，则打一顿作为处罚，重犯者报与官府处置。

大坝寨的寨约涉及寨民日常生产生活的方方面面，包括生产生活秩序以及私人财产、山林、水道等的保护，是处理寨中各种问题和矛盾的重要依据。同时，考虑到长期以来村民都并不富裕，处罚方式一直以粮食、禽畜为主。

寨规民约对大坝寨生产生活秩序的维护以及家族繁衍都起到了重要作用。直至2012年，当地开始了大规模的现代化开发后才正式宣告其历史使命的终结。

四、克酬

克酬历史上曾制定过寨规民约,但因寨民不执行而名存实亡。直到1978年,由克酬时任的组长王德富、会计王德林、热心人士王光学三人商定出了一些寨规条款,经全体村民讨论通过后整理成文,由全体寨民签字生效。此后,克酬才有了具有一定约束效力的规约制度。

1978年制订的寨规民约涉及日常生产生活的方方面面,主要包括山林、河道、卫生、道路等的保护。"重处罚、奖举报"是克酬寨规民约最为鲜明的特征,如在山林保护方面规定:"盗伐他家木材,如被发现,罚肥猪一头(如果是腊肉,则为120斤),召集村民分食,并罚金15元,奖励给举报人。"其处罚数量也随着时代的发展而改变,在水道保护方面规定:"毒鱼,重罚500元,并需将河道清洁一遍,罚款所得中50元奖励举报人,剩下部分用于公共事业。"以此可见,违反规约条例的处罚十分严重,同时注重对举报者的奖励,鼓励村民相互监督。

1987年,马鞍山一张姓村民盗伐了克酬的林木,被克酬村民发现并当场抓住,交由当时的大坝公社处理,最终处理意见按寨规民约所定条款执行,处罚该张姓村民赔偿一头猪。这头猪当天杀死,由全寨寨民一起"打平伙",并邀请了附近其他村寨的干部一同来参与、见证。寨规民约在约束本寨村民的同时,也给基层自治组织在处理地方纠纷矛盾时提供了一定的借鉴。

1978年制定的寨规民约,在相当长的时间内对于克酬的生产生活秩序规范起到了重要作用。但后来由于保管契约文书的会计王德林去世,寨规民约文书也在其子嗣搬家过程中遗失,相关的条款内容无法查证,在时间的长河中逐渐失去了效力。直至今日,克酬也未重新制定寨规民约。

五、龙窝新旧寨

龙窝新旧寨在历史上实行寨主制度,寨主主导寨规民约的制定与施行,以文书形式存在并发挥着效力,但因村民同意施行而不遵守,寨规民约逐渐被废弃。其制定的方式都是在村寨中出现了问题之后,由寨主主导制定条规内容和处罚方式。中华人民共和国成立后,主要由队长组织制定,在村民大会上宣布实施。

寨主制度在龙窝旧寨建寨以来便开始实行,龙窝新寨建立时也将寨主制度继承过去。寨主由寨中最有威信、为大多数寨民信服的人担任,需要满足三个条件:一是生活中为人公正,二是家族中的老人,三是办事能力强、能让人信服。

直到中华人民共和国成立后,寨主制度才宣告取消,退出了历史舞台。

六、磨盖与破塘

磨盖的寨规民约没有文书留存下来,村民中也没有相关的记忆,无法回溯以前的寨规民约。

破塘历史上曾定有寨规民约,内容涉及庄稼、山林、私有财产、公共卫生、水源等方面的保护,旨在规范村民的日常生产生活秩序。这些记录寨规民约制度的文书在"破四旧"中被没收销毁,其后再未制定过寨规民约。

第二节 家规家训

一、魁山

(一)"龙罗不开亲"

婚俗方面,行"龙罗不开亲",指的是魁山寨和寡婆寨龙姓与枫林堡罗姓不开亲。据罗跃明等人口述,枫林堡罗氏三世祖罗政明,因到平坝去看县建志回来,路经高峰山陇,看见龙家一寡妇在地里干活,因寡妇美貌,罗政明一见钟情起了爱慕之心,二人情投意合,愿结为夫妻。因罗政明外出未归,他的两个儿女便沿途寻找,在寡婆寨找到了其父,要他回家,罗政明同寡妇说,既然如此,我们一日夫妻百日恩,现双方儿女都已长大，以后作为亲姊妹吧。所以"龙罗两姓为亲姊妹，遂不开亲"的祖训口传于后代，流传至今。

(二) 族人公约

孝顺父母篇

父母恩情深似海，人生莫忘父母恩。生儿育女循环理，世代相传自古今。
子女为人要孝顺，不孝之人罪逆天。家贫才能出孝子，鸟兽尚知哺育恩。
父子原是骨肉亲，爹娘不敬敬何人。养育之恩不图报，望子成龙往费心。
忠孝须得父母爱，平等孝顺父母亲。唯愿父母多福享，孝敬父母尽儿心。

家族篇

热爱我姓氏，振兴我家族，团结族中人，关心族中事，
执行族中定，遵守族中律，参加族活动，完成族任务。

社会篇

热爱祖国，热爱社会，热爱劳动，热爱科学，尊敬老人，爱护妇孺。
帮助残疾，济危扶困，见义勇为，弘扬正气，维护公德，遵法守纪。

家庭篇

孝敬父母，礼义夫妻，手足团结，妯娌合气，教育子女，抚育儿孙，
和睦邻里，相认六亲，以德治家，克勤克俭，贫不移志，富不骄侈。

教育篇

学堂教子，枕边教妻，夫拙妻能，共振家声，娶妻要贤，择婿要正，
教子教女，方显家兴，或宦或贾，或续或耕，七十二行，行行出人。

读书篇

人要长进,读书为高,阳光雨露,抚育幼苗,悬梁刺股,凿壁借光,少不努力,老大徒伤,莘莘学子,为国争光,我族子弟,奋发图强。

敬业篇

爱岗敬业,乐于奉献,兢兢业业,任劳任怨,工好职员,农好良民,商要守法,干要清廉,文可安邦,武可定国,一流人才,技能精密。

(三) 家规族训

据《魁山龙氏族谱》所载,龙氏家规族训共有十五条,内容如下:

(1) 热爱祖国,忠于祖国,要勤学、修身、齐家、治国。

(2) 遵守政府的各项政策法令,认真履行公民义务,光荣服兵役。

(3) 要做遵纪守法的楷模。

(4) 牢记祖训,耕读为本,八德传家。

(5) 统一续修谱后,后世子孙统一按新编字辈命名取字,避免尊卑混淆,辈次颠倒,混乱世系。

(6) 孝敬父母,不准有打骂虐待父母的忤逆行为发生。

(7) 当父母者要抚育子女成才成人。

(8) 父母早殁,为兄为姐者,应替父母承担抚育未成年弟妹之责。

(9) 依法提倡正确婚配,同姓不婚,近亲不婚,不准逆伦乱伦。

(10) 笃亲睦族,敬老爱幼。

(11) 讲道德,仁义为怀。

(12) 好友街坊睦邻里。

(13) 提倡勤俭持家,艰苦创业。

(14) 宗族要讲团结,才有凝聚力。

(15) 先辈祭清明扫墓,是怀念祖先、寄托哀思的行动。

（四）祖茔保护公约

除此之外，在始祖龙大明墓地前有一种特别的契约——祖茔保护公约，专为保护祖茔而订立，以此可见魁山龙氏族人的祖先崇拜观念和对家族承续的重视程度之高。2004年重修家谱时，又新立了一块护茔碑（见图9-1、图9-2）。

图9-1　魁山龙氏始祖龙大明墓前的祖茔保护公约

图9-2　魁山始祖龙大明墓2004年所立护茔碑及碑刻内容

二、平寨

平寨以班王氏为主体姓氏，其他姓氏只有少数几户，班王氏家规家训在平寨规约体系中占有重要作用。

（一）合族戒条

（1）族中最宜和睦，勿得恃强欺弱。如有不论礼法，横行霸道者，不拘田土户婚，先经亲族，次及远族，再及合族，齐及公断。其横豪者，罚银五两入祠。

（2）异姓乱宗，大坏伦常。凡族中不准接抱（外姓）作子。如有犯者，离异归宗，罚银五两入祠。

（3）长子不准过房，以其为主器也。凡族中有犯者，离异归宗，罚银六两入祠。

（4）独子不准过继，以其承顶宗支也。凡族中有犯者，离异归宗，罚银八两入祠。

（5）越支过继，最起争端。凡族中有无后接抱者，除长子、独子外，先仅亲房，次及远房。若亲房无应接者，方准受继远房，如有恃强争继者，罚银十两入祠。

（6）族中被外姓欺侮，除钱、债细故外。如事关坟茔风水、命盗奸拐，及悔夺婚姻诸大事，若本人无力兴词告状者，每户出银五分，代为申雪。

（二）判定同宗依据

班王氏广泛分布于贵州各处，如惠水、平坝、花溪等，由于年久失联，老家谱遗失，失去了家族世系认同的重要依据，现主要依据"除夕夜是否饮酒"这一戒令判定其是否同宗。平寨班王氏在除夕不准饮酒，究其缘由，有两种说法。详见第二章第一节。

三、龙窝新旧寨

龙窝新旧寨的主体家族皆为陈姓，新寨陈姓为旧寨陈姓的分支。

（一）龙窝陈氏家训、家法

家训：

一孝：父母面前无违拗，在生不见子承欢，死后念经有何孝，
　　　尔子在旁看尔样，忤逆之人忤逆报。当知孝。

二悌：兄长面前莫使气，手足痛痒本相关，你嫉我妒终何益
　　　有酒有肉朋友多，打虎还要亲兄弟。当知悌。

三忠：富贵贫贱人相同，人情处世莫留空，若如替人谋一事，
尽心尽力便是忠，做事欺心天不依，弄得钱财转眼空。
当知忠。

四信：一诺千金人尊敬，处世信誉最珍贵，譬如人约午时会，
不到未时终是信，一事践言失了信，再次说话人不听。
当知信。

五礼：循礼蹈纪无粗鄙，先一长者尚尤尊，子弟轻狂切莫为，
相敬相爱贵而尊，我若侮人人侮我，到底哪个能饶你。
当知礼。

六义：事大迂功无下及，见义勇为本当为，有才也要留余地，
看风行事莫过及，若如有事不上前，懦弱尚无男儿气。
当知义。

七廉：命运百般人难定，辨别清白尚由天，口渴莫饮盗泉水，
家贫莫取昧心钱，聪明取得痴人谷，痴人终买巧人田。
当知廉。

八耻：好汉骗来一张纸，不觉不悟心无耻，含羞忍辱骗得来，
谁知背后有人指，寄语族人当自强，甘居人下何尤耻。
当知耻。

家法：

一要：忠心爱国　　孝顺齐家　　放眼世界　　报效中华
二要：遵纪守法　　莫违规章　　凡事衡度　　纲举目张
三要：尊老爱幼　　从事温良　　耕读为本　　教子有方
四要：团结和睦　　忍让无妨　　住行相敬　　仁义流芳
五要：勤俭持家　　致富图强　　自力更生　　士农工商
六要：热爱科学　　勇攀高岗　　培育后裔　　龙凤呈祥
七要：学文习武　　迎难而上　　心性和蔼　　淳朴善良

八要：仁慈恻隐　　济贫高尚　　广积功德　　永世辉煌

九要：嫁娶以礼　　选择稳当　　觅求淑女　　相准妙郎

十要：善经坟茔　　遗脉永长　　承先启后　　光大发扬

（二）龙窝陈氏治家之本

孝悌为立家之本　　忠孝为传家之本

勤俭为持家之本　　和睦为齐家之本

耕读为起家之本　　礼义为治家之本

忍让为保家之本　　息讼为居家之本

谨慎为处家之本　　为善为兴家之本

第三节　契约文书

一、魁山

魁山的契约文书（见图9-3）在"破四旧"时，与寨规民约文书一起作为"旧东西"被没收销毁，仅余留下少部分，且均为土地交易契约，即地契。现在，国家各项土地交易制度建立后，魁山已基本没有签订契约的情况。

图9-3　现存地契

二、平寨

在现存的契约文书中,仅有地契和分关文书尚存。

(一)地契

地契是村民在土地买卖过程中签订的文书凭证。买卖双方先实地查验、认清四至等细节进行商定,然后请双方都信服的德高望重的两位老人,一人作为中人、一人执笔书写地契文书,并邀请寨老作为证人,买卖双方在契纸上签字画押后,在对折后的中线处书写契约签订时间,以防伪造。至此,买卖达成。

契约签订后,买卖双方对邀请的老人会进行相应的酬谢。如是本寨中的老人,则以饭食酬谢,如是被邀请到外寨,则以一斗米作为酬谢。

(二)分关文书

分关文书(见图9-4)主要是作为家庭财产划分的证明,是父辈为子辈分家析产而订立。

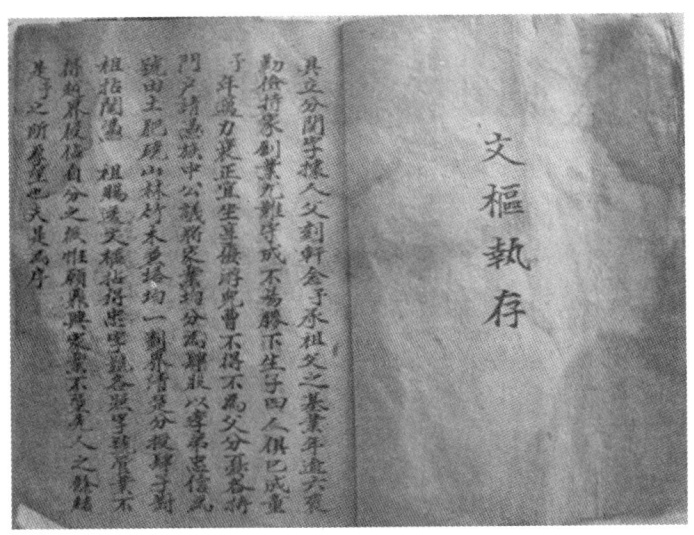

图9-4 分关文书

首先,父辈以子嗣人数平均分割家庭财产,包括房产、土地、山林、鱼塘以及家禽牲畜、生产生活器具等；然后，邀请族中寨老作为证人，审定家庭财产划分情况是否公平，再以财产划分数量订立相应数量的分关文书，各份标明编号，以编号抓阄决定分关文书中财产划分的归属，各自保存自己的文书。

三、大坝

买卖双方先商定具体细节，然后邀请寨中同辈中文化程度较高的人书写契约文书，寨老作为证人，买卖双方均可邀请证人，也可由双方共同邀请。买卖双方组织参与契约订立的人聚餐，在席间决定契约的具体内容，饭后即由书写人整理成文，契约双方和证人确定契约无误后，即在契约上签名盖上手印，即为生效。契约双方的签名不仅是契约生效的主要依据，也是契约真伪的重要鉴别方式，因为签名的内容不做限定，可以是名字，也可以只是一个符号。

事后，契约双方各给书写人一个红包作为酬劳，寨老和其他参与人则以饭食酬谢。

四、龙窝新旧寨

龙窝新旧寨的契约订立主要有买方、卖方、代笔人和"在中人"（即证人）四方参与，"在中人"一般为寨中有威信的寨主、寨老，代笔人一般为寨中文化程度较高的寨民，契约的效力主要依靠村民的道德品质和证人的威信来维系。

契约缔结有两种形式：一是买卖双方直接商定，后邀请代笔人和证人共同见证，签订契约；二是由卖方委托介绍人寻找买方，介绍人协调好买卖双方后，由买卖双方邀请代笔人和证人的共同见证，签订契约。参与契约订立的四方人员均要在契约文书上签名盖印。

契约签订后，要付与代笔人和证人酬劳。

五、克酬、磨盖与破塘

克酬、磨盖和破塘的契约文书皆被焚毁于"破四旧"时期,土地承包到户以后,再无签订契约的习惯,且老一辈人已经逝去,在生时也没有对后代提及,契约的签订方式与过程已消失在村民的记忆和现实的记载中,当时的情况已难以考证。

第十章 节日与婚丧生育习俗

节日、婚姻生育、丧葬是平寨村民俗文化中最为重要的三个部分。平寨村有布依族、苗族、汉族,他们都有自己的节日,但在交错而居的不断互动中,逐渐形成了布依族与苗族共度"四月八"、苗族与布依族同过"六月六"的和谐场景,在丧葬仪程中布依族摩师与道士同时在场的特殊景象。另外,本章还介绍了苗族节日与婚丧习俗。

第一节 节日习俗

平寨村布依族的传统节日主要有春节、清明节、"四月八"、端午节、"六月六""七月半"、中秋节、重阳节等,其中不仅包含了汉族传统节日,还与苗族同胞同过"四月八"。

一、春节

春节是平寨村最为隆重的节日。腊月伊始,寨中每家每户便开始为春节做准备,杀年猪、磨豆腐、熏腊肉、舂糯米、打粑粑等。到腊月二十八,家家户户打扫房前屋后,提前备办各种年货。到大年三十下午或晚上,家主带着家人并拿上香、烛、纸钱、鞭炮、酒和饭菜到土地庙,接老祖公回家过年,在家中堂屋供奉。

吃年夜饭时,在堂屋门两边各点一炷香,烧纸钱,是为敬门神;在神龛下的"天地神位"处点一炷香,烧纸钱,是为敬天地;敬祖先则在神龛上点燃三炷香、一对烛,供上米饭、猪肉、水果和茶水,全家老小在神龛前的"火盆"旁给老祖公烧纸钱,同时呼唤已故祖先回家过年,呼唤的范围为自家直系祖先,呼唤的顺序要按照辈分由远及近或由近及远，直至超出家主的记忆，已故男性祖先称"称谓+名讳"，已故女性祖先则称"称谓+姓氏"，燃放鞭炮之后一家人则开始吃年夜饭。

吃过年夜饭后，全家人坐在一起"守岁"，直到午夜12时，每家每户燃放鞭炮，近几年也有人鸣放礼花，以此迎接新一年的到来。家中需有人通宵守夜，保证神龛上香火不灭，直至大年初一午夜12时，所以正月初一也不出远门。

初一早晨打开大门后，要唱开财门歌，歌词没有固定的内容，由村民即兴而作的吉语组成，如"吉年吉月好时辰，初一早上开财门。自从吉日开门后，富贵荣华万年春"。之后便从屋外捡回一小捆木柴，意为"财"，放于神龛处不能移动，三天后烧掉，灰烬不能往外倒。早饭后，大人带着孩子到寨中各家各户拜年，而现在拜年串户主要尊重孩子自己的意愿。

大年初一作为新年的第一天，尤其是当天早晨有着诸多禁忌。一是忌扫地，认为扫地会招来跳蚤，引得家宅不宁；二是忌往屋外倒水，初一早晨的水是财水，将水往外倒会影响一年的财运；另外，各家各户不煮饭，认为大年三十的饭菜足够吃两年，寓意来年丰收、不缺吃穿。

初二早晨，妇女们到水井挑水，要焚烧香、烛、纸钱，同时喊"龙王，买水啦"，认为这是"新年水"或叫作"聪明水"，谁挑得第一挑水，就会在这一年中得到幸福和好运。

正月初二至十五，则是村民们走亲访友、"玩场"的时间，经过一年劳作的村民们此时才迎来了农闲。"玩场"主要是唱山歌、对山歌。

正月十五要专门邀请姑妈到家中做客，一起吃油炸粑，是为过大年。至此，春节便结束了，又要开始一年的劳作。

二、清明节

清明节，由族中老辈率领后辈，携带香烛、纸钱、酒肴、纸马，到祖先坟地挂青，添上新土，插坟标，挂纸马，燃香点烛，摆上酒肴，老人点名奉请祖宗，以使子孙清楚家族先祖，并代代传继。所供酒肴主要包括肥肉、瘦肉、蛋、豆腐各一盘，以及一杯酒和一碗饭。

三、"四月八"

"四月八"是农历的四月初八,是布依族的传统节日。关于"四月八"的来历,在当地流传着以下几种说法。一种说法是为了庆祝布依族先民打了胜仗;另一种说法是牛王诞辰,人们认为这一天是牛魔王的生日,由于牛在当地稻耕生计方式中的重要地位而被重视;还有一种说法是目连救母,相传目连的母亲是布依族中极为重要的人物,因被人陷害而入狱。目连每天给母亲送去的食物都被狱卒吃光,遂将乌米叶和茶叶和糯米共煮,将米染成乌黑色再送到狱中,狱卒以为黑黢黢的糯米有毒,便给目连的母亲吃。目连的母亲就靠吃黑糯米饭维持生命,直到平反出狱。出狱这天正好是四月初八,为庆祝目连母亲出狱而有了"四月八",当地布依族至今延续着吃乌米饭的习俗。

每年农历四月初八时,寨中各家皆会准备糯米饭过节。糯米饭多为黑色和黄色两种,是将煮熟后的糯米饭用叶子染成黑色和黄色,染饭的叶子多从山上采摘而来,也有从商贩手中购得。

"四月八"也可以说是小孩儿的节日。在这一天,寨中各家的父母都会准备糯米饭,画好漂亮的旗子,带着小孩儿到自家寨子固定的"四月八坡"上去玩耍,这个过程叫作"送四月八"。过"四月八"除了吃和玩没有什么特别的活动,全家人带饭到坡上,在山坡上插上旗子,吃饭时就在旗子下吃,大人们陪着小孩儿一起玩耍,一起放风筝,风筝多为龙、虎和蝴蝶的模样。现在寨中年轻人多数外出打工,很少有人带饭出去吃,老人带孩子出去只为玩耍。

当地也有"四月八,吃八顿"的说法,意思是在这一天需要吃八顿饭。吃饭时也无须等到饿,也无须同平时一样吃多,只须隔一会吃一点。

人们在"四月八"凌晨就要争先恐后地去放牛,认为哪家的牛最先追到坡上去,哪家的牛力气就最大,"四月八"也要喂糯米饭给牛吃,并且不准让牛干农活。在这一天要请老祖公回家吃饭,早晚都要供饭。

四、"六月六"

平寨布依族过"六月六"主要是吃粽子，平寨王姓为纪念祖宗在"六月六"这一天打胜仗凯旋，因此人们便用糯米包粽子庆祝，后来就演变成习俗，一直保存至今。"六月六"这一天人们也在田间挂纸马，这一任务由家里的男人去完成，纸马可禳灾祈福、驱除虫害，保五谷丰登。

现在平寨布依族过"六月六"的形式更为多样化，主要有唱山歌、跳舞等。平寨布依族有专门的山歌队和舞蹈队，负责外来人员的接待和节日活动的庆祝。

五、"七月半"

"七月半"又称"中元节"，各家敬祖先，都要为祖宗燃香、点烛、烧纸钱和供饭，其程序与过春节时相同。此时，正值稻谷出穗，丰收在望，各种水果也已经成熟，人们为了怀念先祖，每家每户都要去田间采集三棵稻穗供奉在自家的神龛脚，并在神龛前的八仙桌上摆上不同的时令瓜果，供奉一天，请老祖公回家吃饭。

六、重阳节

重阳节又称"九月九"，家家户户都要用当年新收的糯米煮糯米饭、打粑粑。旧时还要"扫火洋"，即把家里废弃的东西丢在一个竹笼里，放在河中被河水冲走，意为驱灾除邪。

第二节 婚姻生育习俗

平寨布依族的婚姻，实行一夫一妻制，同宗族、同姓氏的人不能通婚。自由恋爱、自由结婚是布依族的婚姻传统，但是男女青年自由恋爱也需要有媒人说合，男方请媒人到女方家说媒需经"三回九转"，增进双方家庭的感情。征得女方父母同意后方能结婚。

一般来说，平寨布依族婚姻习俗要经过择偶、说亲、定亲、拿八字、举行婚礼等过程。

一、择偶

择偶又叫相亲，即青年男女通过赶场、节日、送亲、做客等机会相识，通过对歌的形式交流感情。通过多次见面，多次了解，男女之间若互相爱慕、情投意合便可互赠礼物——"丢把凭"（即定情信物）。

布依族喜唱山歌，女性更是唱歌能手，节庆喜事以及赶场的路上都是这个民族歌唱的舞台，因此，通过唱歌结成夫妻的人也不在少数。

对歌既是布依族男女相识相恋的媒介，也是人们茶余饭后的一种娱乐方式。人们以唱歌为乐，在一起对歌时举止文明，男女双方站、坐都要相隔一定距离，不会追逐打闹，更不会嬉戏拥抱。歌词内容有："哥住高坡妹住冲，要来相逢路不通。哥变黄莺妹变鸟，半天云内来相逢。细篾斗篷耍须长，挽个疙瘩丢送郎。千年不准疙瘩散，万年不准哥丢娘。"

二、说亲

男女青年"丢把凭"后，男方家就要请媒人到女方家说亲。媒人介绍了男方及其家庭情况后，女方父母一般不会当面拒绝，或持默认态度，或说要与同族中伯叔商量一下，或说要听取姑娘的意见后再做定夺等。媒人回到男方家，将女方父母的态度告知。男方家根据女方父母的态度，备上"引口布"（一段八尺六寸长的布）、"忍口糖"（一斤或两斤重的两封糖）、"忍口酒"（两瓶酒），选择适当的时间，请媒人带到女方家，再次表明男方家说亲的诚意。若女方家高兴地把布、糖和酒留下，即认可成亲；若女方家把布、糖和酒交给媒人退回，则表示不同意这门亲事。

三、定亲

说亲成功后，媒人征得女方家同意，就约定时间到女方家定亲。这时，男方家须准备四斤六两重的猪肉一块、糖若干封、酒若干壶，由男方的母亲、伯娘、叔娘等随媒人送到女方家。女方家则把糖、酒送给同宗支系的伯叔家，并请伯叔、内亲来共聚晚餐，然后由其亲叔伯家依次把男方的母亲请到家中做客，表示认亲。

稍隔一段时间，又由男方家备上若干酒糖、两只公鸡到女方家去，同样把糖、酒分给同宗支的家庭，女方家宰杀其中一只来祭祖，即定下了女儿的婚事，叫作"拴鸡脚杆"。女方家则拿一只母鸡与男方家送来的另一只公鸡一同交与男方家带回。

四、拿八字

定亲后，男方家请长辈6人以上的不定人数，必定是偶数而不能是奇数，带上衣服、首饰、红封（彩礼钱）、酒、糖、一方一肘（一方猪肉、一只猪腿）、笔墨纸砚、一对红烛、香（总共六炷，按每把三炷用红纸捆成两把）、用红纸写的"庚书"以及一串鞭炮到女方家。

"庚书"正面右侧写上"干造生于某年某月某日某时"，即男方的出生年月日时，背面中靠左竖写"天长地久"。女方则请家中长辈在"庚书"正面左侧写上"坤造生于某年某月某时"，即女方的出生年月日时，背面中靠右竖写"地久天长"。女方收下男方家的礼物及红封，在庚书内包装少许五谷盐茶，将庚书退还给男方家，接着鸣炮。这是拿八字的过程。

五、合八字

合八字是男方家根据两人的生辰年月，请人推测两人八字是否相符，主要是看两个人"五行"属相是否相生相合，相合则可结成夫妻，相克则要终止婚事。其实这只是一种形式上的过程，布依族男女青年在互相认识的时候，就彼此了解属相，并事先告诉自己的父母，请人事先预测过。因此，一般不会出现八字合不起而终止婚姻的尴尬局面。

合完八字后，认定了双方可以"鸾凤和鸣"，就择定结婚的吉日。男方家需准备各种布料、衣服鞋袜以及一壶酒、两只鸡、一块猪肉、香蜡纸烛、红封等连同写好的期单（见图10-1）一起送到女方家，这个过程叫作"送期"。如果女方家对彩礼及婚期无异议，便请人燃香发烛放鞭炮，摆酒设宴招待男方家来的人员。

图 10-1　期单

六、婚礼

婚期大都选定在农历九月至次年正月的农闲时节。

婚礼前一天，男方家要请两名父母健在的少年男子，携带大小红烛各一对、香六炷（每三炷用红纸包成两捆）、一壶酒、若干包糖、一把红伞、一块三斤六两重的猪肉前往女方家接亲。女方家则请 8 位姑娘、8 位后生、16 位老年妇人、16 位至 32 位中年妇女送亲，发亲的时间则依据期单中所定的吉时。

发亲时，新娘需到神龛前跪拜、辞别祖宗，请族中长辈说些吉利、祝福的话语，然后从大门出发。

新娘到达新郎家门前，寨中老人要讲些吉利话，跨过盘中放置七个灯的"七星灯"，添福添寿，之后方可进门。

接下来就是拜堂仪式。男方家请一位德高望重、多福多寿的老人来主持，同时请一对多福多喜的夫妇来牵亲，等到吉时，男牵新郎，女牵新娘进堂屋拜堂。送亲客只能在大门边等候，等新郎新娘拜完堂才能进屋。拜堂的整个过程分四个步骤：燃香、点灯、发烛、拜堂，主持人在完成每一个步骤时都要说吉利话，这些吉语不是一成不变的，可以即兴发挥，主要表达对新人的美好祝愿。如：

燃 香

吉年吉月好时辰，吉日吉时来燃香。
自从吉日燃香后，自由婚姻万年长。

点 灯

吉年吉月好事成，好个时辰来明灯。
自从吉日明灯后，自由婚姻万年春。

发 烛

一张桌子四角方，张良设计鲁班装。
四面装进银牙半，一对红烛放中央。
自从吉日发烛后，自由婚姻得成双。
自由婚姻成双对，百年好合富贵长。

拜 堂

一拜天地，天长地久地久天长；
二拜高堂，福禄绵延百世齐昌；

夫妻对拜

一鞠躬，夫妻情义如青松；

二鞠躬，夫妻友谊富贵荣；

三鞠躬，子孙发达百世齐昌。

新人在拜堂（见图 10-2）后要给父母敬茶，如果父母都健在的，那么双方都要敬；如果只有一方健在的，那么只敬一方即可（见图 10-3）。新人给父母敬茶，父母要包红包，金额多为 360 元。

图 10-2　拜堂仪式

图 10-3　新郎新娘给父母敬茶

新人在拜堂期间已有人铺好新床,新郎新娘入洞房更换好衣服之后,要请两位送亲客来往床上撒喜果,喜果多为花生、葵花、糖果等,并唱祝福新人的吉语,同时要请童子娃娃来新床上边滚边抢喜果,祝福新人多子多孙,后世昌盛。

主家与客家的对歌、对舞也是整个婚礼当中的亮点,这不仅是婚礼过程中需要完成的一个步骤,更是主家与客家斗智斗勇的一个平台。原则上是主家先开口唱,客家对答,一直要从堂屋外对歌到堂屋里,主家才给客家倒茶喝,这一过程持续时间长短多是根据对歌的人数和对歌的水平而定,如果双方对歌的人数较多而水平较高,则持续时间较长,反之则持续时间较短。实际上在对歌时主客家都不甘示弱,难分伯仲,因此这一过程通常都要持续一个小时以上。歌词主要是歌唱美好的生活,表达对新人美好的祝愿,主家也会夸赞客家的嫁妆办的比较多,客家则比较谦虚,并且感谢主家的热情好客。

七、婚宴

男方家办的婚宴是招待亲朋好友以及送亲客。过去,婚宴共有三天,即第一天客来,第二、三天正酒,第四天放客回家,当地人现在称为"真三天"。现在则改为第一天迎亲,第二天正酒,第三天放客回家,当地人称为"假三天"。

1. 正酒

迎亲的第一天起,在堂屋大门口往外布桌设宴,不论送亲客多少都要一次性安排完毕。大门口左右两桌按男左女右,由送亲的后生、姑娘先入席,继而是中年送亲妇女、老年送亲妇女,再是其他客人。

后生、姑娘的两桌,不仅用红纸条贴桌、椅、碗、筷、烟、酒、糖果,连菜肴也是封住的,需要通过唱歌或说吉语请主人启封,从桌子开始,每说或唱完一样,便开启一样,开启完毕,才能上席开菜。

2．宵夜

此宵夜并非通常的夜间小吃，而是婚宴喜酒礼节的精华，是主、客双方斗智、显能、亮才的时候，整个过程充满热烈而紧张、活泼而严肃的气氛。宵夜在正酒的晚上进行，过程有：开财门、对歌、请客人入席、吟诗作对、合桌等。主人先在堂屋内将三张桌连成一排，桌子正中摆放瓜果、小菜、葵花籽、糖、烟、杯、盘、筷、碟等，以及红纸封好的两把装满酒的壶、一对烛和三炷香，将大门关上，再去请客人。客人来到，先唱"开财门歌"，主人方将大门打开，然后进行外答内应，请客入席。

3．放客回家

正酒后第二天，婚宴结束，便要放客回家。当天午饭过后，主家将堂屋收拾干净，点燃红烛，正中摆上桌子，送亲客到堂屋向主人辞行，随后还要举行吃拦门酒、"骑马"、开财门等仪式。

吃拦门酒。当客人进入堂屋后，主家在门口放一张大桌，桌上摆放酒及酒杯，客人喝酒后且主客双方对歌，方可出门。

"骑马"。吃过拦门酒后，主家在门前用板凳作马。送亲客要骑上板凳，说些吉语，之后丢钱在草料盆里，是为"骑马"。

开财门。主家用荆棘拦了数道"门"，送亲客每唱一首"开财门歌"，便开一道门。此间，男女青年还会玩"打花猫"，即用锅底灰往对方脸上涂抹。还有"戴项圈"，即把用草扎成的圈戴往对方脖子上。大家互相打闹，热闹非凡。

在过去，婚礼结束后，新娘要随送亲客一同返回娘家，不在夫家居住，在此期间，丈夫不能去看望妻子，夫家看望的人只能是婆婆。在农忙季节或是夫家族中有婚丧嫁娶之事，夫家要请两名妇女去请新娘回来帮忙，这是夫妻结婚以来新娘第一次在夫家居住。寨中的亲族都要请新娘吃一餐饭，借此机会让新娘熟悉夫家族中长幼的称谓。之后，新娘既可以在娘家居住也可以在夫家居住，直到生了小孩儿以后，新娘才在夫家定居。

八、生育

结婚以后,生育便成了整个家庭的头等大事。等到小孩儿出世以后,婚姻关系才正式形成。

凡家中添孙见长,则在门上插三尺长的竹标,表示家中新添人口。在平寨,不论生男孩还是女孩,都为红纸竹标;在龙窝,红纸竹标表示生男,草纸竹标表示生女;在大坝,竹标则是用红纸折成三角形夹在划破的竹子上,一个角朝上表示生了男孩,角朝下表示生了女孩。尽管做法不同,但都是提醒外人家中有人生产,三天内外人不便进家。

生育第二天,便要拿一只鸡到外家去报喜。在平寨,生男孩用公鸡,生女孩用童子鸡;在大坝和克酬,生男孩用童子鸡,生女孩用公鸡。妇女生孩子后,要挽发髻于头上,坐月子期间,不准梳妆洗头,不能吃花椒、辣椒,不能吃公鸡肉、猪头肉和豆腐。女子禁止在外家生产,怕影响外家兄弟,带去不祥。满月前夜,要炖一只鸡全家食用,寓意祈求全家平安。

第三天,外婆和外家伯娘和叔娘们,要带上母鸡一只或两只、糯米数斤、鸡蛋若干,以及婴儿衣裤鞋帽等。男方家要请伯母、叔母来陪客,叫作吃"三朝酒"。同时,请先生来为新生儿书写"八字"。在书写八字前,要捞几条小鱼养在碗中,先生写八字时要用笔去沾养鱼之水掺墨书写,写完后便将这碗水和鱼倒入水井,将其放生,寓意孩子的人生如鱼一样欢畅,自由自在。先生还要宰一只雄鸡敬神祖,感谢神祖保佑添子孙。同时请先生为孩子起名,择取吉期办"提篮会",也叫请"月米酒"。

"月米酒"酒期一般为三天,有的也只办一天,要通知外家及三亲六戚。客人赴宴时,一般要送上两升糯米、几十个蛋及小孩的衣帽裤鞋,现在多以钱折合送礼。外家送的是背扇、小棉被包单以及数十斤大米、若干个蛋。外家来时，主家要请人去接客，接客者用木棍或竹竿拦门，客人则唱开财门歌。往复几个回合，方可开门将外家引进屋，奉烟、敬茶。夜间也要欢聚，如吃婚姻喜酒一样，老青壮均可对唱亲家歌，或唱恭贺主家的歌曲，通宵达旦方散。放客那天，主家要在院坝并排摆放两张大桌，把外家送来的礼物摆至桌上。并用背扇裹着小包单假扮成包着小孩的模样，请外婆来背外孙，客人起哄叫公公或太太（奶奶）先背，几人推来让去，娱乐众人，弄得满院热热闹闹。

第三节 丧葬习俗

一、丧葬仪程

平寨布依族认为老人死后灵魂不灭，只要虔诚供奉，便能得到祖宗的保佑。因此每家堂屋后壁正中都有神龛，神龛上摆香炉，每逢过年过节都要燃香、点烛、烧纸、供饭。在平寨布依族中，有人过世了都要举行葬礼，包括送终、入殓、守灵、请师、报丧、掩棺、开堂、点主、家祭、外祭、出丧、下葬、洗孝等程序。

1. 送终

老人临终前，要将其抬到堂屋中间，安放在用木板铺好的床上，子女们寸步不离守候在身旁为其送终。老人临终时，子女们要将老人扶起坐在神龛前的太师椅上，守在身旁直至老人落气。咽气之后，要烧三斤六两"倒头纸"和鸣放鞭炮，以示亡人"归天"，三斤六两"倒头纸"的灰烬要用黑色棉布口袋装好，入殓时用作亡人的枕头。接着向族中、寨邻报丧，族中亲友们闻讯赶来，商议治丧，寨邻也均来帮忙料理丧事。要选出执事者，明确分工并用白纸写出执事榜（见图10-4）张贴，之后各执其事。

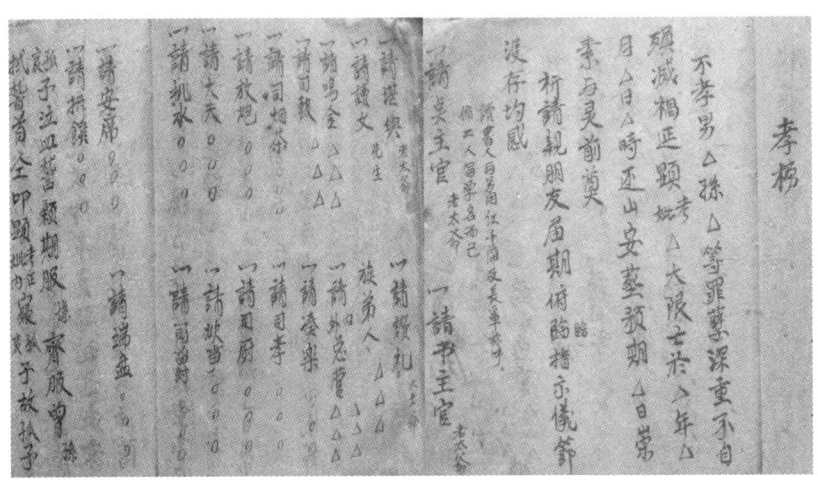

图 10-4 孝榜（又称执事榜）

2．入殓

孝子要用艾叶煮水亲自为亡人沐浴，男性则是理发剃须，女性则是梳头洗脸，有的还将一枚银硬币置入亡人口中，寓意后人聪明伶俐，出口成钱。这一过程称为"净身"，"净身"用的水要倒在无人跨越的地方。

给亡人穿戴的寿衣只能是用纯棉纱布或丝绸缝制的黑色的寿衣，至于穿多少件则根据自家的家庭情况而定，3件、5件、7件都可，只是必须穿单数，衣扣只能用布扣或者棉线拴系，脚穿黑色棉布鞋袜，如果亡人是男性则带黑色八角帽，如亡人是女性，则用黑色丝帕裹在头上即可。有的在穿戴好之后要请族中德高望重之人燃香在亡人的衣物上烙一个小孔做记号，以免亡人到阴间之后衣物被野鬼抢走，并且要嘱咐亡人："有人跟你要，不能给；有人跟你买，你不要卖。自己保管自己用，永远是你的衣服。"有的则不经过这一过程，穿戴好即入殓。

穿戴完毕后便要清理棺木，有条件的家庭用松香或石蜡熬成液体，浇灌棺木的底壁。然后将棺木抬到堂屋中间，用两根圆木垫在棺材底部，棺材不能着地。棺木的摆放在平寨村各家族之间也有差异，龙氏、陈氏、罗氏、韩氏是将棺木与房梁垂直停放于堂屋中间，称作"登龙门"，而班王氏则是按男为头居左脚向右、女为头居右脚向左的方式停放，称作"顺梁"。棺木摆放好之后，先在棺木底部铺上纸钱，再在棺木的底部及四周铺三层白纸，每一层3张、5张、7张均可。遗体入棺要用一块棉布做"兜单"，通常为白色，但也有特别讲究的，魁山龙氏对50岁以上的亡人用的"兜单"是红色，50岁以下的则是白色。兜好遗体后，众人抓住"兜单"四角及中部将遗抬起缓缓入棺，再将遗体摆平放正，棺木四周的白纸裹进缝隙，再塞些纸钱将遗体固定，之后用一块红绫或红布齐肩至脚盖在尸身上，称为"丧盖"。盖上棺盖，棺盖则需先生前来做完仪式掩棺之后才能盖紧。在整个入殓过程中必须谨防金属和杂物进入棺内。

入殓之后，在棺木脚下点上一盏长明灯，亡人的头端摆放一张小桌，桌上放上亡人的灵位和一碗糯米饭，称作"倒头饭"，从亡故至下葬，要维持香火不灭。

3．守灵

入殓毕，家族成员日日夜夜都要守灵，凡初来者，要带三炷香和纸钱烧给老人。守灵要一直持续到出丧前夜。

4．请师

老人亡故后，要请诵经先生来超度亡人。同时，请堪舆先生来选择吉地、吉期，安排何日何时内祭、外祭、安葬等。死者如较年轻，就急葬，葬期短；如果是老年人，就视其家庭环境，结合亡人属相，选择吉期安葬，在家停留的时间一般为5天至8天，也有超过10天的。

5．掩棺

诵经先生到来，先要做些掩棺前的准备工作：首先是用孝婿带来的小猪、豆腐、酒等祭品给亡人"开路"。小猪要按预择的时间宰杀，然后割下一方猪肉煮熟后用大碗装着放在灵位前，由诵经先生请孝家以前过世的老祖宗来和新亡人一起用餐，有的由远及近地喊，有的由近到远地喊，请完便可掩棺。掩棺时，诵经先生要放5根茅草在棺盖四角及中央，然后一边诵念抽魂咒语一边拿掉5棵茅草（见图10-5），这就是抽魂，先生吩咐死者跟着老祖宗去，一起共分其忧、共享其乐，保佑后人平安、发财发福。棺掩好后，不可再开，掩棺结束后，整个封丧闭殓仪式才算完成，族中的儿媳妇每人要拿一床被套盖在棺木上。

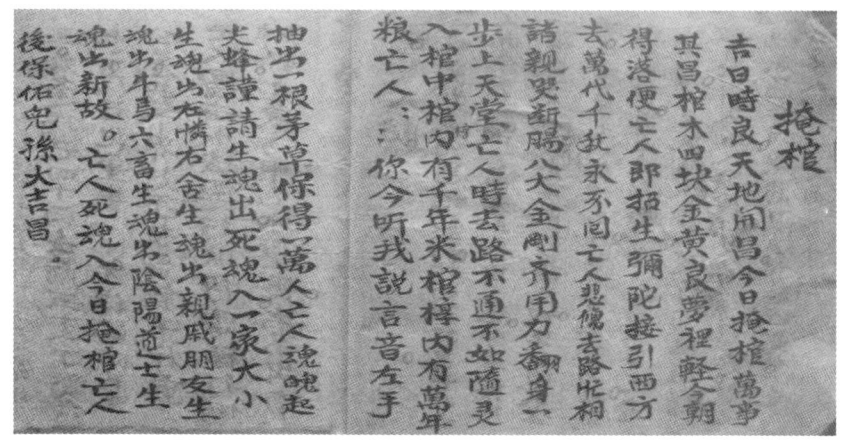

图 10-5 掩棺仪文

6．报丧

掩棺之后派人到外家报丧，到外家报丧需派两名明白事理、年纪稍长、德高望重的人。一人提白酒，酒瓶上系3寸宽、6寸长的白布一条，另一人抱一只公鸡，在其中一只鸡脚上也系同样尺寸的一条白布。到目的地后，外家接进家去，并召集族中亲友与报丧之人共商吊祭之事。

7．开堂

开堂即成服。开堂之前，要先布置灵堂。在大门前用青松枝、狮子草扎成"进门"，堂屋摆上一张大桌，放一斗谷子、一升米，用红纸写上"×××颖考之灵位"。在"进门"前要扎一个香亭，亭里仍写上死者牌位。

孝家杀一头猪来祭奠。猪不破腹，摆在院坝里，头向灵堂，脖子正中留一撮毛，并烙三个洞构成三角形，其中一个洞擦上三炷香，另外两个洞各自擦上一只烛，之后再从蹄髈处砍下一只腿，如果亡人是男性，则砍下左腿，如果亡人是女性，则砍下右腿，再将这只腿放于灵堂上祭奠。诵经先生要由远及近地请老祖公前来，交代他们有新亡人加入，请他们开路（见图10-6）。

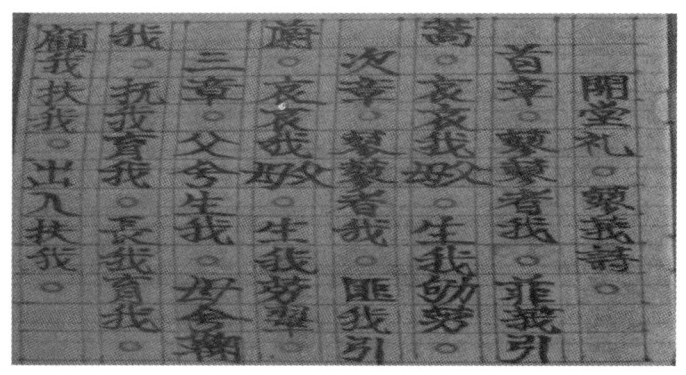

图 10-6 开堂礼

8．祭奠

祭奠分为家祭和外祭。开堂后，第一天进行家祭，第二天进行外祭，第三天出殡。家祭前要扎纸扎，主要是扎纸人、纸马（男性亡人用）、纸幡、纸轿（女性亡人用）、纸旗、纸伞、纸灯笼、望山钱等。望山钱的层数根据亡人的岁数而定。家祭是请本民族的先生为亡人举行隆重的超度仪式，主要有灵堂祭和点主两个仪式，灵堂祭既可以在早上进行，也可以在晚上进行，在早上进行称为"朝祭"，在晚上进行称为"暮祭"，通常情况下都是进行"朝祭"。

（1）家祭。

家祭时，先行堂祭，再行点主。

堂祭时，首先是鸣放鞭炮，之后孝子、孝女、孝妇、孝孙均披麻戴孝、脚穿草鞋，孝子各执一根丧棒（竹杖），孝女各执一炷香，孝妇解下发簪、摘下饰物，列序等候，在先生的安排下进行"绕灵三匝""问安礼""行三跪九叩礼""灵前三献礼""读堂祭文""读书礼""孝妇敬茶""孝孙敬茶"等仪式。整个仪式过程中诵经先生都要诵念经文，诵经先生先诵念朝（暮）奠诗，再引导孝子、孝女、孝妇、孝孙进行各自的仪式。其中，堂祭文即民间悼文，是缅怀先辈一生辛劳和功绩，唯愿先辈度脱升天的悼文。其用词十分讲究，要求既要言简意赅，文采生动，催人泪下，又要能使人化悲痛为力量。仪式结束后，祭文要按男左女右的顺序贴在堂屋内。堂祭经文见图10-7、图10-8。

图 10-7　堂祭经文之一

图 10-8　堂祭经文之二

图 10-9　磨盖陈炳荣老人葬礼家祭中的道士

图 10-10　僧人在主持转香仪式

　　点主时间一般安排在家祭中午进行。点主前，要先请书主官按男左女右的方式写好神主牌，若亡人为男性，书左空右，若亡人为女性，书右空左，并留"神"字一竖、"主"字一点不写，由大宾官（点主先生）来添上，叫作"提神、点主"。点主的过程听赞礼先生指挥。

　　首先，在堂屋外正对灵堂的地方布置书主官位和点主官位，周围布置歌诗位、讲书位、赞礼台等。时辰到后，执事者带领两名男童及孝男孝女到三岔路口迎接点主官和书主官，一路锣鼓开道，鞭炮齐鸣，孝男孝女披麻戴孝，两名男童一人拿请帖、一人举红伞。点主官为寨中辈分高、福德双全的人，穿着长衫、马褂，头戴寿帽，十分庄严肃穆。迎请大宾官至孝家，敬烟、奉茶，执事者在院中安一张大桌，用花布或丝绸被面罩桌，给大宾官净面、洗濯、净巾后，请大宾官就餐，歌诗者歌《大宾官用餐诗》，歌诗毕，请大宾官三举杯、三举箸。拆席，请大宾官先生濯净巾。正对灵位搭讲台，请讲书者讲《孝经》之章。讲毕，请大宾官升公座，执事者用盘子盛八角米，放上钱币引孝子捧出神主牌，先呈给书主官书写，再叩请点主官点主。

　　点主时，执事引孝男跪灵位前，引针刺孝子右手食指指甲根部，以笔润红后，方请大宾官受笔点主。点主时先蘸血，再蘸朱砂和墨水。若亡人没有儿子，也不能用女儿和女婿的血，因为女儿长大了是要嫁人的，老死之后也是别人的祖宗，不会保佑娘家的子孙。但魁山龙氏点主时也用女儿女婿的血,认为他们也是继承人。点毕,执事者合主,将神主牌给孝子捧主入帏,请大宾官安主、赞主。孝子跪拜大宾官和众执事,请大宾官归公馆更衣,乐队奏乐送其回住所。

现在,过程都有所简化,没有迎接点主官的仪式,点主官的衣着服饰也没有讲究,着平常的服装即可。

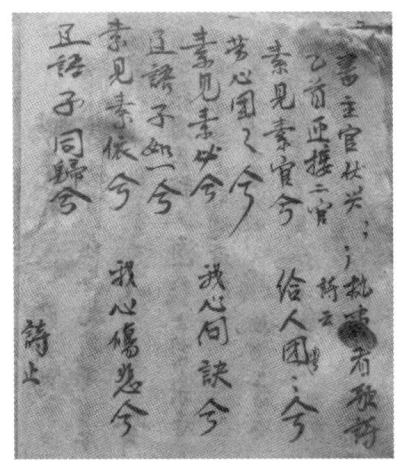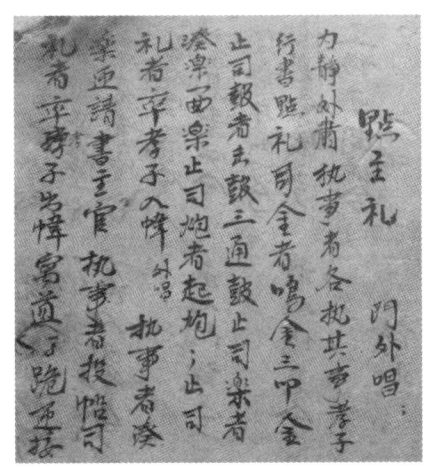

图 10-11 点主经文

(2)外祭。

外祭是在家祭次日,孝家迎接外家及族戚亲友前来祭奠。外家到村口时,奏哀乐、鸣炮三响让孝家得知,孝家听到炮声,先生便领孝子、孝妇、孝孙敲锣打鼓、吹唢呐去村口跪迎来宾,歌诗者歌《迎客家之诗》,外家则唱《吊祭歌》酬答。客来后安排入座,奉烟倒茶。祭奠分为一般祭和猪羊祭,一般祭为祭幛和祭品,祭幛为毛毯,床单等,书写祭奠词语;祭品为香、烛、纸、鞭炮、酒、肉、糖食果品等,将这些拿至棺木前祭奠。现在,一般祭多以钱币代替祭品和祭幛。

猪羊祭是外家及女婿所行礼仪,除备齐祭品外,还要准备整头猪和整只羊。祭奠人先在灵前行礼,执事者给成服,即孝衣和孝帕,礼行三献,仪式和开堂相同。女婿在行三献礼时,要将"金童""玉女""金银山""凰竹"分三次捧入掌中放于大桌灵位上,供联挂在堂屋中。

9．安葬

祭奠仪程过后，便是堪舆先生择定的安葬之期，有出殡、破土、下葬三个重要仪程。

（1）出殡。

先生在棺木前完成最后一次荤、素席的供奉，再将棺木顺在堂屋中间，先生诵念经文，做完仪式喊"起"之后，便将棺木抬到院子外的路口捆绑，抬丧的龙杆上捆一只"头戴红冠子，身穿五色衣"的"站龙鸡"，捆绑好之后，众人听先生口令，抬棺出殡。出殡时，鞭炮声、锣鼓声、唢呐声齐鸣，孝子走在棺木的前面，凡前面遇到桥、沟渠等，孝子要爬在桥或沟渠上，爬的方向与水流的方向相反，让棺木从自己身上抬过，这便是"背亲过桥"。族中女性则随着抬丧队伍到墓地，棺木落地后对灵哭丧。

出殡之后，拆灵堂和纸扎一起搬到墓地集中烧化。

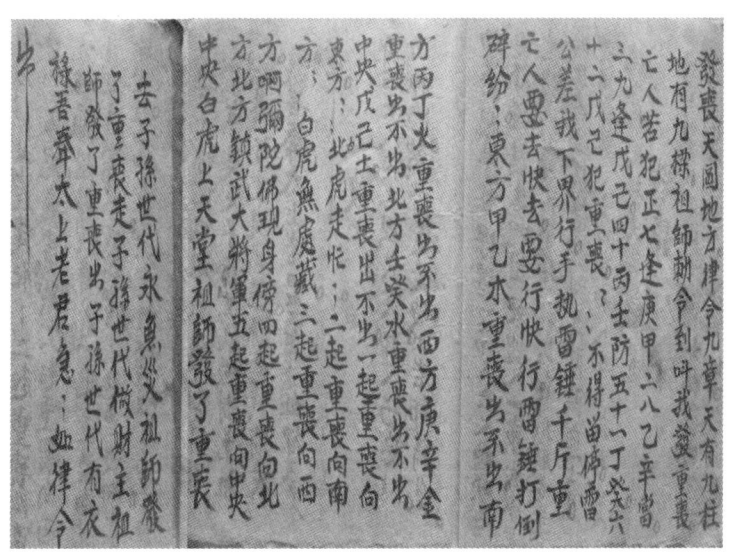

图 10-12　发丧仪文

（2）破土。

先生诵念经文，并在墓地挖三锄，孝子再跪着挖三锄，随后便开始挖井。

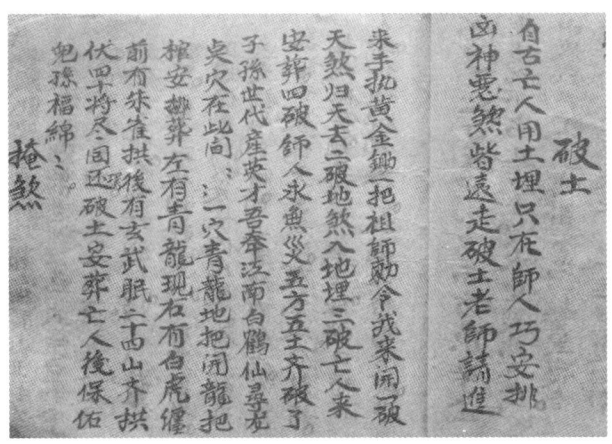

图 10-13　破土仪文

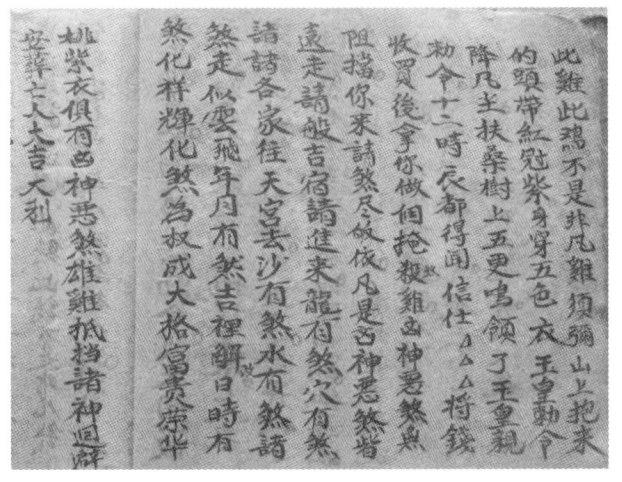

图 10-14　掩煞仪文

（3）下葬。

先生向井内烧纸钱、喷酒、撒朱砂，再用"站龙鸡"跳井，并让这只鸡自己跳出井，然后才将棺木移入井中。堪舆先生用罗盘看准方向，将棺木摆正之后，再进行抽魂仪式，先生要用5根茅草分别放于棺木的四角及中央，然后诵念经文，诵念完毕即可抽掉茅草，孝子再背土掩土，即孝子解开衣扣，两人帮忙牵着衣兜，孝子从棺木的头端一直爬到棺木的脚端，先生往其背上撒泥土，最后两人松手将泥土倒入井中，再铲土盖棺，众人亦一起铲土垒坟。

图 10-15 跳井仪文

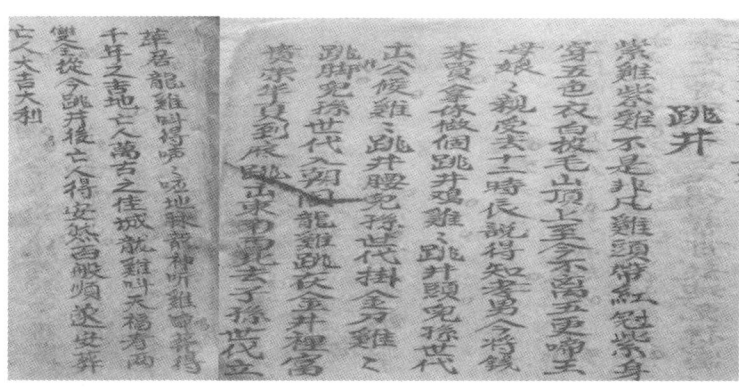

图 10-16 交钱暖井及喷酒奠井仪文

图 10-17 升棺落圹仪文

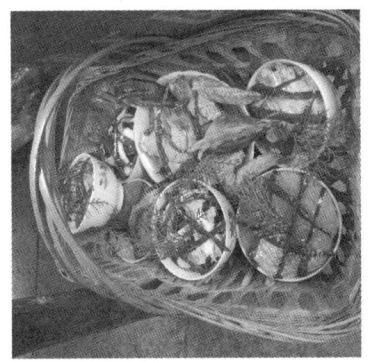

图 10-18 抽魂及撒土仪文

图 10-19 外家带来的祭品之一

图 10-20 外家带来的祭品之二

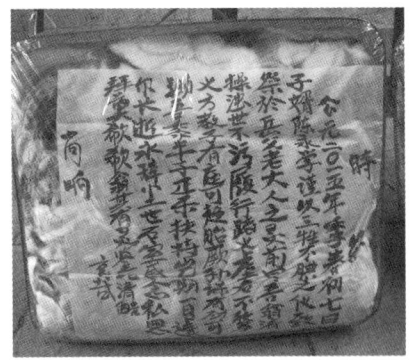

图 10-21 外祭时女婿的祭品及悼词之一

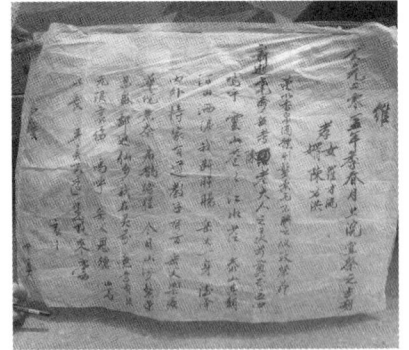

图 10-22 外祭时女婿的祭品及悼词之二

10. 谢墓

垒好坟茔、立好碑刻之后，便算是完成了整个安葬过程，接下来便是完成谢墓仪式，如果因特殊原因不能当天谢墓的，过后要重新看日子完成。

谢墓需要准备斋粑五片、豆腐五片、另再准备一碗豆腐、香、烛、纸钱、水果、酒、茶、酒杯、饭、筷子、鞭炮、地契、五方神位等。准备齐全之后，在诵经之前，先按东、南、西、北、中的顺序在五方分别点上一对烛和三炷香，再摆上纸钱、斋粑、豆腐、五方神位、酒杯两个、一柄鞭炮，必须在五方神位的每一方都写明方位，两个酒杯分别装茶和酒，茶是先倒好，酒是在诵经的过程中再斟。在坟前要摆放一碗豆腐、一碗饭、一双筷子、一瓶酒、水果及地契等，摆放齐全之后，孝子抱一只公鸡跪在坟前，先生诵念经文完成仪式。

诵完经文以后，按照东、南、西、北、中的顺序烧掉每方的五方神位、纸钱、地契等，每烧一方倒掉一方的酒和茶，并将酒杯倒放在地上，然后鸣放鞭炮，整个谢墓仪式才算完成。

最后要留一个孝子喊魂，用一个篮子提一碗米，米上放一个鸭蛋，点上一炷香，在心里默默为亡人喊魂。回来时要撑一把伞，路上不准与人说话，不准走岔路，要原路返回。

11. 洗孝

安葬完毕回到家中，先生将亡人的灵位及外家的祭幛按亡人男左女右在堂屋神龛的一侧设香案，孝家每日烧纸点香，茶饭供奉，这是洗孝。洗孝时间在四十九到一百天内，从老人过世之日算起。

守孝期满后，拿书看除日，通知外家亲戚及族中亲友举行除灵仪式，拆除香案，焚烧祭幛及亡人灵位，将亡人神主牌移到神龛上供奉。

老人过世后，每年贴春联所用的纸张颜色有特别的讲究，头年为绿纸，第二年为黄纸，第三年才可贴红纸。第一年正月十五前，内亲做一桌酒菜并燃放鞭炮，叫作"土香"。此后老人成为"灵魂不灭的祖宗"，受后人代代相传、虔诚供奉。

二、龙窝旧寨陈明果曾祖父迁坟仪式调查

2015 年 4 月 17 日,笔者与调查组在龙窝旧寨走访,正巧碰到陈明果家正在为其曾祖父举行迁坟仪式(见图 10-23)。原因是贵安新区统一的规划,将寨中及征拨土地中的坟墓统一迁移至指定位置。

在陈明果曾祖父原墓葬中挖掘出的尸骨是用陶罐装的(见图 10-24),尸骨有火焚烧的痕迹,呈黑炭状(见图 10-25)。布依族在历史上有行火葬之习俗,在《黔记·诸夷·仲家》、(康熙)《贵州通志·蛮僚》、(道光)《安平县志》等史籍文献中均有记载,且"用火葬习俗,三年后,视尸朽烂,举火焚之,以瓦缸检骨灰埋窖",还有行二次葬的习俗。

将坟墓掘开后,须用红伞遮蔽,将尸骨拣出、清洁之后,放入新的陶罐中,盖上红布,等待运往新墓地,重新安葬。

图 10-23 龙窝旧寨迁坟仪式中村民正在拣尸骨

图 10-24 龙窝旧寨迁坟仪式中挖出的火葬陶罐

图 10-25 龙窝旧寨迁坟仪式中挖出的尸骨有明显的火烧的痕迹
(图 10-23、图 10-24、图 10-25 均系笔者于 2015 年 4 月 17 日拍摄的
迁坟视频截图)

第四节 苗族节日及婚丧习俗

一、节日

平寨苗族主要过春节、清明节、"四月八""七月半"、重阳节、腊八节等传统节日,节日习俗与布依族大致相同,不同之处在于春节和"七月半",苗族均以芦笙舞、跳花场过节。

春节期间,初三到正月二十是跳花场的日子,主要是跳芦笙舞,青苗用直芦笙,花苗用翘芦笙,一个姑娘和一个男子一起跳。过去只允许未婚男女跳芦笙舞,现在已婚的也可以跳。整个春节都是在唱唱跳跳中度过,热闹非凡。

"七月半"时,从七月十一便开始举行跳花场,直到七月十五。

二、婚俗

苗族青年择偶主要是通过跳花场。男方家请两位媒人前去说亲,历经"三回九转",征得女方父母同意之后,男方再去定亲,女方要抱一只童子鸡给男方家,男方家则打 420 斤大米作为回礼。定亲成功后,便是拿八字和看日子,择定婚期。

传统婚俗中要办两次婚宴。第一次新娘戴的是姑娘帽,男方家派三个男子、两个妇女、两个姑娘和新郎同去女方家接亲,女方家则由两个妇女送亲,男方家以35斤糯米赠予送亲客作为谢礼。婚礼结束以后,新娘要随送亲客一同返回娘家居住。在此期间,新郎可以去看望新娘,新娘也可以在娘家和夫家走动居住,直到有了孩子以后再举行第二次婚礼。第二次婚礼中,女方家不办酒,只需娘家亲人送亲。此后,新娘便可在夫家定居。

三、丧葬

平寨村苗族葬礼仪程有送终、上马、入殓、掩棺、开堂、家祭、外祭、下葬、谢墓等。

在老人落气之前,要在地上铺一张新席,再将老人抬到席子上落气,之后再给老人穿寿衣,这个过程就是给老人送终。穿好寿衣后,将亡人用竹席包裹挂在靠墙的地方,叫作上马。待亡人的女儿用猪来祭奠之后,方才入殓掩棺。之后再进行开堂、家祭、外祭、下葬、谢墓等。

在整个丧葬过程中,孝子、孝女、孝妇必须披麻戴孝,传统葬俗中则需赤脚光足,现在则为穿白鞋。

第十一章 文化遗存

文化遗存包括文化遗迹和文化遗物。文化遗迹是古代人类活动遗留下来的痕迹，包括遗址、民居、墓葬、桥梁、生产场所等；文化遗物主要包括生产工具和生活用具等。在平寨村，经考古发现的有商周时期以前的人类居住洞穴两座，现存的有民居、土地庙、桥梁、水库、水坝、水渠、水井、墓地及墓碑以及其他碑记等，文化遗物有匾额、铜壶等。

第一节 文化遗迹

一、考古遗迹

（一）牛坡洞新石器时代遗址

牛坡洞遗址位于魁山组东的牛坡山麓，由三个洞穴组成（见图11-1）。2012年10—12月，中国社会科学院考古研究所与贵州省文物考古研究所联合对遗址的其中两个洞穴进行了试掘，出土有大量的陶片、石制品和兽骨。还有一项重要发现是在其中一个洞穴内发现了三座墓葬，根据地层判断，其时代可能不晚于新石器时代晚期（资料来源于贵州省文物考古研究所）。

图 11-1　牛坡洞遗址远景

(二) 龟山洞遗址

龟山洞位于马场镇平寨村马场至广顺公路的东侧约 20 米处（见图 11-2），与牛坡洞遗址同属一座山的东西两侧（牛坡洞位于东侧）。洞口处分布有大量燧石片、石化动物骨渣和少量陶片（见图 11-3）。初步推测为新石器时代至商周时期的遗址（资料来源于贵州省文物考古研究所）。

图 11-2　龟山洞遗址远景

图 11-3　遗址内出土的燧石片和石化动物骨渣

二、现存遗迹

(一) 传统民居

平寨村八个寨子的传统民居，其房屋结构分上下两层，底层格局为堂屋配两厢，前后两进，上层也为类似格局。石砌屋基，木板墙身，瓦片或石板盖顶，其余如门、窗、房梁、椽皮等均为木制。一座房屋门前一个院坝，左侧或右侧为牲口圈，这样就构成一户传统民居。砖砌墙身大多为1949年后修建。现以平寨王辉忠、王辉坤、王辉智三户老屋，王辉超、王辉洪、王辉吉、王腾一、王腾六五户老屋为例作详细介绍。

1. 平寨王辉忠、王辉坤、王辉智老屋

本座老屋始建于清代咸丰年间，由王学彬建造，历经150余年，已居住过学、锦、文、槐、辉、培、铭七代王氏族人。老屋现归属于王辉忠、王辉坤、王辉智三户人家所有。建造者王学彬生于道光十五年（1835），是一位秀才，教学乡里，颇受人崇敬。依其八字，房屋正屋坐东向西，但因朝向正对着本寨土地庙，故在影壁墙中部突起，压过土地庙，以避凶煞之气，而在正南方建朝门，表示整座房屋坐北面南。这反映了主人变通阴阳风水的观念（见图11-4至图11-6）。

图11-4　老屋外景

图11-5　老屋正屋

图11-6　老屋朝门

老屋位于平寨寨子中心，共占地240平方米，建筑面积160平方米。现存正屋1栋，厢房2栋和院墙，正屋南北稍间与南北厢房连接成"凹"

字形建筑平面，为一进三合院。建筑主体结构尚存，皆为木结构构架，砖石围护外墙。部分木构件已腐蚀损坏。

正屋坐东向西，面阔五间，通面阔 17 米，进深 9 檩，通进深 6.2 米；两层，穿斗式木构架，悬山小青瓦顶，脊刹为瓦片砌成的莲花纹；前檐口高 3.5 米（正屋室内地面 0 标高），檩下装遮椽板；明间装腰门和板门，宽 1.4 米，门楣装有龙凤兽纹组成的 2 个圆形"福""寿"门簪，门簪周边各饰 4 个海棠纹，门两旁格扇窗中间饰镂空福寿纹饰，原有匾额一块置于门簪上，后因原住户分家仅留半块存于正屋内；门楣以上为镂空"回"字纹走马板；次、梢间装槛窗，南次间窗为"步步锦"和"冰裂纹"窗棂格，北次间为"一马三箭"窗棂格。正屋明间前廊下三级石梯通天井（见图 11-7、图 11-8）。

图 11-7　正屋窗棂格窗花　　　　　图 11-8　正屋门簪

南厢房，面阔三间，通面阔 6 米，进深 5 檩，通进深 2.5 米，两层，穿斗木构架，硬山小青瓦顶，脊刹为瓦片砌成的莲花纹；前檐口高 3 米（正屋室内地面 0 标高），檩下装遮椽板；一层东次间作为院门和过道，宽 2.3 米，院门宽 1.4 米，门楣处装六角形门簪，明间和西次间为牲畜栏，地坪比正屋室内地坪低近 0.6 米；二层用作居住和库房，东侧有门与正屋梢间相通。

北厢房面阔三间，通面阔 6 米，进深 5 檩，通进深共 3.4 米，两层，穿斗式木构架，硬山小青瓦顶，脊刹为瓦片砌成的莲花纹；前檐口高3米（正屋室内地面0标高），檩下装遮椽板；一层明间和西次间为牲畜栏，东次间与正屋稍间相通，二层用作居住和库房。

天井南北宽10米，东西长6米，深0.6米。院墙厚0.27米，为两坡小青瓦顶，两级跌落"山"字形墙，中间高墙檐口高2.7米，两侧墙高1.9米（正屋室内地面0标高）。

老屋的故事

故事一：建屋基石的开凿

秋后枯水期农闲时在寨旁的河边开采，火烧后即用冷水泼，使原石开裂，再凿成方块状，地基石则凿成五面平，一面粗，等秋收后才运回寨中。

故事二：历火之灾，重建房屋

老屋建成几年后，一个春天不幸遭火灾。当年冬天王学彬又在干井山伐木重建。当时只建房架，未装修完整，至王文祯才装修完毕。民间有谚语"一年起房，十年装修"。今房屋地基和砖墙为最初建成时的原状，地基石板上的裂纹，即是当年遭火烧的残痕。

故事三：宅院人物

王槐栋民国时期就读于贵阳地质学校，毕业后回家教书。后平坝县马场区区长王瑞州强制拉他去当秘书。解放战争时，国民党势力受共产党打击，王瑞州遂拉兵拉土匪，到山区躲藏抵抗。退到长顺凯佐十里长冲时，王槐栋死于此地，王瑞州逃回魁山，被枪毙在魁山。

王文祯民国时期当过四年左右平寨保长，时曹玉清为马场区长，但王文祯并未杀过人，而是急民之难，妥善处理民间纠纷。解放后政府给予其宽待。王文祯务农为主，同时也从当地收购大米，赶马去贵阳做米生意。当时平寨有8~9人组成的马帮，都是一起做米生意。途径川心堡、湖潮、石板、合朋、金竹、烂泥沟等地，至石板哨往往要休息喂马。自贵阳回来时，顺便买回少量食盐卖给本地人。后在贵阳马棚街买房子开过米店，雇工2名。临近解放时，马帮把贵阳的房子卖掉，回本地买田土，又开染坊染布。当时平寨有过短暂的夜场。解放后被划为地主成分，但为致富地主，少受委屈。

故事四：土改时期工作队进驻本宅

土改时期，以司真为组长，石儒香、柳明尧等六人组成的土改工作队进驻本宅院。柳明尧持枪，住朝门厢房楼上，负责治安防卫工作。为了防止土匪侵扰，于是在院墙上挖5个枪眼。但一直未发生土匪侵扰事件。王文祯让出其卧室，给司真办公休息。石儒香等人住另一厢房楼上。主人热情提供米和蔬菜等为工作队解决饮食之需，但工作队也付费用给主人。

2．平寨牙舟陶博物馆老屋

平寨牙舟陶博物馆老屋位于平寨水井向北巷道约50米。始建于清末，共占地约500平方米，建筑面积约340平方米，现属王辉超、王辉洪、王辉吉、王腾一、王腾六五户所有（见图11-9至图11-11）。

图11-9　改造前的老屋正屋

图11-10　正屋门簪

图 11-11 老屋内所藏的家具

  老屋原为两院,北院东西宽 9 米,南北长 8 米;南院东西长 9.5 米,南北长 8 米。中间院墙已毁,残存宽 0.27 米墙基一道、西侧院门门槛一道和柱础一颗。南北院正屋相连,均坐东向西,均为穿斗式木构架,悬山小青瓦顶,无脊刹、脊饰,两层,前檐檐口高 3.8 米(正屋室内地面 0 标高),围护墙体为木板、竹篱笆。正屋均面阔三间,通面阔 10 米;南正屋进深 9 檩,通进深 7 米,南正屋北次间与北正屋后檐加 1 柱,进深 10 檩,通进深 8 米;两院正屋明间皆装腰门和板门,门宽 1.1 米,门楣处装圆形神兽瑞禽纹饰圆形门簪,北院门簪周围各饰 4 个道教八宝纹饰,南院门簪周围各饰 4 个海棠纹,门楣以上为镂空"回"字纹走马板,门旁装格扇窗,窗棂格为步步锦,中饰花卉纹。正屋明间前廊下三级石梯通天井。

  南院南厢房面阔四间,通面阔 11.5 米,进深 5 檩,通进深 6 米;两层,穿斗式木构架,悬山小青瓦顶,无脊刹、脊饰,两层,前檐檐口高 3.3 米(正屋室内地面 0 标高),围护墙体为木板、竹篱笆;西次间为院门和过道所在,进深 3.6 米,院门为垂花门,宽 1.4 米,门楣处有六角形门簪;一层明间和东次间为牲畜栏,地坪比正屋室内地坪低近 0.6 米;东稍间为后加建筑,现作居住用;二层用作居住和仓储用,东侧有门与正屋相通。北院北厢房面阔两间,通面阔 7 米,进深 9 檩,通进深 6.8 米,两层,穿斗式木构架,悬山小青瓦顶,无脊刹、脊饰;两层,前檐檐口高 3.3 米（正屋室内地面 0 标高），围护墙体为木板、竹篱笆；一层为牲畜栏，地坪比正屋室内地坪低近 1 米；二层用作储藏和居住用，一层正面西侧有石梯上二层。

3. 其他各寨老屋

龙窝旧寨陈华昌老宅，由陈华昌所建，约有 100 年历史。现存正屋及一厢，为石砌屋基，木制墙身，瓦片盖顶，部分砖墙是后来修补而砌。1951 年土地改革时，陈华昌一家被划为地主，1952 年将老屋分给陈尚余、陈地明、陈明德三户，至今仍属这三户所有（见图 11-12、图 11-13）。

图 11-12　龙窝旧寨陈华昌老宅　　　图 11-13　龙窝旧寨陈明枝老房

龙窝旧寨陈明枝老房，位于旧寨寨子中心，是陈明枝老人于 1982 年所建，正屋为木制结构，两厢为砖砌墙身，瓦片盖顶。2015 年，"美丽乡村"建设将其老宅重新修缮。

龙窝新寨陈明富老房，位于新寨土地庙往寨内走约 20 米，为石砌屋基，全砖瓦结构，门窗为木制。建寨时由其父所建，约有 90 年历史。2015 年，"美丽乡村"建设将龙窝新寨旧房改造拆毁（见图 11-14）。

龙窝新寨班云修老房，位于新寨寨子中心，为石砌屋基，全砖瓦机构，门窗为木制。老宅系新寨建寨时班云修父亲所建，约有 90 年历史。现存图片所见部分，内部已被拆重建（见图 11-15）。

磨盖罗才宝、杨勤华、罗宏理三户老宅，位于磨盖寨子中心，为石砌屋基，木制墙身，瓦片盖顶，门窗皆为木制。相传是磨盖罗氏祖上一位秀才所建，建寨年代及建造者不详（见图 11-16 至图 11-19）。

图 11-14　龙窝新寨陈明富老房

图 11-15　龙窝新寨班云修老房

图 11-16　磨盖罗才宝、杨勤华、罗宏理三户老宅全景

图 11-17　老宅朝门

图 11-18　正屋门前石阶

图 11-19　正屋门簪

磨盖罗才车、罗才亮、罗宏景、罗才玉四户老宅，位于磨盖寨子中心，为石砌屋基，木板墙身，瓦片盖顶。2015年，"美丽乡村"建设将房屋重新修缮（见图11-20至图11-22）。

图11-20　磨盖罗才车、罗才亮、罗宏景、罗才玉四户老宅全景

图11-21　老宅朝门

图11-22　老宅窗户雕花

魁山龙超华老房，位于魁山寨子中心，现存正屋一厢及一偏房，为

石砌屋基，正屋全为木制，厢房一层为砖墙，二层为竹篾牛粪糊墙，瓦片盖顶，偏房为砖墙，石板盖顶。老房后墙书"□□□□作方法扩大复种面积多种高产作物改低产作物为高产□□□□□为二季或三季改粗放耕作为精耕细作改□□为□□"（见图11-23）。

图11-23　魁山龙超华老房正面与背面

魁山龙超富老房，位于魁山寨子中心，为石砌屋基，竹篾牛粪糊墙，瓦片盖顶，门窗皆为木制。房屋后墙书"□□□袖毛泽东思想□□□□□"（见图11-24）。

破塘龙云斌老宅，系其祖父于清代光绪年间修建。石砌房基，一层为木制墙身，二层为竹篾牛粪糊墙，瓦片盖顶。现存正屋及一厢（见图11-25）。

图11-24　魁山龙超富老房　　　　图11-25　破塘龙云斌老房

（二）土地庙

土地庙，为民间供奉土地神的庙宇。土地庙因神格不高，多半造型简单，用石头和土砖堆砌而成。平寨村八寨均供奉有土地庙。

1．平寨土地庙

土地庙原位于寨头，今寨门移至牌坊，土地庙也就处于寨后方。土地庙原由石头堆砌而成，在其中放入石头代表神灵，作为一寨的保护神，每逢春节寨中民众皆会至土地庙门前烧香燃烛供奉。后土地庙被毁。今土地庙是其后重新修造，以砖为整体，瓦为其盖，庙内有两个泥质土地神。庙墙正面长130厘米，高120厘米，侧面长144厘米，高155厘米（见图11-26）。

2．大坝土地庙

大坝土地庙由基座、庙墙、庙顶三部分组成。基座长124厘米，高47厘米；庙墙长100厘米，高71厘米；庙顶长134厘米，高36厘米。土地庙前刻有对联，左刻"佑四季平安"，右刻"保一寨清净"。由于风化较为严重，刻于庙身的对联字迹模糊，为方便寨中人供奉，紧挨土地庙而住的王卓阳老人每逢春节都会写对联覆予其上，所写内容与庙身所刻内容相同。土地庙中拱石头，代表神灵。土地庙由王氏家族"怀"字辈人初建，损坏后重新建造。过去从大年三十至农历二月这一时间段，寨中各家自发都去土地庙烧香供奉，早晚各一次，以求土地庙神保一寨平安，免遭邪灵侵扰。上香时，一支插于庙门，一支插于土地庙前大树下。大树也是寨子的保护神，保寨子安宁，供奉时可将香插于树腰，但并无特殊含义，只是寨中小孩为看谁插得高而已。近年来，到土地庙烧香供奉的人越来越少（见图11-27）。

图 11-26 平寨土地庙　　　　图 11-27 大坝土地庙

3. 龙窝旧寨、新寨土地庙

龙窝旧寨、龙窝新寨各有一座土地庙。旧寨土地庙为石结构，由基座、庙墙、庙顶共同构成，基座长 105 厘米，厚 139 厘米，高 39 厘米；庙墙长 96 厘米，厚 115 厘米，高 74 厘米；庙顶高 37 厘米。土地庙正前刻有对联，左侧为"神感□一村"，右侧为"圣德垂千古"。土地庙位于寨中小路旁，紧挨民房侧墙，自古传下，不知初建于何时（见图 11-28）。

新寨土地庙为砖身水泥顶，位于水井前，立寨时初建。土地庙为子午向，也就是正南北向。后遭破坏，1992 年，班锦良主持重建土地庙。土地庙高不及腰，庙身中空，正面宽 140 厘米，高 116 厘米；侧面宽 128 厘米，高 143 厘米正面有一拱顶门洞，宽为 24 厘米，高为 38 厘米。门洞上侧刻有"福寿康宁"四字，两侧刻着（或贴着）一副对联。土地庙正前左斜侧刻有"佑四季平安"，右斜侧刻有"保一年清吉"的字样（见图 11-29）。

4. 磨盖土地庙

磨盖土地庙位于西面村头，杨氏家族建造，占地约 2 平方米，形似房屋。庙顶是用瓦盖的两面坡式。里面供奉着一块不规整的石像，以此象征土地神。土地庙正面高 100 厘米，宽 140 厘米；侧面高 150 厘米，

图 11-28 龙窝旧寨土地庙　　　　图 11-29 龙窝新寨土地庙

宽 140 厘米；门拱宽 41 厘米，高 59 厘米。春节期间，每户都会到土地庙祭祀，祈求来年平安（见图 11-30）。

5. 魁山土地庙

魁山土地庙位于寨子小破脚，始祖龙大明墓地右侧，由石头和土砖堆砌而成。春节期间，寨子每户都要到土地庙祭祀，以祈求来年平平安安，风调雨顺。相传魁山土地庙也有"求子"的功用（见图 11-31）。

图 11-30 磨盖土地庙　　　　图 11-31 魁山土地庙

6. 破塘土地庙

土地庙位于寨中,建造时间已无从考证。1986年,因汽车碰撞,土地庙被毁,同年,重新建造了土地庙。现今,土地庙由基座、庙墙、庙顶三部分组成,基座长167厘米,宽155厘米,高44厘米;庙墙正面长132厘米,高90厘米,侧面宽134厘米,高110厘米;庙顶高30厘米。土地庙正前刻有字,左侧"人杰地灵",右侧"物华天宝",横批"武陵堂"。春节期间,寨中每户都要到土地庙祭祀,请老祖公回家过节,平常节日也要祭祀,祈求土地神的保佑(见图11-32)。

图11-32 破塘土地庙

(三)桥梁

1. 单孔石桥

单孔石拱桥位于平寨南300米处,长14.3米、宽2.2米、孔净跨4.5米、高1.85米。石桥是平寨王姓六世祖"凤"字辈人修造,按其字辈推算,大概建于清道光年间。石桥为东南—西北向,跨龙塘小河,是平寨至破塘的必经之路。桥面呈阶梯状,共10级。桥面由青石铺砌,桥西侧现存亭阁式石檐一件。桥体稳定,保存完好(见图11-33)。

2. 三孔平桥

三孔平桥是平寨通往马桥的桥梁,离石拱桥几百米远,与石拱桥同一时期修建，原有碑记，后掉入河中。据了解，碑记记载了修桥时间、耗费资金、寨中人集资等情况。平桥原由石头铺砌而成，因年代久远，有所损坏，后由钢筋混凝土重修（见图11-34）。

图11-33　单孔石桥

图11-34　三孔平桥

3．三岔桥

三岔桥位于平寨与魁山之间，是平寨通往魁山的重要桥梁。三岔桥原先是一座木桥，用竹子捆绑而成。1977年，马路公社组织村民从山上搬来四块石头加固桥梁，建成石板桥。石板桥的修建更加方便了平寨与魁山的交往。2014年，平寨建设"美丽乡村"，重新修建了桥梁。该桥长约25米，宽3.7米，桥护栏高0.9米（见图11-35）。

图11-35　三岔桥

4. 青龙桥

青龙桥地处破塘与魁山之间，既连接了两个寨，更是破塘与马场、平坝的通道。青龙桥原名平桥，2013年，在"美丽乡村"建设中，桥梁重新修建，建成后改名为青龙桥（见图11-36、图11-37）。

图11-36 青龙桥（原貌）

图11-37 青龙桥（新貌）

（四）水利设施

1. 水库

克酬水库位于平寨村克酬组，始建于1957年，建库河流马场河，属乌江水系。克酬水库水源来自各山小龙潭水的汇集，以及降雨。该水库坝高11.22米，坝顶长150米，坝顶宽5.9米；集水面积24.88平方千米，正常水位水域面积约1 043亩；水库正常高水位高程1255.92米，总库容527.82万立方米；洪溢道为河岸正槽开敞式。克酬水库区域实际占地面积约为125.5亩。

目前，克酬水库枢纽工程是以该水库为骨干，通过渠道连接大松山水库、上坝水库、孟寨水库组成的长藤结瓜枢纽工程。水库工程以农灌为主，设计灌溉面积1.023万亩（见图11-38）。

图 11-38　克酬水库（局部）

上坝水库位于贵安新区马场镇水塘村旁，始建于 1959 年。该水库是一座以灌溉为主的水利工程，水库正常高水位 1 249.90 米，正常水位水域面积约 366 亩，总库容 107.79 万立方米。大坝为均质土坝，坝高 7 米、坝底宽 44.5 米、坝顶宽 6 米、坝顶长 260 米。上坝水库水源主要来自降雨量，通过渠系从克酬水库得到补充，同时，它通过渠系也能够补充孟寨水库。实际上，上坝水库占有土地面积约为 2.47 亩（见图 11-39）。

图 11-39　上坝水库（局部）　　　图 11-40　茨菇坝水库（局部）

茨菇坝水库位于龙窝旧寨，始建于 1958 年，因年代久远，重修两次,分别为 1978 年、2009 年。该水库的主要功能为农田灌溉。由于水库的水源主要来自降雨,没有其他水库的补充,而冬季和春季降水量少,因此每到秋季,寨民们都会关闭闸门,为来年的灌溉蓄水(见图 11-40)。

2．马场河

水库积蓄流出的水汇集而成马场河,马场河由两条支流汇集,一条来自茨菇坝水坝,另一条来自克酬水库。马场河是大自然赠予平寨人民的礼物,哺育着平寨人民。马场河地处红枫湖上游,河道宽约 6 米,水产丰富,盛产龙虾、螺蛳、泥鳅、黄鳝等(见图 11-41)。

3．魁山水坝

魁山水坝由魁山龙氏先祖于清康熙年间修建,位于寨中小坡脚马场河。水坝长约 50 米,宽 2.6 米,高 1 米。水坝由大坝和小坝构成,大坝设立闸门四道,小坝设立闸门两道,以此调节水库水量。修建水坝的目的是使马场河的河水流过魁山时得到充分利用,避免涨水时淹没稻田,而干旱时又能蓄水,起着调节水源的作用。水坝结构结实坚固,体现了当地先辈劳动人民的勤劳与智慧。乾隆时期,又经休整,加固了坝体。魁山水坝的修建,既方便了人畜饮水,又改善了稻田灌溉状况(见图 11-42)。

图 11-41　马场河(平寨村段)　　　图 11-42　魁山水坝

道光二十四年(1844),寡婆寨与魁山寨争要狗坡塘稻田耕种,为不受水淹，寡婆寨组织全寨人来拆毁魁山水坝，造成稻田受旱，人畜饮水困难。魁山寨及周围受灾的绅耆民苗人等诉状禀告到镇宁州府，经判决，由寡婆寨修复原坝，并确定水位标记，现有碑为据（见图11-43）。

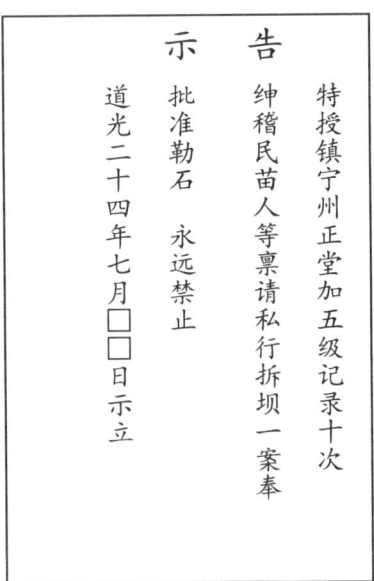

图 11-43　魁山"告示"碑及其碑文

《告示》碑现位于魁山寨小坡脚，处于广顺到贵阳的古道旁。此碑原立于魁山水坝旁，后因水坝被破坏，碑流落到河水之中。2004年，魁山龙氏续修族谱时需查找资料，便从河中将其打捞上来，并于当年农历冬月十五将其迁立于现在的位置，以确保这石碑及其所蕴含的历史意义能够完整地留给后人。

4．水渠

平寨良田千亩，为了保证良田能够得到有效的灌溉，当地修建了众多水渠，其中主要的水渠有两条：左干渠（西干渠）和右干渠（东干渠）。左、右干渠的水源都来自克酬水库，左干渠由克酬水库到上坝水库，途径克酬、平寨、破塘，全长约3千米；右干渠由克酬水库到大松山水库，途径克酬、平寨、磨盖、川心、大坝、魁山等，全长约13千米。

左、右干渠是主干渠，在主干渠的周围，还存在大大小小的沟渠。

主干渠与众多小干渠共同构成了平寨良田的灌溉渠系，保证了平寨良田有效的灌溉，增加了粮食的产量（见图11-44、图11-45）。

图11-44　左干渠（破塘段）　　　　图11-45　右干渠（魁山段）

5．水井

平寨原有五口古井，其中三口位于寨中，一口位于寨外，一口位于广场，五口井保证了平寨人民的饮水问题。随着平寨人口越来越多，古井出水量却越来越少，古井已无法满足平寨人民的需求。1992年，全寨村民共同修建了"听泉"水井，解决了饮水问题。随着听泉古井的修建，原有的五口井就不再使用景点，现在均已荒废。寨中的三口井已被房屋覆盖，广场的古井作为旅游观光景点，寨外的古井杂草丛生。

听泉水井于1992年由平寨村民集资修建，每人出资10元。由于寨中没有足够的地下水饮用，为了解决全寨饮水问题，村中人决定从破塘旁边栗木冲引来地下泉水。古井1993年修造完成，花费共计一万多元。水井共分四层，第一层饮水区，第二层为洗菜区，第三层为洗衣区，第四层洁净区。井中有一石头，井水从石头涌出，还放入几条金鱼，保证饮水安全，以防别人投毒。寨中民众每半月清洗一次水井，每次由四家人负责，并有一小册子做清洗记录。1997年，水井重新修整；2013年，"美丽乡村"建设时加盖亭子。美丽乡村建设完成后，多有游客入寨旅游，同时自带塑料水桶从水井中装水带回家或在水井旁自饮，并拍照留影，水井俨然成为旅游的一大景点（见图11-46）。

磨盖有两口水井，一口位于寨前河边，另一口位于进寨公路旁。河边的古井现已没有使用，随着"湿地公园"的建设，古井重新翻修，作为旅游观光景点。水井长4.8米，宽3.6米。公路旁的水井呈不规则的长方形，占地面积约为6平方米。水井至今仍在使用，主要是用来洗衣服，饮用很少（见图11-47）。

图11-46 平寨水井　　　　　　图11-47 磨盖河边水井

龙窝旧寨、新寨各有一口水井，均位于寨中。旧寨水井建成较早，以方石砌井，石板盖顶，水井长2.2米，宽2.1米。2008年，马场镇水利部门为之安装抽水设施，水管牵到各家各户。为了村民能够喝到更洁净的饮用水，现今正在重新修建（见图11-48、图11-49）。

新寨水井引自旧寨，于1992年建成。为了保证水井的清洁，新寨村民规定每个月要洗一次井，由寨老将寨民分组，三家人洗一次，现有14个小组。

图 11-48　旧寨水井　　　　　　图 11-49　新寨水井

（五）墓地

1．平寨始祖墓地

班经纶墓地位于平寨通往魁山的公路旁，有墓碑，高 119 厘米，宽 67 厘米，厚 12 厘米；老碑横倒在墓前，高 110 厘米，厚 12 厘米，宽 64 厘米（见图 11-50、图 11-51）。

图 11-50　班经纶墓碑　　　　　　图 11-51　班经纶墓老碑

班启先墓地位于寨南，占地面积约为 20 平方米，墓地左侧是土地庙。墓地有碑，碑身高 132 厘米，宽 72 厘米，厚 18 厘米（见图 11-52）。

图 11-52 班启先墓及墓碑内容

2. 魁山始祖墓地

龙大明墓地位于魁山小坡脚，占地面积约 40 平方米。2013 年，龙氏家族重新立碑，老碑埋入封土堆，墓碑两侧有石狮一对，碑顶刻有巨龙，碑身两侧刻有对联。始祖墓右侧，立有"龙母安太君墓"，为龙大明之妻。墓地内，立有"捐资立碑"两块，刻有捐资人名字。墓地下方，有两块石刻碑，其中一块时间较旧，一块为 2013 年立，刻着保护始祖墓的相关内容（见图 11-53）。

龙大荣墓地位于魁山背后，占地面积约 20 平方米。龙大荣为龙大明之弟，魁山龙氏始祖，墓碑于 2013 年重立，碑身刻有碑文，两侧立有石狮一对，碑顶右侧刻龙，左侧刻凤，显示龙凤呈祥。墓地右侧有碑刻"重立始祖龙大荣墓碑捐款记载"一块，详细记载了龙氏家族重立始祖墓的名单（见图 11-54）。

魁山河边墓地位于水坝旁，占地面积约 50 平方米，共有 4 块墓碑。其中一块墓碑明确载述为乾隆九年（1744）所立，一块墓碑可据碑内容推测为雍正五年（1727）所立，另外两块墓碑立碑时间虽已不能辨认，但明确载述为"清故"，由此，这块墓地所葬族人均为清代故去（见图 11-55 至图 11-58）。

图 11-53 龙大明墓地

图 11-54 龙大荣墓地

万	古	佳	城
丁卯年三月十二日寅八时 生	清故上寿显考　君用　太公之墓		乾隆九年二月十六日寅时 终
男世德　禄			孙龙举

图 11-55 河边墓地 1 及墓碑内容

万	古	佳	城
明宇　□翠	清故上寿显考龙公妣陈氏之墓		戊寅年仲春月　吉旦
孝男龙滕宇□			

图 11-56 河边墓地 2 及墓碑内容

图 11-57 河边墓地 3 及墓碑内容

图 11-58 河边墓地 4 及墓碑内容

　　狗坡墓地葬有魁山先祖和大坝先祖，占地面积约 200 平方米（见图 11-59）。

图 11-59 狗坡墓地

（六）碑记

1.《告示》碑

《告示》碑现立于魁山寨小坡脚，马场河魁山段河边，处于广顺到贵阳的古道旁。坐东南向西北，占地 0.07 平方米，碑身高 0.95 米、宽 0.52 米、厚 0.13 米。碑首横向楷书阴刻"告示"2 字，每字 8 厘米见方。碑文为竖向楷书阴刻，共 2 行 23 字。碑的整体外形完整，碑文字迹除立碑日较为模糊且无法辨认外，皆为清晰，便于辨认。（见 260 页图 11-43）

2.《贵阳地方审判厅民事决定八年声字第一号》碑

《贵阳地方审判厅民事决定八年声字第一号》碑躺于平寨水屯前的壕沟边，碑文朝上。此碑记录了王锦霖与其子王文澜、王文藻因一坋祭祀扫业田而断绝关系，告至贵阳地方审判所，贵阳审判所作出裁决并立碑作示。碑长 127 厘米、碑宽 60.5 厘米、碑厚 13 厘米（见图 11-60、图 11-61）。

图 11-60 拓印的《贵阳地方审判厅民事决定八年声字第一号》碑

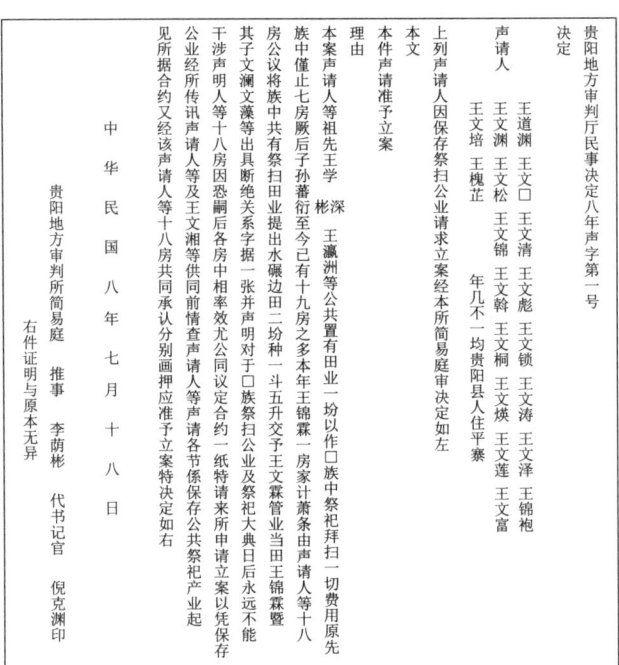

图 11-61 《贵阳地方审判厅民事决定八年声字第一号》碑文

3.《马场镇基本农田保护区》碑

《马场镇基本农田保护区》碑位于马场至广顺公路的平寨至大坝段公路旁。碑正面是稻田和旱地分布区示意图，背面是新村、平寨、川心、嘉禾四个村的稻田和旱地面积及农田保护措施，落款为平坝县人民政府，立碑日期为1998年11月（见图11-62至图11-64）。

图 11-62 《马场镇基本农田保护区》碑正面

图 11-63 《马场镇基本农田保护区》碑背面

```
留予子孙耕    6-13 新村 812 公顷  责任人       但
              11  平寨 570 公顷   责任人       存
              15  川心 571 公顷   责任人       方
              14  嘉禾 2817 公顷  责任人       寸
                                              土
         保 1.不准擅自进行非农业建设
         护 2.不准弃耕造林，闲置荒芜土地
         措 3.不准造坟，挖砂，取土，烧砖瓦
         施 4.不准挖砂，采矿，破坏耕地
            5.不准毁坏水利，水土保护设施
            6.不准对耕地排放废水废气废渣
                      平坝县人民政府
                      一九九八年十一月
```

图 11-64 《马场镇基本农田保护区》碑背面碑文

（七）其他现存遗迹

1．大坝寨门

大坝寨门位于王卓相房屋一侧，清代康熙年间建寨时所建。寨门原由门楼、门洞及石墙组成，现仅存门洞、石墙及左侧残存外墙，门洞长 216 厘米、高 240 厘米，寨门左侧石墙长 218 厘米、高 240 厘米、厚 144 厘米，右侧石墙长 128 厘米、高 240 厘米、厚 144 厘米，外墙残存长 627 厘米、高 93 厘米、厚 48 厘米（见图 11-65）。

2．老虎石

老虎石位于破塘原寨门口，即从平寨通往破塘的小路进寨口，建造时间现已不可考。图 11-66 中左侧老虎石通高 88 厘米，老虎身高 70 厘米，右侧老虎石通高 91 厘米，老虎身高 75 厘米（见图 11-66）。

图 11-65　大坝寨门　　　　图 11-66　破塘老虎石

3．水屯

水屯位于魁山寨南面 0.5 千米处的河边，始建于嘉庆庚午年（即嘉庆十五年，1810 年），光绪乙未年（即光绪二十一年，1895 年），当年大旱，遍地饥荒，恐世道变乱，由魁山龙腾华、龙绍诗、龙绍宗、龙绍纯、龙绍德、龙绍孟约同破塘龙绍衡等共十一户，共捐银三两四钱七分，米五斗五升，将魁山、破塘两寨分为六甲，每甲修石三丈，同修水屯。水屯北、西、南三面环水，呈圆形状，石砌围墙，内部地势平坦，初修时建有十一间房屋，南面建有一大门，外部则是一条四米宽的壕沟，现已被泥土所填，无法测量深度，壕沟上建有吊桥与外界连接，大有"一夫当关万夫莫开"之势。

水屯遗址现存，占地约 1 000 平方米，内有一件正屋及三间厢房，其余地势树木、杂草丛生，河流依旧环绕水屯北面及西面，南面的壕沟现已被泥土所填，围墙现已不存，仅存有约 6 米围墙基石。图 11-67 中距离最近的树木覆盖处为水屯原址。

图 11-67　水屯远景

4．魁山瓦窑

魁山瓦窑始建于光绪三十二年（1906），由龙步登、龙文虎、龙云从、龙云辉、龙光增五户联合修建，并依此顺序每家烧一窑，规格是三六九砖（即三寸厚、六寸宽、九寸长）。烧第一窑的龙步登即是资料提供者龙超书的祖父。瓦窑位于新龙村方向距魁山寨约1千米处，选址于此是由于此地适合做砖瓦的白浇泥较多，白浇泥黏性好，不会收缩，能够很好地保持砖瓦的大小。每一窑可烧瓦1 000多块，需5～7天，可烧砖7 000多块，需8天。由于烧出的砖瓦质量差，且需砍伐大量树木，便废弃了。解放后，又重建瓦窑，以解决寨人建房所需，直至20世纪90年代废弃。瓦窑遗址现存，现瓦窑杂草丛生，窑门已被泥土所封，仅存顶部一个窑洞口，进深约4米（见图11-68、图11-69）。

图11-68　魁山瓦窑全景　　　图11-69　魁山瓦窑顶部窑洞口

三、消逝的遗存

（一）魁山寨门与土地庙

魁山寨门及土地庙原位于现魁山广场接魁山至破塘公路处。寨门是明万历年间魁山建寨时所建，寨门高约3米，两侧各有一段3米多的围墙，中间是朝门；土地庙则位于寨门外，高约6米，占地面积约5平方米。寨门及土地庙均为石砌，在"破四旧"时被拆毁，将石料用来修建集体仓库的地基，仓库共六间房，占地约600平方米。现有七块石料残存，杂放在魁山寨子中心的一个院坝中，有的长期浸在淤泥中，有的作为人们乘凉、休息时的坐凳。由于年代久远，寨门及土地庙的具体样貌在老人们的记忆中已渐渐模糊（见图11-70）。

图 11-70 魁山寨门及土地面残存的石块组图

(二) 魁山古树

魁山古树位于原寨门旁,即现在的魁山广场。传说魁山建寨始祖龙大明和几个兄弟一同来到魁山,因朝廷征调而离散,于是在寨门处种下这棵杉树作为以后相聚相识的物证。古树距今已有 400 余年历史,见证了魁山寨的发展变迁。逢年过节,寨民们都要到古树祭拜,祈求家人平安、风调雨顺。2004 年 7 月 13 日(农历五月二十六日)下午 5 点 30 分,天作大风、突降暴雨,古树因根枯而倒,自此古树不复存在,现已被魁山广场覆盖(见图 11-71)。

图 11-71 魁山古树老照片
(龙超书提供)

（三）魁山石碾房

魁山石碾房建造时间不详，至少在民国时期已修建。碾房仅有一间房，占地约 20 平方米，位于魁山水坝下游，运用水坝水流落差的冲击力使得水碾运转，将稻谷去壳。华国锋推行园田化一年后，于 1977 年，碾房与仓库一起被拆毁，将石料用来重建魁山水坝，解决农田灌溉问题。图 11-72 中白色电杆处为碾房原址，现为一块田坝。

图 11-72　魁山水坝

（四）平寨寨门、土地庙、甲耳

平寨寨门由三道寨门组成，一道位于平寨小学校门往始祖墓方向约 20 米处，系清康熙年间平寨建寨时所建。现在寨上最老的人也只是见过残留的寨门地基及两个门洞，经过村寨的数次改造后，该遗迹已被土石掩埋。另外两道分别位于水井旁和水井往南巷道约 50 米的绕寨公路边，称为"次门"，由树木捆扎成的两开门，现均已被毁，地基已被房屋所掩盖。

土地庙位于原寨门外，现土地庙后约两米，高约两米，宽约一米五，内供有两尊神像，即土地公和土地婆，这两尊神像是用稻草扎成人形，外面糊上泥土，再雕成土地公、土地婆模样。土地庙现已不存。2015 年 8 月

22日，根据平寨王辉彩提供线索，并与王辉忠一起从平寨通破塘路口边的田坝中挖掘出一通立土地庙碑记，碑记如图11-73所示。

万代兴隆

信士弟子班凤
诚心建修
翱翔鸣仪

土地神前天井八□墙围
石匠陈复罗

嘉庆九年阳月吉旦特授镇宁州正堂
加五级记录十次
绅耆民苗人等禀请私行拆坝一案奉
批准勒石　永远禁止

图11-73　立土地庙碑记

甲耳位于寨门外的一片空地，原为村民们歇息聚会的地方，现有部分已改建为公厕、污水处理站，部分被平寨小学所占，中间仍留有一片空地作为停车场和通道。甲耳的分布并不集中，现污水处理站所占地内有三副，布依人家后墙处有三副，平寨小学围墙外有三副，共计八副甲耳，每副为一对，甲耳系一块长方形的石块，一头立于泥土中，另一头钻有一孔。甲耳现均被拆毁，部分被挪至寨子东面的河流搭桥所用，另有几副在"美丽乡村"建设时被毁掉，现已不知去向（见图11-74、图11-75）。

图11-74　王辉忠一家在甲耳旁拍照留念

图11-75　甲耳原址

（五）石塔

石塔建造于民国年间，由旧寨陈华昌主要出资并召集龙窝新旧寨村民出资共同修建。石塔原位于新寨河边，1958年建造克酬水库时，石塔及塔基均被拆毁，砌作石材用来修建水库，遗址现已不存。2015年因布依风情商业街的修建，其原址已被征用（见图11-76）。

图11-76　布依风情商业街建设前的石塔原址

石砌塔基，长九尺九寸，高一尺一寸；塔身有八层，每层六个面，第一层底面长四尺九寸，第二层底面长四尺六寸，第三层底面长三尺九寸，第四层长三尺六寸，第五层底面长三尺一寸，第六层底面长二尺八寸，第七层底面长二尺五寸，第八层底面长二尺一寸，第九层为塔尖，长一尺六寸。在塔的第二层镶有一块功德碑，上书建塔时出资各户的名字。每层底面长度和高度不取整数，表示有余；塔基底面长度为九尺九寸，表示长长久久。

（六）仡佬坟

仡佬坟在当地分布较为广泛，有石板镶砌和堆砌两种，镶砌是四周用石板竖立围成一个方形，而堆砌则是石板垒砌，均用石板盖顶。20世纪50年代开荒时，在坡脚、缓坡多有发现，犁土时也会磕着犁头。开荒时挖出的仡佬坟中，还有火钳、三脚架，其余随葬品大多已腐朽且无法辨认。仡佬坟年代久远，现已被泥土掩埋，加之被牛等牲畜踩踏，其外形并不完整。

第二节 文化遗物

"节寿齐名"匾由平寨王辉玉所藏，系其祖父王道渊所传遗物。匾额中部从右及左刻有"节寿齐名"四个大字，四周原刻有小字题款，今已无法辨认。匾额长214厘米，宽90厘米，厚3.5厘米（见图11-77）。

"鹤算长春"匾由平寨王培江所藏，系其祖传遗物。匾额中部题有"鹤算长春"四个大字，四周原有小字题款，现已无法辨认。匾额长230厘米，宽90厘米，厚3.5厘米（见图11-78）。

图11-77 "节寿齐名"匾

图11-78 "鹤算长春"匾

大坝王卓相家藏有寿匾一对，系一副对联，无横批。系王卓相祖母八十大寿时，女婿给岳母贺寿送至。寿匾系木制，以黑漆为底色，烫金色字体。由于年代久远，部分字迹已模糊而无法辨认。寿匾题："芳梅开庚岭羡孙贤子孝齐批英彩拜□（钟），□□（梨枣）献瑶池喜姻娅宗亲竞上霞觞祝王母。"（见图11-79）

大坝王作喜藏有铜壶一个，系祖传遗物。铜壶由红铜制作，双环提梁，带流嘴，器形规整，体态丰满，器表经过打磨抛光。主要用作盛酒、茶（见图11-80）。

图 11-79　大坝王卓相所藏寿匾一对　　　图 11-80　铜壶

第十二章　地方人物

村寨作为中国农村社会最基本的居住单元，村民作为村寨的主体在其中发挥着重要作用。在平寨村八个寨子的历史进程中，各家族成员都对村落的发展起着推动作用，根据田野调查资料，笔者将其划分为护寨安民的地方豪强和志愿军军人、乡贤耆老、非物质文化技艺持有者以及村干部等。

第一节　护寨安民的民国地方豪强及志愿军军人

清末民国时期，当地匪患猖獗，各家族历史以来聚族而居，很好地抵御了外部匪患的侵袭。而在家族内部，也产生了一些地方武装势力，他们一方面护寨安民，另一方面又对外袭扰抢掠。中华人民共和国成立后，当地人积极响应国家号召，参加中国人民志愿军，抗美援朝，复员回乡后，在当地也发挥着积极作用。

一、陈华昌

陈华昌（德字辈），男，生于1889年，布依族，龙窝旧寨人。

陈华昌生长于清末的一个地主家庭，为人聪明且十分谨慎。当时社会动荡，当地匪患猖獗，为保护家产，陈华昌买来十多条枪组织了武装。陈华昌枪法极准，据说点一炷香插在树上，他从远处一枪即可命中。陈华昌枪法准、本事大、名声响，当时的地方政府默认他为队长，寨上有人家被抢他都会帮忙解决，为此，周边土匪不敢来犯，达到了保村护寨的效果。

除了保村护寨外，陈华昌还组织村民集资在寨前河边，即马场河流经今新寨处，修建了一座石塔，塔高九层，每层高2米，占地约20平方米。塔身以青石建筑，底下为方形，上部为圆形，从下往上逐渐变细，顶部为尖顶。塔的第三层塑有一方功德碑。1958年,因修建克酬水库需要石料,遂将石塔拆毁。现在寨上60岁以上的老人都存留有石塔的记忆。

陈华昌势大,省里下公函要他去省城接受团长任命,实际是想逮捕他。陈华昌本来有所警惕,但在手下的劝说下,带着一个随从还是去了贵阳。进入贵阳城后,四大城门均被关闭,陈华昌到了政府,见势头不好,就将配枪取下放在桌上,问办事人员:"后路(厕所)在哪里?"办事人员见其取下配枪,便放松警惕引他去厕所。一进厕所,陈华昌揭了瓦,从屋顶逃走了。逃到红边门,因守门人原是其好友才得以逃出城。逃到石板哨,陈华昌蒙骗石板哨区长说:"我已被省政府封为团长,政府让我回去带兵来省城,你派几个人送我回家吧!"最终陈华昌逃回了龙窝寨。

后来,国民党的伤兵退回长顺经过杨柳哨时,陈华昌带兵去拦截,反而被国民党军队追到家门口。由于陈家防御坚固,久攻不破,军队便退回长顺。长顺曹绍华为国民党正规军官,因陈华昌不听指挥,便带人来抄家,放火烧寨。后因经常有土匪、军队来犯,寨人无法居住,也为免受牵连,便搬出龙窝,到河对岸的山坡建寨,逐渐形成了现在的龙窝新寨。

此外,陈华昌还与磨盖韦国书因一块田坝起了争执,最后结成冤家。韦国书也是土匪,争田时双方都派人拿着枪,因实力不如陈华昌,遂在名义上讲和,但韦国书心中不满,便逃出去两三年。某天,韦国书的母亲来到陈华昌家,请他不要记仇,帮他找回丢失的牛。陈华昌出面后,偷牛人便将牛送还韦家。韦家宴请陈华昌以示感谢,身边人劝阻他:"冤家人不上冤家门!"但他还是去了。韦家将宴席设在楼上,请他上楼。却不知韦国书早已回到家中,安排找牛计策,诱骗陈华昌赴宴,陈华昌在毫无防备之下被韦国书用牛圈板打破头而丧命。

杀死陈华昌后,韦国书带人破门而入,来抄陈家。陈华昌妻子撒了一把大洋在院子里,趁乱逃跑,逃到磨盖时被杀。陈华昌有两个儿子,大儿子陈尚学,小儿子陈尚科。陈华昌的孙子陈明泽现年38岁,仍居龙窝旧寨。大儿子陈尚学被姑妈装扮成姑娘,小儿子则藏在灶孔内未被发现,逃过了一劫。而韦国书被区长骗去川心开会,区长借口试枪,将其枪杀。

韦国书死后，外迁的陈氏族人逐渐迁回龙窝旧寨，后又因民国政府大肆征粮而再度外逃。解放前夕，又逐渐回迁。

二、杨茂礼

杨茂礼（1931—1995），磨盖人，系苗族。杨茂礼生平事迹为其子杨琼学口述。

1951 年，他和普贡鲤鱼塘的李勇一起参加了志愿军。渡过金沙江时，杨茂礼英勇直前，带领五名战士渡过了金沙江，被升任为班长。后在巡逻时遇到一辆车侧翻，他立刻组织营救，因恪尽职守、救人有功，又升任为排长。因其表现优秀，推荐上了军校，三年后升任营长。在西藏服役期间多次立功，朱德曾亲自为他颁发奖章，奖品是一个皮包和一个笔记本，上书"朱德赠"。1958 年，他转业回到家乡，在马路公社任社长，后又调到信用社，当时与他一起工作的还有马路的陈志强和破塘的龙云阶。

1971 年，某部队野外拉练途经磨盖，杨茂礼与一位战友年纪相仿、一见如故，互问姓名后，那人惊呼"你就是多奖的杨茂礼"，这一聊就是三天三夜。临走时，那人将自己身上的黄大衣赠送给杨茂礼作为纪念。

杨茂礼于 1995 年去世，享年 64 岁。尽管其曾被批斗，但其党籍被保留了下来，其子杨琼学的入党申请书也是杨茂礼教他写的。后来，杨琼学到平坝查看父亲的档案，才知其父竟是营级干部。

三、王辉明

王辉明，男，1931 年生，布依族，平寨人，曾参加抗美援朝战争。

其于 1951 年 1 月参加人民解放军 186 师补充团，任战士，属中国人民解放军西南军区，司令员贺龙，政治委员邓小平。入伍后，在平坝训练了两三个月，就向北方进发，开往前线。到达战场后，其所属部队编号是 12 军 31 师 93 团警卫连，任连队通讯员，部队驻扎在元山。主要工作是送材料到团里、营里，到团营里领取当天的口令。遇到敌人时，材料、口令来不及销毁，要将其吃掉，防止泄露军事机密，所幸的是王辉明老人并未遭遇过这种情况。在做通讯员时，没有上过前线，直到反击战争时才上了前线。当时，连里的警卫员有四个人，内两人，外两人，跟着部队也上了前线。1956 年，他任中国人民解放军 0922 部队一支队九小队一班长，获得了"一级技术能手"的称号和表彰。现如今，王辉明老人依旧保存着两枚抗美援朝纪念勋章。

由于家庭困难，王辉明老人的父亲从平寨搬到高峰栗木去种土地，王辉明老人也是在栗木出生。抗美援朝战争结束后，其于 1957 年回到家乡搞农业生产。1958 年又去修川黔铁路，当时每月工资大概是 48 元。1961 年，修铁路完工后，他回到高峰栗木大队任民兵连长。1961 年到 1967 年期间，除任民兵连长外，他还兼任活龙团支部书记，又做记工分、会计等工作。后来，由于留在平寨的伯父两老过世，留下一个堂兄弟无人照看，母亲遂回到平寨来抚养侄子，于 1967 年 2 月王辉明举家老小搬回平寨。回到平寨后，他任过平寨二队两任生产队长，主要负责带工、安排生产，工分则由专门的记分员记录。当时平寨有两个生产队，每个队有 200 来人（见图 12-1 至图 12-3）。

图 12-1　王辉明老人

图 12-2　王辉明的军人家属证明书

图 12-3　王辉明的抗美援朝纪念勋章

原来平寨附近有个中日合资的水厂破产，到处都在挖水厂原来引水的水管。那时候王辉明老人还任平寨组长，王辉跃、王辉举任副组长，寨上的年轻人来找他商量修建水井的事情，那时候王腾六是村主任，就说"人家挖，我们也挖嘛"，于是三人便带着寨上的人一起挖水管，之后又带人去挖沟埋管，将水引到寨上。水位在此之前就请克酬水管所来测量过多次，水源比最高的房子高六米，但因资金匮乏未能购买水管，最终得益于水厂破产的东风才解决了平寨历史遗留的饮水问题。

第二节　乡贤耆老

乡贤耆老是一个较为特殊的群体，他们有的是摩师，有的是地戏领头人，有的是人民教师，有的是退休人员，还有的是热心地方文化的人。他们不仅组织编修地戏唱本，恢复地戏，还组织全族修撰家谱，是地方知识的持有者和解释者。

一、平寨布依族摩师王庭光

王庭光，男，1933 年生，布依族，平寨布依族摩师。六岁时，在磨盖读了四年私学，老师叫罗绪怀，主要读对子书以及背诵四书。后在平寨小学上七年学，根据各班总分高低分为甲班乙班。

幼时家教严厉。因家庭贫寒,买不起笔墨纸砚,祖父便让父亲用水学习写字,每天早晚各写一碗水,父亲却偷懒将水倒掉,被太爷发现,于是被罚揪耳朵,到老时右耳还有疤痕。太爷教会了父亲写字,父亲又教会了王庭光写字,逢年过节王庭光常常自己题写春联、寿联。

1951年到1953年下半年,在平坝读中学,是平坝中学的第一批学生,还有半年毕业时便辍学了。1954年到粮管所做购销工作,1958年到1961年国家经济困难,农村闹饥荒,王庭光被迫回家。回家时,他带了一捆面条,每顿饭抽出一小把揉碎和着糠、野菜煮着吃,吃了一个星期,面条还有剩余。1961年父亲过世,1962年准备回到单位,但职位已经被取消了。

王庭光还是平寨布依族摩师、阴阳师,布依语叫"掌事",会开堂、点主、叫礼、看日子。现在还保存有婚嫁、丧葬经书。此外,寨中摩师还有王炳荣、王家锡、王辉忠、王辉超。逢老人过世,寨中摩师都会去帮忙,并且有明确的分工。王庭光负责写大字,王家锡负责写小字、戏文,王辉超、王辉忠负责叫礼,而王庭光、王炳荣负责看日子,根据亡者的生辰八字和死亡时间推算下葬的日期和埋葬地点。

"美丽乡村"建设后,他的儿子们开办了一个农家乐——七里香饭庄。他每天在寨中散步,和人们讲孝道,摆故事,身体精神都得到锻炼(见图12-4)。

图12-4　平寨布依族摩师王庭光

二、魁山龙云忠老人自述

我生于1936年3月，现年80岁，布依族。1958年入党，党龄57年，现为退休干部。

我从1943年8岁起读书，先是在魁山，后到三台、马场等小学，读到四年级，1948年，又在魁山读了一年私学，现有高中文化。

解放后，1949年，在家放牧及种地，1951年实行土地改革，1954年成立初级农业合作社，不久后转为高级合作社，土地由集体耕种，按劳分配。当时，在生产队任记工员。1958年成立人民公社，同年10月至1971年2月在平寨大队任会计，后曾任副支书，共13年。1971年3月，参加安顺地委来五区搞党委工作组，半年后被分配到马路公社四村大队。1971年6月至1980年2月到马场粮管所工作，任马场粮站站长、党支部委员，共10年。1981年3月调到大坝公社，任管委会主任1年。1982年元月调到马场公社，任副书记。1984年4月至1987年6月，任马场镇镇长。1987年7月至1997年3月，调任马场财政所所长。1997年4月退休，至2015年，现已18年。我在工作期间，工作积极、认真负责，多次获得上级表彰。回农村家乡后，尊老爱幼，对人和善，得到广大群众的好评。开始参加工作时，每月工资17元，现每月4 500元。2014年6月15日，家庭被平寨社区评为美丽家庭，荣得奖牌及奖品。

为了解社会变化和发展，长期坚持办两件事情：

（1）从1996年起，凡家庭中所发生的或办过的主要事项都有记录；

（2）从1968年起，凡家庭中的经济往来、收支账目都逐笔登记。

退休后的爱好：

（1）喜欢看书看报，增长知识；

（2）爱好摄影照相。2006年8月花3 000多元在贵阳买摄像机一台，2008年元月花1 000多元买得照相机一台，共摄制各种影碟34套次；

（3）爱好旅游及出差办事，曾走遍全国半数省市。开阔眼界，令我一生难忘；

（4）在空余时间，会做些木工、竹编，有家具、编制竹具等。

关于我的家庭，要从我祖父说起，听老人们说，我们家那时是大家庭，每天都有十余人吃饭。祖父辈有七弟兄，祖父龙兴海及父亲龙步昌，均以务农为生，我父亲为人老实善良，在寨上从未得罪过人，他爱好文娱、古文化。原魁山寨上有一堂地戏，跳唱的是杨家将，父亲演唱的是番朝主将韩元寿。

老伴罗明芬，家庭主妇，生于1933年12月，现年82岁，身体健康，贵安新区高峰镇岩孔人，虽不识字，但为人善良勤劳，勤俭持家，抚育儿女长大成人。1953年结婚，从1958年后，我就离家，外出工作，从到平寨大队参加工作到退休，将近40年，她在家里，既要劳动生产，又要抚育子女，十分辛苦。回想起我的一生，能有今天的美好，与她的支持是分不开的。现在国家强盛，人民富裕，在这大好的形势下，最重要的是保持身体健康，互相关爱，过好晚年的幸福生活。

为了理清魁山龙氏的渊源关系，寨民发起续修族谱工作，从2002年筹办至2004年完成，并印发谱书，分发到各房各户。魁山龙氏始祖原系江西吉安府庐陵县人氏。始祖龙大明、龙大荣兄弟二人，于明朝年间受朝廷派遣，奉命带兵入黔，平服南蛮，距今400多年。龙氏家族后裔共有八个支系：魁山支系，花溪区上水支系、龙泉支系、麦乃支系、后坝龙井支系，小河区补苗支系，惠水县上皇支系、龙海支系等。积极参与修谱工作。

魁山原有地戏一堂，距今有200多年，不慎在1984年被一场大火全部烧毁，距今已有30余年。2014年2月，贵安新区开发平寨，为弘扬当地历史文化，并在马场镇政府、平寨社区的支持下，共花资金2万余元，魁山重新组织了地戏。闲暇时候，戏班子都在学习演练，大家积极性很高。

2015年4月29日

图12-5　龙云忠老人

三、文化热心人龙超进

龙超进少时在平寨小学、平坝中学上学,学习成绩优异,会写一手好毛笔字,但终因家庭困难而辍学。1982年,龙超进被请去当代课老师,当时家中有三位老人,父亲已70多岁,老祖太也90多岁,姐姐已出嫁,妹妹去给哥哥照看小孩,龙超进自己要在家种庄稼,照看三个老人,没能去成。1985—1988年,他任平寨大队团支部书记。1988年,由于超龄而退出,组织让他写入党申请书,因种庄稼并无空闲,便没有写。后来,二哥让他去平坝学做木工、漆工、修表等,刚去一个礼拜,老人便打电话让他回来挑水、收庄稼。

后任魁山组长一年。设想在魁山河流两岸栽上竹子,打造旅游景点,想带领寨人走向致富之路。他找到相关部门,但因资金缺乏而放弃。后来,他又想从寨上的布依族风俗习惯入手,发展旅游,但由于当时社会条件等种种原因的限制,又未能成功。

2001年,家族修谱之风盛行,龙超进便召集寨上老人,商量修谱事宜。每逢清明挂纸时,龙超进常问老人始祖墓是那一座,龙家是从哪里来,得知是明末时从江西吉安府庐陵县迁来,并将其记录在本子上。当时,正有纳雍龙家修谱寻至魁山,邀请他去纳雍参加修谱会议。在纳雍开会期间,龙超进深受感染,回到魁山后立即组织寨人修谱。他认为,一个家族如无家谱,后人则无根可循,现在寨上的老人们都还健在,许多家族历史流传下来,各家各户生活条件已明显改善,正是修谱的最佳时期,修谱事宜已迫在眉睫。修谱期间,他作为主要执笔人,向老人们问询相关资料线索,并上山寻找碑记,一一佐证,最后下笔成书,直到2004年完成修谱。

龙超进不仅组织寨人修撰《龙氏族谱》,还对寨子的许多文化遗迹及资料的搜集与保存贡献了自己的力量。现存于魁山寨中院坝有七块石块,是魁山寨门及土地庙被拆时留下的,原本寨中其他人准备将其丢弃,他执意将其留了下来,虽然存放并不完好,但也体现了他对文化遗迹的一份心意。另外,他还搜集并抄录当地风俗、遗迹等相关资料。遍访本寨及周边寨子，搜集并抄录了许多资料，有魁山龙氏祖先所修水坝的相关资料，到破塘寻找水屯于光绪二十一年（1895）重修加固的资料，并抄录《护本寨后山文记》等。

2014年7月，贵州民族大学民族学与社会学学院2011级历史专业的三名学生到魁山做实习田野调查，龙超进带领调查组寻找碑记及村寨历史文化遗迹，还将自己搜集到的资料倾囊相授。2015年4月及6—8月，笔者调查组也得到了龙超进的大力支持与帮助，收获了许多地方历史文化资料（见图12-6、图12-7）。

图12-6　龙超进

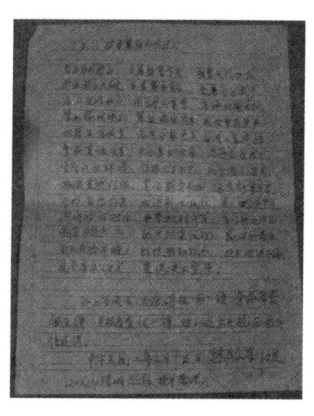
图12-7　龙超进抄录《护本寨后山文记》

四、魁山摩师龙超书

龙超书，1945年生，布依族。10岁时，他在平寨小学读6年小学，包括4年初小及2年高小。16岁时，其考入平坝一中。龙超书上学期间成绩优异，并且会写一手好字。当时，平坝按成绩从优到差分有一中、二中、师范、农中，平坝县分有五个区，每个区一个农中，即农业中学，半天上课，半天干活。龙超书刚读了半年，便因国家"奔赴农业第一线"政策而回家，此后一直在家务农。在家期间，他学会了石工、木工、砖工、篾工等多项技术，但因老人健在需要人照顾，并未出外揽活。

摩师行当是其太爷龙步登传下，但龙超书老人直至40岁才开始学。

现在，龙超书老人做法事的足迹遍布贵阳、安顺各地（见图 12-8、图 12-9）。

图 12-8　龙超书老人

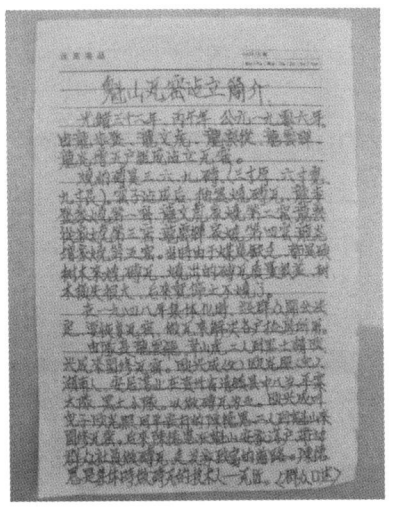

图 12-9　龙超书所写的魁山瓦窑资料

五、魁山地戏领头人韦明炳

韦明炳，男，1948 年生，布依族。

8 岁时，他在平寨小学读了 6 年小学，读到四年级时休学 2 年，又重返平寨小学，直至 1964 年毕业后，再未进过学堂。

1965 年，到 011 厂做了两年民工。1969 年，他到八旗山（即现在的高峰山）与军工一起凿洞，修建油库。工程停止后，他便返回家中务农，先后做过石工、砖工、木工，后来以木工为主。近年来木工渐渐失去市场，便改做砖工。

1982 年，魁山重新恢复地戏，他与老班子一起跳地戏，刚跳了 2 年，存放地戏脸谱的人家遭火灾，跳戏中止。直至 2013 年，贵安新区"美丽乡村"建设，魁山地戏得以重新恢复，韦明炳老人是主要的组织人之一。魁山地戏主要是跳《二下河东》，跳戏的主要角色是杨六郎。韦明炳老人在魁山地戏中跳戏的角色是杨六郎和老令公。现在，韦明炳老人作为魁山地戏主要组织人,主要教年轻人跳戏动作和唱戏唱腔（见图12-10）。

图 12-10　韦明炳

六、班锦良

班锦良,生于1933年,现居龙窝新寨,布依族。

班锦良小时经受了较为完整且良好的教育。从6岁到15岁念私学,磨盖的罗明斌、罗瑞奇及寨上的陈尚云都当过他的私学老师,班家每年请一个老师来家里教,一年以后又另请一个老师,教《四书》《幼学》等儒家典籍。那时候读书不像现在要解释,老师教一遍后,学生会背诵后便教下一篇。后班锦良到平坝中学念初中,读了2年到17岁时,因为家里供不起,就辍学了。

回家后不久,1953年,班锦良加入中国人民志愿军,当时还未满18岁。因其念过初中,在当时是有文化的人,被分到汽车连,学习汽车机械和驾驶。一段时间后,班锦良想家了,不愿继续留在部队,也不愿学技术。后来,他被调到步兵连,逐渐安定了下来,思想也进步了。

1954年底,班锦良加入了中国共产党。因其文化水平较高,当了文化教员。1956—1957年,部队任命其代理供给排长,管理伙食、弹药等事务,虽然职务提高了,但是级别并没有提。当时的老兵基本都复员了,且都会提级，等了半个月后，他还是没有接到提级的通知，1957年下半年他便复员回家了。

回到平坝后，他没有要求安排工作，但地方安排他当教师，在岩孔、茅昌、活龙三个小学任过教。岩孔和茅昌是活龙的分校，完小在活龙。他在四区任教，同时任教学组长，管辖四区一半的小学，有活龙、茅昌、岩孔、大狗场、白岩、羊昌、本寨七个小学，还组织老师们开会、学习。

1961年，班锦良因故辞去教职，回家务农。

1980年，他写信到地委，地委回信帮他重新解决工作问题。

对自己这一生，他认为这一切都是命运，老话讲"大富由命，小富由勤"。寨上的陈德林没有文化，旧寨的陈尚清也没有文化，同样都是去当兵，但他们安排了工作，他的工作为什么会中断，他认为这都是命运。

现在，老人心态平和，但依然脾气暴躁。每天坚持锻炼身体，经常到寨上闲逛，关注"美丽乡村"建设的步伐。天气好时，到寨子周围的河边钓鱼。班锦良在部队的时候，爱好小提琴、钢琴、风琴，现在闲暇时也拉拉二胡。班锦良从部队复员后，当时寨上有文化的人很少，他便帮人写对子、祭文等，又与寨上的老班子一起学做摩师，但大多是自学而成，还学堪舆术，也是寨上的风水先生。

2012年3月，班锦良老人主持编修了龙窝新寨《班氏族谱》，该族谱由序、班氏《幡书》及班氏世系表构成，班氏《幡书》系布依语，采用汉字记音的方式将《幡书》记录在谱（见图12-11、图12-12）。

图12-11　班锦良老人

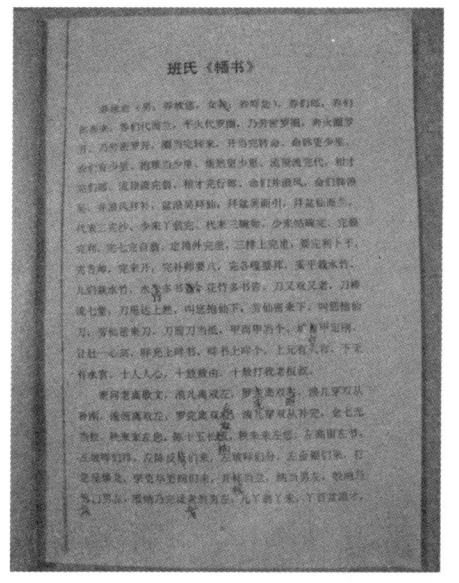 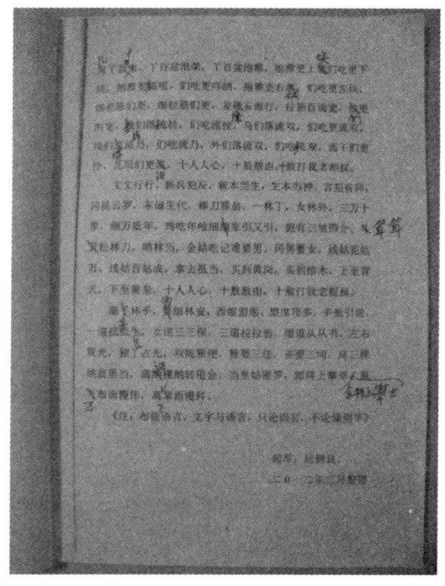

图 12-12 《班氏族谱》中班锦良老人所撰的班氏《幡书》

七、龙窝旧寨摩师陈尚武

陈尚武,男,1932年生,布依族,堪舆师、摩师。陈老相信鬼神,符咒随身揣在中山装右胸荷包里,则邪神不敢近身。符咒是一张用朱砂写上各种咒语的黄纸。陈尚武是过去的老才学,寨中办丧事时要请他去堪舆、主持祭奠仪式,以前还要砍牛做祭。

陈尚武少时念过私塾,读到五年级时辍学在家,自学文化知识。大锅饭时期学会了私塾不曾教授的算盘,之后在小队当会计,当时一个小队有20多户人家。后来,队里知识分子少,便调陈尚武到大队任出纳。

1960年,陈尚武经媒人介绍认识了现在的老伴,当时家里吃不上饭,只能吃老糠,即将谷壳炒熟后磨碎煮食,岳父家通情达理,没要彩礼便答应了婚事。婚后育有二子二女,生活艰难,养猪卖了还不够口粮。后来挣工分,两个女儿也长大了,添了劳力,家庭收入刚好有一块钱时,国家就实行包产到户了。包产到户后,陈尚武花28元买了一头身上有花纹的小黄牛,村里人因此称陈尚武为"老花"。

陈尚武结婚后,跟着岳父学做摩师,岳父过世后将几本摩经传给了陈尚武,摩经均是布依语以汉字记音的方式书写。现在陈尚武的儿子们觉得摩师难学,学会了也赚不了大钱,便不愿继承陈尚武的衣钵,如果在家正逢陈尚武做事时,也帮忙打下手。笔者一行三人访谈陈尚武时(见图12-13),因平寨"美丽乡村"建设的需要,政府规划龙窝新旧寨时,有的坟墓需要迁葬,陈尚武正在主持迁坟事宜。调查时有幸遇到陈尚武为寨上陈明果家迁坟,同时记录了迁坟过程,详见丧葬仪式。

图 12-13　陈尚武老人

八、罗宏图

罗宏图,1945年生,退休教师,平寨小学原校长。身体不是很健壮,但生活心态好。

解放前,平寨的八个寨子都办有私塾。平寨的私塾是其老太爷罗时宪创办的。罗宏图幼年时常去看老太爷教书,私塾没有名字,通常是以创办人的名字命名。解放后,私塾被取消。1953年,在平寨私塾的基础上建立了平寨小学。最早的校址是王辉双家的老宅,公办教师只有一名,叫谭学凯,平坝人,每月以35斤米作为工资,以教语文为主,也教数学。平寨小学建立后,老太爷罗时宪也在校教书,罗宏图转入平寨小学上学,从三年级读起。1954年,罗宏图便去马场上五年级,当时马场小学五年级只有 50 多个学生。1955 年，罗宏图通过了小学升初中的考试。1958 年，平寨小学在老校址的基础上，拆旧房新建学校，最初只有三个教室，墙是用竹子编成，教师办公室仅有十几平方米。新教学楼落成后，教师由 2 名增加到 5 名。

1965 年，罗宏图时年 24 岁，参加工作，在马场教书。1979 年调到普贡，1983 年又调到平寨小学教书。1966—1976 年，平寨小学一直未停办，连一天课都没停过。罗宏图当时说过："不管你们怎么做，都不要影响学生学习，对学生、家长负责。"到平寨小学任教时，只有八间教室。当时学校条件艰苦，下雨时到处漏雨，每套桌凳七八个人合用，学生作业都无法做。现在的平寨小学经历了 1995 年和 2004 年两次翻修。

2010 年，时任贵州省省长赵克志到平寨调研，了解了平寨小学的基本情况；2013 年，时任贵州省省长陈敏尔到平寨调研。赵克志和陈敏尔均对平寨小学的教育及学生生活做了重要指示。

1983 年后，罗宏图一直在平寨小学教书，直至 1997 年退休。因为工作操劳，到退休时，身体健康状况和视力都明显下降。风风雨雨几十载的从教经历，罗宏图最大的感触是：身为学校负责人，不得擅自离开工作岗位；要懂得知人善任，思想工作必须要做好，团结师生。那么，如何做好知人善任呢？首先，作为负责人，要了解科任教师的性格，性格开朗的教师安排到低年级，口齿伶俐的教师安排教语文，身体健壮的教师安排教体育；把教师们的思想结合在一起，了解他们的困难，想办法调解他们的矛盾，提高他们的积极性，尽可能从教师的角度出发，从自我做起，去帮助其他教师解决困难；要求教师必须备好课才能进教室授课，不能带参考书进入课堂，这样做是对学生的不负责；排课不能随教师的意愿进行，而是针对学生情况而定。

罗宏图老师对现在的小学教育有一些自己的看法。他认为，要根据各个阶段的实际情况，根据不同的问题，采取具体措施。20 世纪 80—90 年代，考虑的主要是温饱问题，学校和教师也是抓住这个问题对学生进行教育。而现在，时代变化太快，生活、物质条件都大大提高了。现在的父母对孩子教育的十分重视，但仅仅是停留在物质上给孩子创造更好的条件，却忽视了对孩子本身的教育。父母对孩子的作业关注极少。所谓父母是孩子的第一位老师，父母对孩子的教育是不容忽视的，对孩子的成长具有非常重大的意义。

罗宏图认为，受过教育的人总比没有受过教育的人要好。知识不仅能够改变一个人的命运，更重要的是教会你做人的道理（见图12-14）。

图 12-14 罗宏图老师

九、大坝王氏族谱及地戏重修组织人王卓相

王卓相，男，1947年生，布依族。

幼时在平寨小学上学，至五年级时因家庭困难而辍学回家务农。后体检参军，合格喜报送至家中，但因大哥在朝鲜战场，父母不同意而未能入伍。18岁开始，他在生产队里担任了22年的会计，兼做群众工作。土地分到户后便放手让年轻人做。担任会计期间，每年秋收完后，到粮管所帮忙秋征，主要是打算盘，做计算工作。在秋征中，还要针对粮食的情况评级。起初的酬劳仅有30元，后慢慢涨至200余元。

后来，政府在各个队中抽派人员去学习医药卫生，他也在名单之列，学会了基本的看病打针。

大坝王姓家族原无族谱，都是依照大支所在的卜郎寨族谱，后卜郎寨族谱失火被焚，再无根据。但王卓相老人认识到修谱的重要性，要使家族后代有根可循。最初,他设想将全寨人统一起来,共同修谱,但终因未能将全寨统一起来而作罢,王卓相遂就本支系的发展做了记录,并修谱。2006年,王卓相与其子一起,请老人带路——查看祖坟,记录祖坟所在地、有无碑文等情况,历时半个月,终将《王氏宗谱》编修完成,复印多份并分发到本支各家翻阅、留存。虽然《王氏宗谱》只记录了本房族的世系情况,但对于了解大坝整个王氏家族的源流发展具有重要意义。

王卓相老人不仅自己组织修谱,还是大坝地戏班子成员,主要负责打鼓,从20来岁开始,直到大坝地戏脸子被盗后终止跳戏。现在,王卓相注重养生,身体健硕,经常外出旅游。足迹遍布省内和省外诸多景点,如青岩古镇、息烽集中营、云南西双版纳等。旅游资金除自己出部分外,政府、村里也会补贴。采访时原计划是去台湾,但因过年拾柴时不慎摔伤而未能参与此次旅游,他感到甚为遗憾(见图12-15、图12-16)。

图 12-15　王卓相

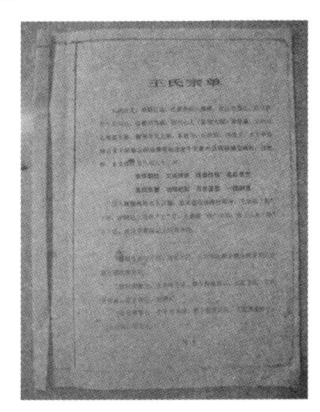
图 12-16　王卓相老人编修的《王氏宗单》

十、大坝摩师王佳文

王佳文,男,1942年生,布依族,大坝摩师及地戏班子成员。

1953年,王佳文在平寨读了两年私学,又去磨盖读了罗明斌的私学一年。平寨小学建好后,王佳文就到平寨小学念书,直到1959年。王佳文老人所获得的知识主要是平寨小学的吴洪生老师所授。吴洪生,凯洒人,出生于地主家庭,受过良好的教育。

1960年，由于国际环境的变化，加之自然灾害严重，农村闹饥荒，人民生活困难，家庭没有经济能力继续供其上学而被迫中止了学业。王佳文退学后，继续学习写毛笔字，还自学成木匠、石匠、砖匠、泥水匠，家中的许多家具皆出自其手。1962年，王佳文通过唱山歌结识其老伴，两年后通过媒人牵线，结成连理。婚后同妻子从事农业耕种，养育了3个儿子。每年秋收后还酿些米酒，除供自家喝外，还向外出售。王佳文曾任大队民兵排长。1980年，土地包产到户，王佳文任小队会计一年。

王佳文年轻时和寨中老人学做摩师，寨中丧仪、婚礼都会请他去念经、做仪式。存有摩经《改话》《墓高》《墓当》《祭奠礼仪》《砍牛经》《蓼莪诗》等，部分是由汉字书写而成，部分是由汉字记音的方式书写的布依语摩经，念经时以布依语道出。摩师的传授与学习讲究耐心，现在王佳文的儿子们和寨中青年都没有兴趣学做摩师，其传承面临严峻的挑战。

王佳文老人不仅是寨上的摩师，还是大坝地戏班子成员，虽然大坝地戏已经荒废了三十余年，但王佳文老人保存下来了数本地戏唱本（见图12-17），有《开场》《初下河东》《二下河东》《三下河东》《九转河东》《下地烈》《十二寡妇征西》等，以唱杨家将为主要内容，其中又以唱跳杨延昭为主要人物。以前寨上有人惹事了，是"一人之祸、全寨遭殃"，老人们让年轻人来学跳地戏，限制他们往外寨跑。

图 12-17　王佳文老人及其所藏的地戏唱本和摩经

王佳文老人在 20 多岁时学跳地戏。在除夕以前读戏书，过年后开始跳戏时，就跟着戏班子学跳戏的动作。以前，戏班跳戏时，会会往引来周围村民观看。现在，随着手机、电视的普及，人们对地戏的兴趣越来越淡。

十一、退休工人龙云荣

龙云荣，生于 1931 年，布依族，破塘人。龙云荣 8 岁时，因其幺公是寨上的私塾先生，免了他的学费，从而得以读书。其 11 岁到平寨念了 7 年私塾，读过《百家姓》《三字经》《五字经》《养蒙俗歌》《大学》《梁惠》《幼学》《诗经》等。当时私塾的学费是一担谷子，对于那时候的大多数家庭来说是十分困难的。1948 年，龙云荣在平寨小学读了 1 年五年级便终止了学业。解放以后，他在家务农 3 年。

1958 年，石油勘探队招工。龙云荣在当地风评很好，被推荐并在平坝考进了石油勘探队。在石油勘探队工作了 3 年，由于勘探队亏损严重，发不起工资，龙云荣被裁员回家了，此时是 1960 年。回到地区后，他被介绍到管理区工作组，因其为人本分老实，工作认真负责，被分配到平寨大队当会计。后又到平坝粮食局当粮管员，还兼任会计。会计每月计 30 个工分，一个工分两角钱，粮管员每月 20 元工资，每月有 26 元。在龙云荣负责粮食管理期间，粮食没有霉烂，没有损失，任务完成出色，单位还给他颁发了奖状及奖金。后来，粮食局到管理区将龙云荣调到马场粮管所任粮管员。到粮管所后，龙云荣便入了党，后又当上了支部委员，直到 1993 年退休。

在教育方面，他认为教育孩子要有德，有德才有寿。老虎石前的几棵大树，是龙云荣和寨上的龙云斌一起栽种的，所谓十年树木、百年树人。龙云荣育有四个儿子，因当时家庭贫寒，工资很低，长子读到了初中，另外三个儿子才读到二三年级。虽然文化程度不高，但儿孙们都十分孝顺，有礼貌。在寨上，龙云荣从不得罪人，不倚老卖老（见图 12-18）。

图 12-18　龙云荣老人

第三节　技艺人

在平寨村，一些人依靠家传医术或后天学习来习得技艺，他们利用自己的技艺贴补家用，还给村民们提供了就业机会，同时对于技艺的传承也起着积极作用。

一、祖传医药传承人王辉健

王辉健，男，1954年生，布依族，平寨人，祖传医药传承人（见图 12-19）。

王氏中医药从其祖父王道渊传至今已有 100 多年历史。王道渊是当地颇有名望的秀才，文才卓越，在写对联卖的同时，也帮助他人在镇宁、黄平打官司。有一次在镇宁帮人打赢官司后，对方心生怨恨，请人在半路将其谋害，死时王辉健之父王槐卜年仅十余岁。

王氏中医药是王道渊在耕田时无意中发现的。在上山耕地时，王道渊脚受了伤，为缓解疼痛将荨麻捣碎敷在伤处，第二天脚痛便消失了。附近村寨的也有类似情况出现，处理的方法是用荨麻包扎伤口或用荨麻泡酒喷洒于患处。王道渊从中发现用麻绳泡酒喷洒于患处的效果比直接用麻绳包扎更加明显,因而将这种方法充分利用并将其推广,成为家族医药的特色。此外,王道渊还发明了"麻绳灸",用草纸或艾草垫着痛处,将麻绳点燃灼烧伤痛处,可有效治疗风湿病痛。

图 12-19　王辉健在给村民看病

王道渊有三子,仅有长子和幼子继承他的医术,长子后代对于学习医术并无兴趣,他死后医术中断,幼子王槐卜则将其医术传承了下来。

祖父辈时,并未开设医馆,多在其家中看诊。诊资主要是铜钱、银子,父辈时多为鸡、酒等自家农产品,在寨中出诊可先试用、后付费。

王辉健从小随其父上山采药,对于学习中医有浓厚的兴趣。除了习得祖传火疗、熬制膏药外,还从祖辈传下的清朝、民国时期的医书中学习号脉看病,将王氏中药发扬推广。1988 年,王辉健在贵阳开了药店——德仁堂,并于 2014 年在家乡平寨开了足疗馆"王氏中医足疗馆",主治关节痛、风湿痛、失眠等,以及"王氏秘方民间民族草药堂"。王辉健多在贵阳诊治,而平寨医馆交由其女婿打理,其仅负责膏药的出售和足疗馆的经营。

二、多才多艺的仡佬族妇女——涂应叶

涂应叶,女,1967 年生,大狗场仡佬族,会仡佬语,婚配嫁入平寨。涂应叶小时候在狗场小学读书,在家做好饭后,带着弟弟一起去上

学，因成绩不好，经常被老师打骂。念到三年级时，涂应叶刚开学几天便因家庭困难辍学了。回家后，参加集体劳动。

涂应叶自懂事以来，一直热爱仡佬族歌舞，唱仡佬歌，跳仡佬族舞蹈，直到嫁到平寨后，也是寨上的年轻人接亲对歌队伍中的中坚力量。大概是 1980 年后，贵州民族学院（现贵州民族大学）的一个姓罗的老师，会讲简单的仡佬语，和一个姓蒲的老师一起来到狗场，找到涂应叶，让她和村里的女孩一起唱仡佬歌。涂应叶小时已展现了她优美的歌喉，罗老师叫她去读书，要培养她成为一个民族演员。她本就非常热爱唱歌，但想起家庭困难，就放弃了。当年正月，涂应叶被邀请到平坝、马场镇、白云区等地参加演出，唱仡佬歌。1984 年，参加在安顺地区举办的民族歌舞比赛，与寨上的一位仡佬族姑娘合唱寡仔歌，获得二等奖。虽然有一些歌曲已经忘记了，但那些唱歌的岁月一直留在了涂应叶的脑海中。以前常唱的仡佬歌有《开天辟地》《四句歌》《哭嫁歌》等。

《开天辟地》歌词大意是：公挖土，奶挖田，挖得田来栽米，挖得土来栽式苞谷，栽得苞谷、米多拿去卖，才有钱买牛来种庄稼。

四句歌

哥是栽花人，妹是桂花生，在远放眼看，在近伸手伸（chēn）；
哥是栽花娘，妹是桂花香，在远放眼看，在近手折来。

《开天辟地》歌唱的是仡佬族先民们挖土开田，繁育后代的历史。仡佬族是本地人，老人过世，孝子走在前面领路。

涂应叶还会一手针线活，在娘家时就与母亲学会了做衣服、绣花以及绣跳戏的背旗。嫁到平寨后，婆家也没有让她做重活，她便找了一块布做衣服，公公看到后说"好好的一块布，做不成就浪费了"，最终却做成了。从此，她就开始自己做衣服。

大娃娃已经上学了，小娃娃将来也要上学，家庭困难，住的两间瓦房屋不挡雨，一下雨，家里放满了接雨的盆盆、桶桶。于是，涂叶应狠心丢下两个孩子给老人，外出打工。积累了一些积蓄后，便与娘家哥哥商量，一起筹钱先让哥哥起了房子，也方便照顾老人。日积月累，涂应叶还清了债务，回到了阔别多年的家乡。

涂应叶打工回来后，开始学绣花。学会以后，寨上许多人找她绣花，她也不收钱，但人们也会付20、30元给她作为辛苦费。

贵安新区成立后，因为平寨的土地大多被征拨，政府组织工作人员到每家每户走访，解决土地征拨后的农民生活问题。马场镇张明勇书记来到她家，问："大姐你会哪样手艺呢？"涂应叶说："我会绣花，开个缝纫店可不可以嘛？"张书记和同行的黄书记都说："可以嘛，你可以做我们布依族的衣服。"就这样，涂应叶操起了布依族服饰、刺绣的行当。当时涂应叶的想法就是，反正孩子们都在外打工，我在家开个缝纫店，别人拿衣服来我就加工，也不用多大的成本，挣点零用钱是可以的。土地被征拨后，农民依靠自己的技艺谋生、创业，不失为解决新时期农民生计、农村发展的一剂良方（见图12-20）。

图12-20　涂应叶在刺绣

2014年9月9日，秦如培副省长到平寨调研农民土地被征拨后的生计问题，涂应叶的缝纫店是一家很有特色的店铺。9月11日，时任贵州省委书记赵克志陪同中共中央政治局常委、全国人大常委会委员长张德江到平寨调研，问涂应叶"这些衣服都是你自己做的吗"，涂应叶回答说"这些都是我做的，都是我们布依族的衣服，游客来了有吃的，有玩的，也可以买点我们布依族的衣服作为纪念品"，张委员长鼓励她要做好这个事情，又以她的名字和布依族图腾起了"竹叶布依"的品牌商标，还教会她要学会保护自己的知识产权。之后，涂应叶到工商局申请注册了商标，成立了贵安新区平寨竹叶布依服饰有限责任公司，有了自己的品牌和商标（见图12-21）。

图 12-21　竹叶布依服饰有限公司的商标

　　2015年6月，贵安新区创客大会在平寨举办，"竹叶布依"让更多人熟知，涂应叶的生意也更好了。她还雇了寨上的几位妇女帮忙做衣服、绣花，解决了她们的就业和增收问题。

　　涂应叶想起以前的苦日子，如今苦尽甘来，满心都是欣慰。以前虽然日子苦，但涂应叶一直怀着善良之心对待生活及周围的人。娘家寨上有一位患有精神病的老太太，乱骂他人，其他人都对她敬而远之，然而涂应叶却给她挑水，长此以往，她只与涂应叶打招呼，即使出嫁后回娘家，老太太也会问候她。嫁到平寨后，她和丈夫都乐于帮助寨上的人。

　　涂应叶不仅自己心灵手巧，还教会儿女媳妇针线活，其媳妇和女儿在2015年度平寨社区刺绣班中成绩突出,其作品分别获得了二等奖和三等奖。同年5月，涂应叶被授予"贵州省劳动模范"荣誉称号，颁发证书及奖章（见图12-22）。

图 12-22　涂应叶获 2015 年"贵州省劳动模范"荣誉证书及奖章

第四节　村干部

村干部主要是通过村民自治机制选举产生的，在村寨范围内行使公共权力、管理公共事务、提供公共服务的工作人员。他们不脱产，既从事农业生产，又管理村寨事务，正是因为他们的双重属性，他们更加贴近村民的生产生活，对于村寨各项事务的发展起着重要作用。

一、平寨组长王腾六

王腾六，男，1952年生，布依族，平寨人，历任平寨村主任、平寨队长、平寨组组长（见图12-23）。

图12-23　王腾六

1959年就读于平寨小学，1965年小学毕业，同年考入平坝果树园园艺农技校，1968年毕业后，被派往平坝高峰机械厂，工作2年后回乡务农。1972年担任平寨小队长，1974年担任生产队出纳，1975—1976年外出做砖工，1976—1979年又任平寨生产队一队队长。当时平寨分为两队，以平寨小学为界，靠今牌坊为一队，靠学校为二队，每队40户。1980年土地到户后，王腾六外出做工；1989年当选平寨村主任，直至2005年退休。2012年又被选举为平寨组组长至今。

平寨寨子原有多口水井，一口位于今平寨广场一角，另有几口已被屋基掩埋。水井多是因一口水井的水源不能满足需求而多凿水井。1992年,王腾六请克酬水管所来测量水源,最后选取了栗木冲水源,水源落差能够引入寨内。随后,召集村民每人集资10元,有的家庭变卖粮食筹足资金。王腾六还找到水利部门的同学袁卫平,介绍他到天龙天台山购买工程拆出的水管,解决了水管问题。物资解决了,还要选择一块地势修建储水井,方便全寨人取水。王腾六选中了寨子中央的一个牛圈屋基,其主人是退伍军人,在邮电所任所长,村中的土地和屋基都已弃用,是最佳地点,但他并不同意,多次沟通都未成功,还为此闹上法庭。最终平寨用一块地与其进行交换才取得了这个牛圈屋基修建水井。于1993年正式动工。

修建水井共花费一万余元。1997年,因水池漏水,又组织村民进行加固防漏。当时,王腾六决定引水的时候心里也是没底的,但因为长期缺水,才做出了这个大胆的尝试。

2013年"美丽乡村"建设,政府组织在饮水池上加盖了亭子,减少了雨水和粉尘的落入,并将每个池子都进行了加高,贴上瓷砖,显得更加干净美观。

此外,平寨还组织寨人改善寨内道路和排水。寨中原是石阶路,排水不畅,逢大雨时道路积水较深。1992—1993年,王腾六组织群众出资修整石阶路,将石板路填平,改用水泥和砂石混合打成水泥路,并修排水沟将水流引出村寨。2013年"美丽乡村"建设,将寨中道路改建成沥青路,并将排水沟改造成地下水道。

二、克酬组长王德富

王德富,1955年生,克酬人,布依族(见图12-24)。

王德富8岁时,在平寨小学上学,读了6年就辍学回家了。

1975年,王德富当选克酬组组长,直到2013年卸任。此时,王德富已经58岁。因为工作突出,组织挽留他继续在村里面工作,为村民办事、服务。但他认为自己年纪大了,该退休了。

在任克酬村民组组长 38 年间,王德富修通了进村公路、解决了饮水问题。以前,克酬的饮水主要来自村后河流,其水质及饮水安全并没有保障。王德富经过多方查找,发现河边有一处地下水源,水质很好,便组织村民集资购买水管,将井水引进各家各户,一直用到现在。最近,因水泵故障,水源改为克酬水库,但因水库周围有工程队施工,加上星河湾酒店的开业,水库的水质已不能得到保障。直到笔者一行访谈当天的早晨,王德富还与现任克酬组长商量要尽快解决饮水问题。

图 12-24　王德富

参考文献

一、专著类

[1] （美）伍兹. 文化变迁[M]. 何瑞福, 译. 石家庄：河北人民出版社，1989.

[2] （美）诺斯. 制度、制度变迁与经济绩效[M]. 刘守英, 译. 北京：生活·读书·新知三联书店，1994.

[3] （民国）贵州省政府民政厅. 贵州省保甲概况[M]. 贵州省政府民政厅，1937.

[4] （民国）贵州省文史研究馆. 贵州通志·前事志（三）[M]. 贵阳：贵州人民出版社，1988.

[5] （民国）黄强. 中国保甲实验新编[M]. 南京：正中书局：1935.

[6] （明）宋应星. 天工开物译注[M]. 潘吉星, 译注. 上海：上海古籍出版社，2008.

[7] （清）爱必达, 罗绕典. 黔南识略·黔南职方纪略[M]. 杜文铎, 等, 点校. 贵阳：贵州人民出版社，1992.

[8] （清）田雯, 张澍, 李宗昉, 等. 黔书·续黔书·黔记·黔语[M]. 罗书勤, 等, 点校. 贵阳：贵州人民出版社，1992.

[9] （英）马林诺夫斯基. 文化论[M]. 费孝通, 译. 北京：华夏出版社，2001.

[10] 费孝通. 乡土中国[M]. 北京：北京大学出版社，2013.

[11] 贵州省民族事务委员会，黔南布依族苗族自治州文艺研究室，中国民间文艺研究会贵州分会. 民间文学资料第四十五集·布依族古歌叙事歌情歌[M]. 内部资料，1980.

[12] 贵州通志·宦迹志[M]. 贵州省文史研究馆点校. 贵阳：贵州人民出版社，2004.

[13] 侯绍庄, 史继忠, 翁家烈. 贵州古代民族关系史[M]. 贵阳：贵州民族出版社，1991.

[14] 黄淑娉，龚佩华. 文化人类学理论方法研究[M]. 广州：广东高等教育出版社，2004.

[15] 黄树民. 林村的故事：1949年后的中国农村变革[M]. 素兰，纳日碧力戈，译. 北京：生活·读书·新知三联书店，2002.

[16] 林耀华. 金翼[M]. 北京：生活·读书·新知三联书店，2009.

[17] 林耀华. 义序的宗族研究[M]. 北京：生活·读书·新知三联书店，2000.

[18] 彭雪芳. 南昆八村·南昆铁路建设与沿线村落社会文化变迁·贵州卷[M]. 北京：民族出版社，2001.

[19] 彭兆荣. 西南舅权论[M]. 昆明：云南教育出版社，2008.

[20] 平坝县人民政府. 贵州省平坝县地名录[M]. 内部资料，1984.

[21] 宋蜀华. 中国民族学理论探索与实践[M]. 中央民族大学出版社，1999.

[22] 孙兆霞. 屯堡乡民社会[M]. 北京：社会科学文献出版社，2005.

[23] 唐绍欣. 非正式制度经济学[M]. 济南：山东大学出版社，2010.

[24] 汪宁生. 文化人类学调查-正确认识社会的方法[M]. 北京：文物出版社，2002.

[25] 王魏. 中国考古学大辞典[M]. 上海：上海辞书出版社，2014.

[26] 巫昌祯，丁露. 新婚姻法百问[M]. 北京：中国妇女出版社，2001.

[27] 徐建华. 中国的家谱[M]. 天津：百花文艺出版社，2010.

[28] 徐扬杰. 中国家族制度史[M]. 武汉：武汉大学出版社，2012.

[29] 阎云翔. 私人生活的变革：一个中国村庄里的爱情、家庭与亲密关系1949—1999[M]. 龚小夏，译. 上海：上海书店出版社，2009.

[30] 杨知勇. 家族主义与中国文化[M]. 昆明：云南大学出版社，2000.

[31] 赵冈. 中国传统农村的地权分配[M]. 北京：新星出版社，2006.

[32] 中国地方志集成·贵州府县志辑41咸丰安顺府志（一）[M]. 成都：巴蜀书社，2006.

[33] 中国地方志集成·贵州府县志辑44道光安平县志·光绪镇宁州志·民国镇宁县志[M]. 成都：巴蜀书社，2006.

[34] 中国地方志集成·贵州府县志辑45民国平坝县志·道光铜仁府

志·民国沿河县志[M]. 成都：巴蜀书社，2006.

[35] 中国人民政治协商会议贵州省平坝县委员会文史资料研究委员会. 平坝文史资料选辑·第 6 辑[M]. 内部资料，1986.

[36] 中华文化通志编委会. 中华文化通志·民族文化[M]. 上海：上海人民出版社，2010.

[37] 钟敬文. 民俗学概论[M]. 上海：上海文艺出版社，2009.

[38] 周国茂. 摩教与摩文化[M]. 贵阳：贵州人民出版社，1995.

[39] 庄孔韶. 银翅[M]. 北京：生活·读书·新知三联书店出版社，2000.

二、期刊论文类

[1] 白明政. 布依族节日文化及其社会功能[J]. 贵州民族学院学报（哲学社会科学版），2010（2）.

[2] 葛继红. 布依族节日礼俗的特征及功能[J]. 毕节学院学报，2007（6）.

[3] 龚德全. 现代语境下布依族婚姻仪礼的变迁——一个布依族村寨的实例[J]. 长江师范学院学报，2015（1）.

[4] （民国）国民政府主计处统计局. 贵州省保甲户口编查统计之考察报告摘要[J]. 统计月报，1938（35）.

[5] 国务院关于同意设立贵州贵安新区的批复[J]. 中华人民共和国国务院公报，2014（2）.

[6] 莫玉萍，陈兴燕. 布依族节日的文化特征及社会价值探析[J]. 湖北函授大学学报，2015（1）.

[7] 彭雪芳. 变迁中的布依村寨——贵州省册亨县巧马镇者岩布依村寨社会调查[J]. 贵州民族研究，1998（04）.

[8] 彭兆荣. 转换："舅""权"互为关系的一个原则[J]. 云南社会科学，1994（2）.

[9] 全国明，章家恩，黄兆祥，等. 稻鸭共作系统的生态学效应研究进展[J]. 中国农学通报，2005（5）.

[10] 覃敏笑. 布依族社会传统文化及其变迁——以普定县为考察个案[J]. 贵州民族研究, 1999（3）.

[11] 吴文定. 布依族婚俗中的舅权管窥[J]. 牡丹江大学学报, 2012（10）.

[12] 伍文义. 简论布依族的祭龙仪式与龙崇拜观念[J]. 贵州民族研究, 2000（3）.

[13] 叶成勇. 贵州"喇叭苗"家族史调查与相关问题探析——以晴隆县长流乡为个案[J]. 地方文化研究, 2015（1）.

[14] 叶成勇. 贵州布依族摩经文本《引路幡词》考论[J]. 宗教学研究, 2015（4）.

[15] 叶成勇. 家族与民族之间：黔中通道上金竹金氏族属认同及其变迁探析——以《金氏家谱》为中心[J]. 地方文化研究, 2013（6）.

[16] 周国茂. 殡凡经文化功能初探[J]. 民族文学研究, 1988（6）.

[17] 周国茂. 布依族"殡亡"的社会功能[J]. 南风, 1995（1）.

[18] 周国茂. 布依族摩教三题[J]. 贵州民族研究, 1990（2）.

[19] 周国茂. 布依族丧葬中的砍牛习俗试探[J]. 民俗研究, 1986（1）.

[20] 周国茂. 论布依族摩教舞蹈[J]. 贵阳学院学报（社会科学版），2015（4）.

[21] 周国茂. 论布依族摩文化[J]. 布依学研究, 2005.

[22] 周国茂. 摩与傩[J]. 贵州民族学院学报（哲学社会科学版），2010（2）.

三、学位论文类

[1] 甘代军. 文化变迁的逻辑——贵阳市镇山村布依族文化考察[D]. 北京：中央民族大学, 2010.

[2] 鲁米香. 老刘寨苗族家族文化研究[D]. 昆明：云南民族大学, 2012.

[3] 禄宗翰. 织金县红艳村布依族文化变迁研究[D]. 贵阳：贵州民族大学, 2014.

[4] 蒙富成. 布依族传统葬俗——砍牛桩仪式研究[D]. 长沙：中南大学，2014.

[5] 谭忠秀. 布依族社会变迁与家庭教育研究——贵州独山县中安村教育人类学个案研究[D]. 北京：中央民族大学，2006.

[6] 王鸣明. 布依族社会文化变迁研究[D]. 北京：中央民族大学，2005.

[7] 吴兴明. 布依族地方性民俗节日成因初探——以"赶查白"为例[D]. 成都：四川师范大学，2012.

四、其他

[1] （清）平寨班王氏. 班王氏家谱[Z]. 贵阳：[出版者不详]，1875.

[2] 龙窝新寨班氏. 班氏族谱[Z]. 贵阳：[出版者不详]，2012.

[3] 龙窝新寨班氏. 平坝马场支系班氏族谱序[Z]. 贵阳：[出版者不详]，[2012].

[4] 磨盖韦氏，魁山韦氏. 普贡韦氏族谱[Z]. 贵阳：[出版者不详]，[1998].

[5] 龙窝旧寨韩氏. 黔地韩幹支系韩氏族谱[Z]. 贵阳：[出版者不详]，2007.

[6] 大坝王氏. 王氏宗谱[Z]. 贵阳：[出版者不详]，2006.

[7] 磨盖罗氏. 岩孔罗氏家谱[Z]. 贵阳：[出版者不详]，2011.

[8] 贵州民族大学民族学与社会学学院历史系. 平寨村志[Z]. 贵阳：[出版者不详]，2015.

[9] 魁山龙氏续修族谱委员会. 魁山龙氏族谱[Z]. 贵阳：[出版者不详]，2004.

[10] 龙窝陈氏族谱编写组. 颍川堂陈氏宗谱[Z]. 贵阳：[出版者不详]，2003.

[11] 田方. 省政府批复原则同意贵安新区总体规划[N]. 贵州日报，2014-06-20（1）.

附录1 平寨村四年来（2016—2020）的变迁观察琐记

自走入平寨以来，笔者长期与当地人一起居住、生活，与当地人已经发生了情感上的联结，对笔者而言，这里已不仅仅是一个田野调查点。加之平寨本身的区位优势，笔者自2016年后也多次"再访"平寨，或是工作之余的闲适之旅，抑或有意的跟踪观察，皆有之。遂有此琐记。

在这四年中，平寨村的旧房改造工程已整体完毕，村民的生活从如火如荼的"大兴土木"之中重新归于平静。改造之后的龙窝旧寨，开设起了近十家农家乐和旅馆，但是周末也显得并不热闹。平寨村口开设小松杂货铺的老板，同样利用自家空余房屋经营着旅馆，却感叹道："这几年来的人越来越少了，旅馆生意不大好做了。"然而人流量的减少，并没有影响到平寨水井边出售自种蔬菜和马场河水产品的村民们的热情，他们至今仍在此出售蔬菜和水产。这些人都是村中的中老年妇女，她们在设摊的同时也做些针线活，比如纳鞋底、绣背扇等，她们不具备其他生产技能，失去土地后显得已无"他用"，只能做些卖菜和水产的"老本行"，贴补家用。

与其他七寨不同的是，大坝的旧房改造工程一直没有进行，原因是大坝的地盘已被苹果公司列入三期规划之中（前几年的规划是二期，现又改成了三期），所以寨中多户人家已经搬迁，房子的屋顶被凿了个洞，已无法居住。搬迁的村民都是寨中的党员或干部，充分发挥了他们的带头作用。还有大部分村民不舍自己的故土，依然坚守在此，不愿搬迁远离。可能是由于用地方目前并不急于建设，所以村民们仍然安居寨中，并未与官方有何冲突。

在景观环境方面，龙窝旧寨旁的茨菇坝水库已被扩建，成为湿地湖，种满了荷花。位于龙窝旧寨和龙窝新寨之间的"六月六旅游文化街"已经建成，于 2016 年开放营业。临靠的马场河也进行了加宽、改造，建成了湿地景观湖，除了观赏之外，还可垂钓，这部分河段的河产被龙窝新旧寨的村民与外来游客所共享。同时，平寨原已在征拨稻田中建成的走廊景观也得到了加长和改造，景观长廊已连接到了进寨干道，成为平寨与魁山两寨连接的新通道，周围原已荒芜的稻田，被种满了荷花和莲藕，马场河段同样进行了加宽，并种上了杨柳，风景变得更加优美。

这些变迁在改善了村民居住条件和环境的同时，农业产业种植也继续在增加村民经济收入方面发挥着重要作用，辣椒、莲藕、葡萄、地瓜等是规模化种植的主要经济作物，龙窝旧寨 2 户村民联合种植了十余亩辣椒，村民自己出资，政府提供选种、培育养护等技术跟踪支持。

过去的四年，村民的居住条件、人居环境以及生计方式都发生了不同程度的变迁，但其中有一个鲜明的不变是——各寨的土地庙依然保持原样，村民每月都会来此供奉，依然被收拾得十分整洁。由此可知，村民的土地信仰观念没有因为环境和生计的改变而发生变迁。

在这些变与不变之中，其原因从客观方面讲，平寨与外部社会尤其是城市社会的交流与接触愈加频繁而引起历史文化的变迁；从主观方面讲，这些变迁也是村民因物质和精神生活的需要而促成的。而在外部力量的推动以及内部的向往之间，村民的土地信仰等观念层面的东西，依然被坚守了下来。

附录 2　田野工作影像

图 1　访谈龙窝旧寨陈绍武、韩有林
（2015 年 4 月 16 日，年份后略）

图 2　访谈龙窝新寨班锦良
（4 月 20 日）

图 3　陈炳荣葬礼的席面
（4 月 21 日）

图 4　妇女在准备陈炳荣葬礼家
祭仪式的饭食（4 月 24 日）

图 5　访谈克酬王德富（4月23日）

图 6　访谈磨盖杨琼学（4月25日）

图 7　调查组穿着磨盖苗族服饰

图 8　访谈磨盖罗宏图（5月5日）

图 9　访谈魁山龙云忠（4月27日）

图 10　访谈破塘龙云荣（4月29日）

图 11　访谈大坝摩师王佳文
（5月1日）

图 12　访谈大坝王卓相
（5月4日）

图 13　访谈平寨王炳荣、王辉忠
（5月6日）

图 14　访谈平寨王庭光
（5月8日）

图 15　清理"马场镇基本农田
保护区"碑记

图 16　调查组与平寨村民一起掘出
入寨始祖班经纶墓旧碑

图 17　调查组在平寨水屯拓印"贵阳地方审判厅民事决定八年声字第一号"碑（5 月 9 日）

图 18　"贵阳地方审判厅民事决定八年声字第一号"碑拓印完毕

图 19　平寨民俗博物馆陈列前测量老屋

图 20　调查组向村民购买自采竹笋

图 21　调查在平寨水井喝水休息

图 22　平寨村民下地耕作（5月9日）

图 23　访谈布依族服饰产业发展带头人涂应叶

图 24　调查组在走访途中的合影

图 25　调查组在平寨水屯合影（5月9日）

图 26　调查组与村民一起准备晚餐

图 27　调查组与村民饭后闲谈

图 28　调查组与村民一起整理当地文献

图 29　平寨王辉忠家举行安神仪式的聚餐

图 30　大坝王佳华在修理鸡公车

图 31　调查组带回王佳华用于民俗博物馆陈列的鸡公车

图 32　调查组在准备午饭

图 33　访谈魁山龙超书、龙超进

图 34　调查组再访平寨王庭光

图 35　与平寨王辉忠一起搜寻传统生产生活器具

图 36　再访龙窝新寨班锦良

图 37　再访平寨王辉忠

图 38　访谈克酬王德超

图 39　再访磨盖杨琼学

图 40　与平寨王辉忠一起寻找古井

图 41　调查组合影

后 记

　　本书是在笔者的硕士论文《贵安新区马场镇平寨村布依族历史文化变迁研究》的基础上修改而成。此时此刻，本书的修改终于进入了尾声。于此，要特别感谢导师叶成勇教授的关心、支持和指导。

　　本书的完成与平寨村八寨的乡亲父老的热切配合有着不可分割的联系。在实地调查过程中，笔者得到了各寨老乡的无私帮助，特别是了解家族和村寨历史文化的中老年村民，十分配合我们的调查工作，他们是平寨的王庭光、王炳荣、王辉忠、王腾六，魁山的龙云忠、韦明炳、龙超进、龙超书、徐永泰，龙窝新旧寨的班锦良、陈尚武，磨盖的罗宏图，大坝的王卓相、王佳文，破塘的龙云荣，克酬的王德富、王德昌，等等。他们熟悉自身家族历史，他们中的部分人在2000年后陆续地开始自发组织族人寻根溯源，修撰族谱。正是得益于他们对自己家族历史的熟悉以及对其家族历史的书写，我们的调查工作才进展得异常顺利。在魁山调查时，调查组路遇一位龙姓老人，在我们的请求下，他带领我们寻访墓地，记录下魁山龙氏的历代先祖墓碑碑文。还有魁山的龙超进因下雨未能出工，而给我们送来一份光绪三十二年（1906）建立魁山瓦窑的资料，魁山瓦窑从建立之后经历了多次兴衰变更，也从侧面反映了魁山乃至平寨村当时的生态状况，这也是当地经济发展以及生态环境变迁的一个缩影。

　　在平寨博物馆陈列的实物搜集阶段，笔者同样得到各寨村民的无私帮助，他们无偿提供自家的传统生产工具和生活用具。大坝的王佳华老人听闻我们在搜集传统工具，便主动将自家的鸡公车修理完好后送与我们作陈列之用。平寨的王辉忠主动拿出自家的龙骨车、整套马具、木桶等若干传统生产生活器具。除此之外，各寨的老人毫无保留地提供了家谱、地戏唱本、摩经等地方文献资料，在允许拍照的同时，还借与我们复印后归还。如此种种，既是平寨村民对我们调查组工作的认可与肯定，也是当地人的文化自觉。

这个地方有着太多的人要感谢，只希望他们生活安好！

感谢所有参与调查的老师、同学和师弟师妹们，接受历史学专业训练的他们给了我许多专业上的帮助，使我的调查更加丰富和深入。再访平寨期间，笔者与师弟师妹们无论是做调查还是在生活上都团结协作，在完成调查任务的同时，也度过了一段丰富多彩的田野时光，可谓是人生旅途中一段不可多得的经历。笔者还要特别感谢为本书做出资料贡献的宋龙宇、周静、张霞、杨爽、朱丽霞五位师弟师妹，感谢他们的辛勤劳动与付出。

本书的出版，凝聚了西南交通大学出版社黄庆斌和吴启威两位先生的大量心血，在此，一并表示谢忱。

光阴荏苒，该文完成至今已逾五年。五年中，平寨村的社会历史文化仍在快速变迁，附录中虽有对平寨村潦草的变迁观察，显示出的却是笔者粗糙的跟踪记录，仍有诸多地方未能改进完善，更感力薄才疏，惭愧之至，还请诸君批评并提出宝贵意见。

王　韬

2021 年 6 月于贵阳市花溪